KB154177

벤저민 레이

벤저민 레이
The Fearless Benjamin Lay

지은이	마커스 레디커
옮긴이	박지순
펴낸이	조정환
주간	신은주
편집	김정연
디자인	조문영
홍보	김하은
프리뷰	김영철, 김환철, 손보미
초판 인쇄	2021년 12월 23일
초판 발행	2021년 12월 27일
종이	타라유통
인쇄	예원프린팅
라미네이팅	금성산업
제본	바다제책
ISBN	978-89-6195-289-7 03900
도서분류	1. 역사 2. 서양사 3. 해양사 4. 미국사 5. 영국사 6. 대서양사 7. 지성사
값	17,000원
펴낸곳	도서출판 갈무리
등록일	1994. 3. 3.
등록번호	제17-0161호
주소	서울 마포구 동교로18길 9-13 2층
전화	02-325-1485
팩스	070-4275-0674
웹사이트	www.galmuri.co.kr
이메일	galmuri94@gmail.com

일러두기

1. 이 책은 Marcus Rediker의 *The Fearless Benjamin Lay : The Quaker Dwarf Who Became The First Revolutionary Abolitionist* (Beacon Press, 2017)을 완역하고, 영어본에 없는 저자의 한국어판 서문을 추가한 것이다.

2. 단행본, 전집, 정기간행물, 보고서에는 겹낫표(『』)를, 소책자의 경우에는 홑낫표(「」)를 사용하였다.

3. 단체, 협회, 법률, 조약에는 가랑이표(〈 〉)를 사용하였다.

4. 원서의 대괄호는 〔 〕를 사용하였고, 옮긴이가 덧붙인 내용은 [ ] 속에 넣었다.

5. 저자의 주석과 역자의 주석은 같은 번호를 가지며 옮긴이 주석에는 * 표시하였다.

6. 외래어로 굳어진 외국어는 표준 표기대로 하고, 기타 고유명사나 음역하는 외국어는 발음에 가장 가깝게 표기하였다.

차례

나의 아이들
에바, 에제키엘, 그리어에게
이 책을 바친다.
그들과 그들 세대가
이 전기로부터
영감을 얻게 되기를 바란다.

윌리엄 윌리엄스와 곧 유명해질 그의 도제 벤저민 웨스트가 그린 이 초상화는 레이가 동굴 앞에 선 모습을 묘사했지만, 노예제 폐지론에 대한 그의 깊은 헌신에 관해서는 표현하지 않았다.

윌리엄스와 웨스트의 초상화를 상세히 살펴보면, 레이의 독특한 외모와 채식주의 습관, 그리고 토머스 트라이온의 책 『건강과 장수 그리고 행복에 이르는 길, 또는 절제와 인간의 삶에 필요한 모든 사물의 특정 본질에 관한 담론』(1683)을 볼 수 있다.

1808년 영국 의회가 노예무역을 폐지한 후 토머스 클락슨은 반노예제 운동의 성공 흐름을 거대한 강물의 계보로 표현하며 아메리카 퀘이커교도들에게 큰 공을 돌렸다. 클락슨은 그의 지도에서 하나의 지류에 "벤저민 레이"의 이름을 써넣었다.

레이는 1700년대 초반에 런던에 살면서 12년 동안 선원으로 템스강 주변에서 일했다(위). 그의 아내 사라도, 전함 케임브리지호와 같은 선박을 진수한 영국 해군 최초의 조선소가 있었던 영국 뎁퍼드에 살았기 때문에 마찬가지로 해양 배경 출신이라고 할 수 있다(아래).

벤저민과 사라가 1732년에 도착했던 필라델피아 해안가의 두 가지 모습. 피터 쿠퍼는 왼편에 있는 앤서니 모리스의 양조장(4번 건물)을 보여준다(위, 1720년). 아래 그림에서는 G. 우드라는 화가가 1735년 델라웨어 강 강변의 모습을 보여준다.

18세기 후반에 그려졌을 가능성이 높은, 무명의 화가가 그린 이 퀘이커교 집회의 그림은 "내면의 빛"을 비추는 정신에 감화된 한 남자가 일어서서 모자를 쓴 동료 퀘이커교도들에게 연설하고 있다. 레이는 이런 집회에서 노예제를 수십 번이나 비판했다.

뉴저지 벌링턴에 있는 퀘이커교 예배당에서 레이는 붉은 미국자리공 열매의 즙으로 가득 찬 동물 방광 주머니를 칼로 찔러 퀘이커교 노예 소유주들의 몸에 상징적인 피를 흩뿌렸다.

영국 혁명가 윌리엄 델이 쓴 책으로 레이의 서재에 보관되어 있었다. 레이는 손글씨로 여백에 "평선원"으로 일했던 자신의 과거를 설명하고 있다.

벤저민 프랭클린은 레이의 친구였으며 1738년에 레이의 책 『무고한 이를 속박해두는 모든 노예 소유자, 배교자들』을 출판했다. 프랭클린 자신은 노예제에 대해 양면적인 태도를 보였지만, 후에 그는 이러한 제도와 제도를 지지하는 사람들에 대해 레이가 일찌감치 보여준 타협 없는 공격을 출판했다는 점에 자부심을 느꼈다.

필라델피아의 의사, 노예제 폐지론자, 사회 개혁가이자 「독립선언문」 서명자인 벤저민 러쉬는 레이의 첫 번째 전기의 작가였다. 그는 노예제 폐지 운동이 막 힘을 얻고 있던 1790년에 논란 많은 이 반노예제 활동가의 삶을 찬양하는 글을 썼다.

1758년경 벤저민과 데버라 프랭클린 부부의 의뢰로 그려진, 동굴 앞에 선 레이의 유화 초상화는 윌리엄 윌리엄스(위)와 벤저민 웨스트(아래)가 그렸으며, 분명 레이의 허락 없이 그린 것으로 보인다.

영국의 위대한 시인이자 화가인 윌리엄 블레이크는 레이와 마찬가지로 요한계시록에 매료되었다. 여기에 그려진 "거대한 붉은 용"은 레이와 블레이크가 전투적으로 대항했던 사탄의 압제 무리를 나타낸다.

BENJAMIN LAY.

LIVED to the Age of 80, in the Latter Part of Which, he Observed extreem Temperance, in his Eating, and Drinking, his Fondness for a Particularity in Dress and Customs, at times Subjected him to the Ridicule of the Ignorant, but his Friends who were Intimate with Him, thought Him an Honest Religious man.

레이의 친구들에게 의뢰를 받아 레이 사망 직후 그의 추모비를 만들기로 했던 헨리 도킨스는 윌리엄스와 웨스트의 초상화를 바탕으로 1760년경에 이 초상화 판화를 새겼다. 이 인쇄물은 대서양 양쪽에서 노예제 폐지론자들 사이에 널리 퍼졌다.

이 책을 읽는 한국 독자분들과 인사를 나누게 되어 반갑습니다. 지금까지 제가 쓴 네 권의 책을 번역하여 출판한 갈무리 출판사에 감사를 전하며, 갈무리 출판사와 함께 작업하는 작가가 된 것을 영광으로 생각합니다.

저는 이 책의 주인공인 벤저민 레이가 한국에서는 거의 알려지지 않았다고 확신합니다. 그의 이름은 그가 살았던 1682년에서 1759년 사이의 영국과 미국(당시 아메리카 식민지)에서도 거의 알려지지 않았기 때문에, 한국에서 벤저민 레이를 모른다는 사실은 그리 놀랄 일도 아닙니다. 그러나 우리는 인종 노예 제도의 전 세계적 폐지를 요구한 최초의 인물 중 한 명인 그를 기억해야 하며, 실로 존경해야 합니다.

벤저민 레이는 역사에 통상적으로 나타나는 영웅은 아닙니다. 그는 교육을 거의 받지 않은 평범한 노동자였으며, 엘리트의 전형과는 거리가 멀었습니다. 그는 소인小人이었고, 굽은 등으로 서도 키가 1.2미터 정도밖에 되지 않았습니다. 비록 그는 스스로 그렇게 생각하지 않고 있었지만, 현대의 기준으로 보면 그는 "장애인"이었습니다. 그는 노예를 소유하는 퀘이커교도를 상대로 도발적이고 별난 수단을 취하며 "게릴라 연극"을 열었습니다. 그는 가짜 피를 뿌리며 그들을 공개적으로 모욕했습니다. 벤저민이 적대시한 권력자들은 급진적인 행동을 취한 그를 박해하고 처벌했습니다. 영국에서 두 번, 미국에서 두 번, 네 번의 서로 다른 퀘이커교 회의는 그를 파문했습니다. 다수에게 경멸받고 소수에게 사랑받으며, 당대에 잘 알려져 있던 그는 19세기 후반 백인 우월주의의 부상과 함께 대중의 기억에서 사라졌고, 최근에야 다시 그 이름을 되찾고 있습니다. 이 책 역시 그 귀환의 발자취에 놓여 있습니다.

이 책의 내용에서도 분명히 밝히듯이, 벤저민은 혁명가였습니다. 그는 1640년대 영국 혁명에서 자주 인용되는 성경 구절을 따라, "세상을 뒤집고자" 했습니다. 이 말에는 왕과 왕비, 부유한 신사, 노예 소유주, 대주교, 그리고 모든 종류의 억압자들의 통치를 전복시키고자 하는 요구가 담겨있습니다. 이 평범한 노동자는 "이득을 취하기 위해 세상을 더럽히는" 부자들에게 맹렬한 공격을 가했습니다. 그는 노예 소유주를 물리치고 희생자들을 해방해야 한다고 주장했습니다. 그는 남자와 여자가 평등하다고 믿었고, 실제로 예배 중에 여성 신도의 구역에 앉으면서, 퀘이커의 성별 위계를 파괴했습니다. 그는 사람들이 동물을 죽이며 살면, 결국 서로를 죽이게 될 것이라는 그리스 철학자 피타고라스에 동의했습니다. 그는 동물 권리에 관한 의식을 가지고 있었고, 그렇기에 채식주의자로 살았습니다. 구체적으로 보면 그는 "비건"이라는 말이 발명되기 200년 전에 이미 그러한 삶을 살았습니다. 그는 사치스러운 삶을 부패로 규정하여 비난하고 (큰 서재가 있는) 동굴에서 살았습니다. 그는 먹을 음식을 직접 재배하고 다른 사람의 노동을 착취하지 않기 위해 스스로 옷을 지어 입었습니다. 그는 억압된 사람들이 강제로 동원되어 생산된 어떤 상품도 소비하지 않았습니다. 그는 서인도의 농장에서 생산된 차와 카리브해의 아프리카인 노예들의 피로 만들어진 설탕도 거부했습니다. 벤저민은 계급의식, 인종의식, 성별의식, 환경의식을 완전히 통합한 급진적인 세계관을 가진 사람이었습니다. 그는 3세기 전에 이미 "상호교차성"intersectional을 이루고 있었습니다!

우리는 벤저민 레이의 삶에서 무엇을 배울 수 있을까요? 우리는 사람들이 종종 무의식적으로 불평등과 불의의 체계를 영속하는 크고 작은 방법, 즉 연루의 함정과 위험에 관해 배울 수 있습니다. 벤저민은 노예 생산 상품에 대한 불매운동을 선도함으로써 나이키나 다른 다국적 기업이 운영하는 저임금 착취 공장에 맞서는 현재의 국제적 투쟁을 움직이게 하는 원칙을 창조했습니다. 또한, 벤저민은 상품이 인간 노동에 기원한 그 정체를 위장하고 우리가 다른 사람을 억압하도록 하고 있기 때문에, 자본주의 시장이 우리의 삶을 지배하게 해서는 안 된다고 분명히 밝히고 있습니다. 그는 버지니아산産 담배를 피우는 것부터 쇠고기를 먹는 것까지 모든 소비 선택이 정치적이고 윤리적이라는 사실을 누구보다 먼저 인식했습니다. 이 따뜻한 마음을 가진 사람은 인류의 착취를 줄이려고 말타기조차 거부했습니다.

또한, 벤저민은 우리에게 연대와 선동의 힘도 가르쳐줍니다. 그는 자연계의 모든 생명체, 인류와 모든 동물을 "동포"fellow creature로 보았습니다. 이러한 표현도 영국 혁명에서 세상을 뒤집으려는 사람들이 자주 사용하는 문구였습니다. 벤저민이 12년 동안 배운 연대는 대부분 바다에서 일반 선원으로 일하면서 알게 된 것이었습니다. 항해는 위험한 직업이었습니다. 선원들은 바다에서 매일 살아남기 위해 서로 의지했습니다. 그들은 서로를 "형제 선원"이라 부르며 강한 유대감을 형성했습니다. 벤저민은 힘든 상황에서 일한 모든 사람들, 특히 그가 바베이도스와 펜실베이니아에서 만난 아프리카인 노예들에게 연민과 실질적인 도움을 베풀면서 이러한 연대를 더욱 강화했습니다. 그러나 벤저민은 연대만으로는 충분하지 않다는 점 또한 분명히 했습니다. "권력에 대놓고 진실을 말하기"도 해야 했습니다. 이 독학 철학자는 고대 그리스의 급진적 사상가 디오게네스를 읽었습니다. 디오게네스는 급진적인 자유 연설, 파레시아parrhesia를 실천했습니다. 벤저민은 변화를 위해 끊임없이 세상을 선동하며 평생 부자와 권력가들에게 맞서 용감하게 이야기했습니다. 그는 직접적인 대립과 생산적인 논쟁을 통해 자신의 대의를 발전시켰습니다. 그는 끊임없이 회합을 다니면서 가상의 선을 그으면서, 동료 시민들에게 "당신은 어느 편입니까?"라는 물음을 던졌습니다. 그의 관점에서는 중립은 없었습니다. 노예제를 선택하든 반대하든, 모두가 그의 사상에 관해 토론했습니다.

　구약의 선지자처럼, 벤저민은 18세기 미국인에게 속박을 즉시 폐지하라는 요구를 따르지 않는다면, 노예제와 인종차별의 유산이 오래도록 심대하게 남을 것이라고 경고했습니다. 그는 1738년에 자신의 책 『무고한 이를 속박해두는 모든 노예 소유자, 배교자들』에서 "내가 틀리지 않았다면, 온 세상이 용과 뱀의 독으로 뒤덮일 것"이라고 썼습니다. 그는 틀리지 않았습니다. 거의 3세기가 지난 지금도 우리는 구조적 인종 차별과 그에 따른 많은 불의의 모습을 한 독을 미국의 정치 통일체에서 제거하기 위해 여전히 노력하고 있습니다.

　벤저민은 대부분의 유럽인들이 인간을 속박하는 일이 하늘에 태양과 별 그리고 달이 뜨는 것처럼 자연스럽고 영원하다고 생각했던 시대에, 노예제가 없는 세상을 상상했습니다. 그는 시대를 훨씬 앞선 사람이었습니다. 벤저민은 1780년대 영국과 미국에서 노예제 반대 운동이 시작되기도 전에 2세대의 시기를 앞서서 노예제에 대한 비판을 형성했습니다. 계속해서 그를 쫓아내던 퀘이커교 동료 교인들은 마침내 1776년에는 자기 집단 내에서 노예제를 폐지한 최초의 집단이 되었고, 그 이후로 노예를 소유한 사람은 퀘이커교도가 될 수 없게 되었습니다. 레이의 급진주의에 힘입어, 퀘이커교의 노예제 폐지론자들은 토마스 클락슨과 영국의 초기 폐지론 운동 그리고 프랑스의 노예 해방 단체인 〈흑인의 벗 협회〉Société des Amis des Noirs에 영향을 미쳤습니다. 벤저민은 대서양을 넘나드는 혁명의 벡터, 즉 힘의 선을 형성했습니다. 그는 노예제에 맞선 투쟁에서 주요한 공헌자로 기억되어야 합니다.

그러나 벤저민은 수년 동안 거의 완전히 잊혔고 거의 알려지지 않았습니다. 사람들은 벤저민이 그릇된 계급에서 태어나서 그릇된 몸을 가지고 살았으며, 그릇된 저항의 방식을 사용했고, 너무나 급진적인 사상을 지지했다고 생각했습니다. 저는 이 책을 통해 새로운 세대의 독자들에게 그를 다시 데려오고자 합니다. 독자들은 벤저민의 이야기를 통해 더 나은 미래의 창의적인 가능성을 볼 수 있을 것입니다. 이러한 미래에서 우리는 변치 않는 평화와 평등을 누리며 "지상의 무해한 양식"innocent fruits of the earth을 먹고 함께 살아갈 수 있습니다. 벤저민은 풍부하면서도 강력한 저항의 전통을 가진 한국의 사람들에게도 전해줄 무언가를 가지고 있을 수도 있습니다.

치열하지만 온화했던 벤저민 레이의 손을 잡고, 소란스럽지만 항상 교훈을 주던 그의 인생 여정에 동행하십시오. 당신은 지금껏 들어본 적 없는 가장 흥미로운 역사적 인물 중 한 명을 만나게 될 터이니, 결코 후회하지 않을 것입니다.

2021년 6월

마커스 레디커

1738년 9월 19일 벤저민 레이는 〈필라델피아 연례회의〉[1]의 가장 큰 행사로 뉴저지 벌링턴의 예배당에서 열린 대규모 퀘이커교 집회에 성큼 걸어 들어갔다. 벤저민은 거의 30마일[약 48.3킬로미터]을 걸어서 나흘 전에 도착했고 "도토리와 복숭아만" 먹으면서 지냈다. 그것이 그의 생활 방식이었다. 〈필라델피아 연례회의〉의 서기 존 킨제이, 그리고 필라델피아 지역 친우회Society of Friends [2]와 펜실베이니아의 퀘이커교가 장악한 의회의 지도자인 서기보 이스라엘 펨버턴 시니어가 집회를 주재했다. 벤저민은 이들과 거기 모인 모든 이를 향한 전언을 가지고 있었다.[3]

벤저민은 실내를 둘러본 후 눈에 띄는 자리를 차지했다. 그는 1660년 이래로 모든 무기와 전쟁을 거부하는 "평화선서"를 받아들인 퀘이커교도 동지들의 눈을 피해 전투복과 칼을 숨길 수 있는 큰 코트를 입었다. 벤저민은 자신의 코트 아래에, 속을 파내 빈 공간이 있는 책을 숨기고 그 안에 선명하고 붉은 미국자리공pokeberry [4] 열매의 즙을 담은 동물 방광 주머니를 묶어서 넣어두었다. 퀘이커교는 공식적으로 목사도 교회 의식도 없었기 때문에 영혼이 동動하면 발언하곤 했다. 순수하고 자유로운 영혼의 소유자인 벤저민은 자신의 차례를 기다렸다.

마침내 그는 대다수가 아프리카인 노예를 소유하고 있던 "유력한 퀘이커교도들"의 모임에서 발언하기 위해 일어났다. 펜실베이니아와 뉴저지의 퀘이커교도들은 대서양 상거래를 통해 부를 쌓았고 이들 중 다수는 사람을 재산으로 두고 있는 자들이었다. 벤저민은 그들에게 싸늘한 예언을 전했다. 그는 우렁찬 목소리로 전능하신 주님께서는 부자와 가난한 자, 남자와 여자, 백인과 흑인을 똑같이 동등하게 바라보신다고 알렸다. 그는 노예를 소유하는 것은 세상에서 가장 큰 죄악이며, 어떻게 황금률5을 신앙으로 믿는 사람들이 노예를 소유할 수 있는지 되물었다. 그 말이 끝남과 동시에 그는 큰 코트를 벗어버리며 놀란 교우들에게 전투복을 드러내고 칼과 책을 꺼냈다. 예배당의 모두가 웅성거렸다. 감정이 점차 고조되면서 이 예언자는 비판을 일갈했다. "이에 주님께서는 동포를 노예로 삼은 자들이 피를 흘리게 하리라." 그는 칼을 뽑고 책을 머리 위로 들어 올린 후 책 사이로 칼을 찔러 넣었다. 붉은 액체가 그의 팔을 타고 세차게 흘러나오자 예배당을 채운 사람들은 놀라움에 숨을 죽였고 몇몇 여성들은 그 모습을 보고 졸도하기도 했다. 모두의 충격 속에서 그는 "피"를 노예 소유자들의 머리와 몸에 뿌렸다. 벤저민은 선각자의 요구에 부응하지 못한 퀘이커교도들은 필히 육체적, 도덕적, 영적 죽음을 맞이해야 한다는 어둡고 폭력적인 미래를 예언했다.

킨제이의 말에 따르면 예배당은 혼돈에 빠졌지만, 벤저민은 "동상처럼" 미동도 없이 서 있었다. 몇몇 퀘이커교도들은 재빨리 무장한 신의 병사를 둘러싸고 들쳐 맨 후 건물 밖으로 끌어내 버렸다. 벤저민은 저항하지 않았다. 그러나 그는 자신의 이야기를 분명히 전했다. 벤저민은 퀘이커교도들이 노예를 소유하는 이상 "일상처럼 진행되는 일을" 그냥 두고 보지는 않았다. 그의 형제자매들은 악마와 화친했기에 그는 자신의 몸으로 그들의 위선적인 신앙생활에 혼란을 준 것이다.

이 장엄한 예언 행위는 수많았던 게릴라 연극의 한 장면에 불과했다. 벤저민은 친우회, 그리고 크게 봐서는 온 세상이 저지르고 있는 잘못을 반복해서 극적으로 보여주었다. 그는 25년이라는 시간 동안 필라델피아와 그 주변을 다니면서 퀘이커교도 회합을 하나하나 찾아다녔고 가장 퀘이커교도답지 않은 난폭함으로 야만적인 노예 소유자와 노예무역상에 맞서며 노예제에 저주를 퍼부었다. 그가 게릴라 연극을 보여줄 때마다 동료 퀘이커교도들은 마치 그를 "말썽꾼"이나 "정신 나간 사람" 취급을 하면서 벌링턴에서 했던 것처럼 물리적인 힘으로 그를 쫓아냈다. 그는 쫓겨나지 않으려고 버둥거리지도 않고, 오히려 매번 기세에 꺾이지 않고 다시 찾아와 더욱 단호한 결의를 보여주었다. 그는 도시의 거리와 시장을 비롯한 공공장소에서 계시를 담은 분노의 무대를 공연했다. 그는 부자와 권력자들에게 겁먹지 않고 자유롭게 마음에 있는 말을 쏟아냈다. 그는 고대 그리스에서 파레시아parrhesia라고 불렀던, 위험에 맞설 용기로 자유롭고 용감한 발언을 실천했다. 그는 자신의 관점에서는 말 그대로 사탄의 자식이라고 볼 수밖에 없는 "인간 강탈자"의 엄청난 악행과 죄악을 역설했다. 그는 인간 강탈자들의 간악한 모습을 드러내고 몰아내는 것이 주님으로부터 부여받은 자신의 임무라고 생각했다. 현실을 직면하게 하는 그의 방법이 계속되자, 사람들은 그와 그의 사상, 퀘이커 교리와 기독교 영성의 본성 그리고 무엇보다도 노예제에 관해 이야기했다. 그의 이야기를 다룬 첫 번째 전기 작가인 벤저민 러쉬는 의사이며 개혁가이자 노예제 폐지론자였고 「독립선언문」 서명자이기도 했다. 그는 "펜실베이니아에서 이 유명한 기독교 철학자의 이름이 … 모든 어른과 거의 모든 아이에게까지 익숙하던 시기가 있었다"라고 기록했다. 그의 뜻에 따르든 반대하

든, 모두가 벤저민 레이에 관해 이야기했다.[6]

이 열성당원은 자신의 활동주의를 인쇄물에 담아 1738년 세계 최초로 노예제 폐지를 요구하는 책『무고한 이를 속박해두는 모든 노예 소유자, 배교자들』*All Slave-Keepers That Keep the Innocent in Bondage, Apostates*을 출판했다. 벤저민은 노예가 된 모든 이들이 무고하다고 믿었고, 그래서 모든 노예 소유자들에게 대가를 바라지 말고 즉각적이고도 조건 없이 모든 이들을 해방할 것을 요청했다. 노예 소유자들은 기독교의 보편적인 신앙은 물론 퀘이커 교리의 특별한 신앙까지도 어기고 있었기에 그들은 교회에서 추방되어야 했다. 벤저민은 세상의 많은 사람이 노예제를 하늘에 뜬 태양과 달 그리고 별처럼 자연스럽고 바꿀 수 없는 것으로 보던 시대에 자신의 책을 썼다. 누구도 그토록 전투적이고 타협하지 않는 보편적인 반反노예제 태도를 출판물이나 행동으로 보여준 적은 없었다. 벤저민은 지금 당장 자유를 요구했다.

어쩌면 벤저민은 교육을 거의 받지 못했기 때문에 그가 쓰는 책에서 관습의 규칙을 무시했는지도 모른다. 덕분에 그의 글은 당시에도 읽기에는 기묘한 글이 되었지만, 이후 역사가들에게는 진정 귀중한 발견이었다. 이 책은 자서전이면서도 노예제에 대한 예언적 성격의 논증이었고 다양한 주제에 관한 자기 생각뿐만 아니라 다른 사람의 글까지 담아낸 흔한 책이면서도 바베이도스의 노예제에 관한 놀랍고도 믿을 수 없는 서술이 담긴 책이었다. 또한, 책에는 자신이 읽은 것에 관해 주석을 단 서지 정보와 퀘이커 공동체 내에서 노예 소유자들에 대항한 자신의 투쟁에 관한 생생하고도 통렬한 이야기 역시 섞여 있었다. 이 책은 대서양 반노예제의 토대를 구축한 글이었다.[7]

벤저민은 킨제이와 펨버턴 그리고 모든 출판물을 심사했던 〈퀘이커교 관리감독 위원회)의 다른 구성원들이 이 책을 승인하지 않을 것임을 알고 있었다. 그들 대부분은 노예를 소유하고 있었다. 그래서 그는 자신의 친구인 인쇄업자 벤저민 프랭클린에게 곧바로 가서 그에게 출판을 부탁했다. 프랭클린은 지면에 혼란스럽게 뒤섞인 글 상자를 보고 일을 어떻게 진행해야 할지 당황했다. 레이는 "어디든 내키는 대로 뽑아보게"라며 좋을 대로 순서를 골라 글을 모아보라고 답했다. 어느 열혈독자는 훗날 책의 여러 부분에 대해 "머리는 꼬리이고 꼬리는 몸통이며 몸통은 머리라서 중간에 끝이 나기도 하고 끝이 가운데가 되기도 하니, 혹여나 장갑 뒤집듯이 이 글을 뒤집어서 본다 하더라도 과히 더 나빠지지는 않겠다"라고 꼬집었다. (레이는 세계 최초의 포스트모더니스트 중 한 명이다.) 프랭클린은 부유한 퀘이커교도들이 항의의 외침으로 몰려들 것을 잘 알고 있으면서도 노예제에 대한 울림 있는 호소를 출판하는 데 동의했다. 그는 은밀하게 속표지에서 발행인의 이름을 지웠다.[8]

벤저민의 게릴라 연극 중 일부는 그의 독특한 외형으로 채워졌다. 그는 저신장 장애인 또는 "소인"으로 똑바로 서도 키는 4피트[약 120센티미터]를 간신히 넘었다. 또한, 그는 "꼽추"로 불렸으며 이는 그가 척주 후만증으로 불리는 의학적 질병인 흉부 척추의 과도한 만곡으로 고통받고 있다는 의미였다. 한 퀘이커교도는 이에 관해 다음과 같이 말했다.

그의 머리는 몸과 비례하여 꽤 컸다. 얼굴의 특징이 이목을 끌었고 뚜렷한 얼굴선을 가졌으며 용모는 근엄하면서도 온화했다. 그는 돌출된 흉부 아래의 몸은 몹시 오그라든 모습의 척추장애인이었다. 그의 다리는 너무 가늘어서 그의 몸을 지탱하는 목적에는 거의 맞지 않아 보였고 보통 키의 사람과 비교해보면 그의 골격과 마찬가지로 작았다. 한 손을 왼쪽 엉덩이에 얹어 몸을 꼰 채 서는 습관에다가 수년간 면도를 하지 않은 풍성한 흰 수염이 주는 효과로 그의 외모는 완벽하게 독특한 모습이었다.[9]

벤저민의 아내인 사라 역시 "소인"이었다. 그들을 본 바베이도스의 아프리카인 노예들은 기이한 놀라움을 표했다. "저 조그마한 박카라르 backarar〔백인〕 남자는 자기에게 맞는 저 박카라르 여자를 보러〔찾으러〕온 세상을 다녔다." 그러나 사라는 단순한 배우자 이상이었다. 그녀는 완고한 노예제 폐지론자로 타고났다. 벤저민은 어떻게 보면 "불구" 또는 장애를 가졌지만, 그 스스로 자신을 어떤 방식으로든 낮게 보았다거나 신체로 인해 그가 하고자 하는 일이 가로막혔다는 근거는 전혀 찾아볼 수 없었다. 그는 자신을 "작은 벤저민"으로 불렀지만, 골리앗을 죽인 "작은 다윗"에 자신을 비유하는 것 역시 좋아했다. 그는 자기 자신과 자신의 사상에 자신감이 부족하지 않았다.[10]

벤저민 레이는 역사가들 사이에도 거의 알려지지 않았다. 그는 때때로 폐지론의 역사에서나 사소하면서도 제정신이 의심스러운 다채로운 인물로 묘사된다. 19세기까지 그는 지성이 "병든" 사람으로 간주되었고 그 이후에는 "머리에 문제"가 있는 사람으로 여겨졌다. 그에 대한 이러한 평가는 현대사에 이르기까지 오랜 시간 지속하였다. 실제로 폐지론에 관한 탁월한 역사가인 데이비드 브라이언 데이비스는 짐짓 겸손한 체하면서 벤저민을 정신적으로 혼란하며 강박에 사로잡힌 "작은 꼽추"라고 불렀다. 벤저민을 반노예제 성인들의 판테온에 모셔온 아마추어 퀘이커교도 역사가들과 여러 뛰어난 퀘이커 교리 역사 전문가들은 그의 업적을 높이 사기도 했지만, 일반 대중에게는 거의 알려지지 않았다.[11]

벤저민은 이후의 역사가들보다는 오히려 노예제 폐지론자들 사이에 더 잘 알려졌다. 프랑스 혁명가 자크 피에르 브리소 드 발빌은 벤저민이 죽은 지 30년이 지난 1788년에 미합중국을 방문한 동안 그에 관한 이야기를 모았다. 브리소는 벤저민이 "옷은 수수했고 연설은 싱싱했으며 노예제를 언급할 때는 활활 타올랐다"라고 기록했다. 이 점에 있어서 벤저민은 인간을 노예로 삼는 일에 마찬가지로 "활활 타올랐던" 한 세기 후의 폐지론 지도자 윌리엄 로이드 개리슨을 앞서고 있었다. 토머스 클락슨은 영 제국에서 1808년 나라의 위대한 업적인 노예무역 폐지 운동의 역사를 쓰면서, 레이를 "많은 이들의 대의를 일깨워준 인물"로 칭송했다. 레이는 "굳건한 이해와 심오한 고결함"을 가지고 있었지만, "혼자"이며 "괴짜"였다. 클락슨은 그가 1718년과 1720년 사이 바베이도스에서 목격한 잔혹함에 "마음이 흔들렸다"고 전했다. 클락슨은 이 운동의 계보를 도해로 표현한 것으로 잘 알려진 폐지론의 흐름도를 그렸을 때, 지대한 공헌을 한 인물로 "벤저민 레이"의 이름을 거론했다. 벤저민 사후死後 70년이 훌쩍 넘은 1830년대와 1840년대에 대서양의 반대편에서는 아메리카의 폐지론자 벤저민 런디와 리디아 마리아 차일드가 그를 재발견하여 전기를 재출판하고 그의 모습을 그린 판화를 재인쇄하며, 운동 내에서 그에 관한 기억을 새롭게 했다.[12]

벤저민은 전기에서 흔히 나타나는 엘리트의 전형과는 달랐다. 그의 배경은 비천했고, 본래 가진 것에 있어서도 스스로 선택함에 있어서도 그는 삶의 대부분에서 가난했다. 그는 스스로 말한 바와 같이 "제 손으로 일구는 삶"을 살았다. 또한, 과거에는 노예로 살다가, 후에는 진실의 힘을 이야기했던 고대 그리스인 디오게네스와 같은 당대의 철학자와 비견되기도 했다. (디오게네스는 그리스 국적을 거부하고 자신은 오히려 "세계 시민"이라고 주장했다.) 벤저민은 영국, 바베이도스, 펜실베이니아 그리고 그 사이에 있는 외해를 다니며 먼 곳까지 이동하는 삶을 살았다. 이러한 삶은 그가 세계주의 사고를 형성하도록 했다. 대부분의 가난한 사람과 달리 그는 자신의 사상에 관한 꾸밈없는 기록을 남겼다.[13]

우리는 다행스럽게도, 벤저민이 "아래로부터" 쓴 지적 역사의 증거를 세 가지 토대를 통해 만날 수 있다. 첫 번째는 그의 책 『무고한 이를 속박해두는 모든 노예 소유자, 배교자들』이다. 이 책은 비교적 풍부하고 뛰어난 증거를 담고 있다. 두 번째는 벤저민이 살며 예배했던 장소인 콜체스터, 런던, 필라델피아 그리고 애빙턴에서 만들어진 퀘이커교의 기록이다. 1660년대와 1670년대 조지 폭스[14] 개혁의 여파로 퀘이커 집회의 기록은 신중하게 보관되었다. 이는 부분적으로 벤저민과 같은 고집스러운 자들의 정신을 다스리기 위한 것이었다. 세 번째 기록 모음은 벤저민의 게릴라 연극에 관한 무수한 이야기들이 모이며 생성됐다. 이 이야기 중 일부는 벤저민 사후 어느 신문사에서 출판되기도 했다. 19세기 초에 벤저민의 두 번째 전기를 쓴 퀘이커 자선가 로버츠 보우는 벤저민과 알고 지냈던 나이 든 퀘이커교도들을 인터뷰했다. 1730년대 초에 태어난 그들은 아이였을 때나 십 대 또는 성년 초반에 벤저민을 만났다. 이와 같은 특별한 출처의 조합으로 우리는 노예제가 반드시 폐지되어야 한다는 명확하고도 현명한 선견을 가졌던 사상과 행동을 자세하게 탐색할 수 있게 되었다.[15]

벤저민의 급진주의는 다섯 가닥을 꼰 밧줄이었다. 그는 퀘이커교도, 철학자, 선원, 폐지론자 그리고 평민[공통인]이었다. 자유사상가로서 그는 다양한 책과 지적 전통을 바탕에 두고 창의적으로 이를 조합하여 자신의 가치와 목적을 달성하고자 했다. 그는 무엇보다도 구원은 오직 은총으로만 얻을 수 있으며 신과의 직접적인 연결은 신자를 인간이 만든 법보다 위에 둔다고 믿는 율법 폐기론antinomianism[16] 급진주의자였다. "모든 권위에 대항"한다는 의미의 그리스어에서 파생된 율법 폐기론은 영국 혁명과 내전의 열기 속에서 등장했다. 이단 작가인 에프라임 패짓은 1647년 개간파Diggers, 수평파Levellers, 구도파Seeker와 같은 종교 급진주의자에 관해 "이들은 법을 폐지하려고 하기 때문에 소위 율법 폐기론자로 불린다"라고 기록했다. 크리스토퍼 힐이 혁명 시대라고 불렀듯이 그들은 "거꾸로 뒤집힌 세상에서" 모든 형태의 권력에 대한 심오한 비평을 제기했다. 벤저민은 제도와 국가 그리고 모든 "물질 유형"에 맞서며 양심을 최우선으로 여겼다. 즉, 벤저민은 자유로운 영혼이었다. 율법 폐기론은 그 사상의 토대였다.[17]

벤저민은 퀘이커 교리를 당시에는 흔하지 않았고 서로 연관도 없을 것으로 여겨지던 폐지론과 채식주의, 동물 권리, 사형 반대, 환경주의 그리고 소비 정치와 같은 다른 급진적 사상 및 실천에 조합했다. 그는 인생의 마지막 3분의 1을 동굴에서 자기 먹거리를 재배하며 자기 옷을 지어 입고 살았다. 벤저민에게 이러한 믿음과 실천은 모두 간절히 구원을 바라며 이 땅을 구하고자 했던 일관되고 온전한 윤리적 세계관에 속해 있었다. 그는 급진주의의 다양한 형태와 전통이 모두 같은 의식의 일부가 될 수 있다는 점을 보여주었다. 그는 시장의 자본주의 가치를 거부한다는 전제로 폐지론이 모든 생명에 대한 혁명적 재평가를 알리게 될 것으로 믿었다. 벤저민 레이는 여러 면에서 호기심 많은 현대인이었으나, 그의 이야기는 지금껏 온전히 또는 적절히 전해지지 않았다. 그는 우리 시대의 급진주의자이다.

몇 차례 성공적인 폐지론 운동의 여파로 거의 모든 사람이 노예제는 도덕적으로 옳지 않다는 데 동의했고 이는 오늘날까지 이어지지만, 18세기 초 반노예제 믿음을 신봉하면서 벤저민이 맞닥뜨린 뿌리 깊은 적의는 쉽게 감당할 수 있는 것이 아니었다. 벤저민은 사람들이 노예 속박에 반대하는 이야기를 들었을 때 어떻게 갑작스러운 분노를 표현했는지 직접 기록했다. 그들은 벤저민을 조롱하고 야유했으며 조소를 퍼부었다. 많은 이들이 그가 정신적으로 문제가 있는 데다 어떤 면으로는 시대의 심오한 "상식"에 반대하는 미친 자라고 여겼다. 경제적 이득과 인종 편견뿐만 아니라 키 작은 사람에 대한 편견까지 더해져 경멸이 이어졌다. 잔혹하고 깊은 증오가 하나하나 쌓이며 경멸의 정도도 심해졌다.

벤저민이 죽은 후에 그가 겪은 원한을 기억하기 위한 노력이 시작되었다. 1774년 "아민터"Armintor라는 필명을 쓰는 뉴저지의 폐지론자는, 감히 "가엾고 박해받는 피조물"인 아프리카인들을 대변하여 목소리를 내는 옹호자의 수가 초기에 얼마나 적었는지 기록했다. 그는 "멸시받는 벤저민 레이"를 그들 가운데 "가장 중요한" 사람으로 꼽았다. 1785년 폐지론자 워너 미플린의 아내인 퀘이커교도 앤 에믈렌은 집회에서 보여준 벤저민의 대항 방식은, 비록 그가 노예제에 관한 "진실"을

말하고 있음에도, 친우들의 거센 저항을 받고 있다고 기록했다.[18]

로버츠 보우는 1815년 출판된 전기의 주요 주제로 벤저민에 대한 적대적 반응을 그렸다. 실제로 그는 행동가에 관한 기억을 훼손하고 무색하게 하는 억압의 연대기를 기록했다. 자선가이자 그 자신도 폐지론자인 보우는 동료 퀘이커교도와 내중이 전반적으로 알고 있는 이력을 바로잡고자 했다. 그는 벤저민이 노예를 만드는 괴물들을 상대하고 목격하면서 마주친 바를 정확히 묘사하기 위해 강렬한 어조를 사용했다. 바로 대립, 반감, 편견, 조롱, 적의, 편협, 박해, 억압 그리고 폭력이었다. 보우는 벤저민이 "사방에서 격렬한 대립"을 직면하고 있다고 기록했고 "편견과 탐욕이 힘을 합쳐 자신에게 달려드는 곳에서 홀로 싸우는 투사"라고 기록했다. 그의 동료 퀘이커교도의 반응은 특히 "더 격렬하고 더 만연해서", "현명한 자를 광기에 들게 하기에도" 충분했다. 1738년에 이르러, 벤저민은 노예제에 저항하며 그 합법성을 인정하지 않은 유일한 퀘이커교도였다. 퀘이커교도들이 노예무역의 합법성을 내려놓을 가능성에 동의하는 것조차 20년이 더 걸렸고 노예 소유자를 파문하기 시작하는 데는 다시 또 18년이 소요되었다. 자신의 시대를 앞서 살아가는 것은 쉬운 일이 아니었다.[19]

편견은 억압으로 부풀려졌다. 동료 퀘이커교도들은 노예제에 관한 벤저민의 책을 비난했을 뿐만 아니라 그가 그들의 모임에서 이 주제에 관해 이야기할 권리조차도 부인했다. 존 킨제이가 1737년에 분명히 밝혔듯이 〈필라델피아 월례회의〉 지도자들은 벤저민이 어떻게 "공개회의"에서 "주제넘은 연설"을 할 수 있느냐며 불만을 품었다. 한때 회의는 모든 "일꾼 설교"[20]에 개방되어 있었으나 이제 친우회는 "그의 사역을 승인할 수 없다"고 결정했다. 그들은 벤저민이 하는 말을 그저

퀘이커교도 폐지론자이자 자선가인 로버츠 보우는 레이의 두 번째 전기 작가였고 1815년 『아프리카인 노예의 해방에 관한 가장 초기의 민간 주창자 두 명인 벤저민 레이와 랠프 샌디퍼드의 생애에 관한 회고록』을 출판했다.

참고 듣고만 있을 수는 없었다.[21]

　벤저민 이전에 등장했던 노예제 반대 운동가들은 그러한 압박을 전부 이겨낼 수 없었다. 퀘이커교도 존 포먼에 따르면, 벤저민의 동료 이자 에식스 지방 사람인 존 파머는 1717년에서 1718년 사이에 "흑인 억압에 관한 매우 강력한 증언"을 했다. 후에 파머가 필라델피아의 집 회에 나타나자 "흑인을 소유하고 있는 위대한 자가… 자리에서 일어 나 친우들에게, 이 남자를 이 나라의 공공연한 적으로 보아야 할 것" 이라고 천명했다. 이 위대한 자의 편에 선 여러 친우는 다 함께 파머에게 그가 틀렸다는 점을 "인정하는 무언가를 표명하도록" 강요했다. 이 사건은 엄청난 타격을 주는 효과를 가져왔다. 파머는 "패배했고", 또한 사역의 "은혜에서도 물러서게" 되었다. 그는 다시는 영국에 돌아오지 않았다. 임종 당시에 그는 "그러한 방식으로 간증에서 도망친 것"을 제외하고는 모든 것에 "편한 마음"을 가질 수 있다고 밝혔다.[22]

벤저민은 더 오랜 기간 더 큰 압력을 받았고 거기에 소인이었기 때문에 조롱을 받기까지 했지만, 물러서거나 후퇴하지도, 도망치거나 떠나가지도 않았다. 동시에 그의 결심과 신념은 좋게 표현해도 그를 까다롭고 어려운 사람으로 만들었다. 그는 친우들을 사랑하고 있었지만, 그에게 동의하지 않는 사람들에게 그의 신념은 신앙에 대한 테러가 될 수도 있었다. 그는 공격적이고 파괴적이었다. 그는 완고했고 절대 실수를 인정하려 하지 않았다. 율법 폐기론으로 신과 직접 연결된 그는 독선적이었고 때로는 편협했다. 그가 더 많은 저항을 마주하거나 그러한 저항을 이해할수록 신은 더욱더 그의 신념을 시험했고, 그럴수록 그는 자신이 옳다는 확신을 더 갖게 되었다. 그는 자신이 걸어갔던 길처럼 성스럽고 독자적인 사람이 될 이유가 있었다. 그는 심오한 사악함을 지닌 노예제를 물리치기 위해서는 이러한 기질이 필수라고 확신했다.

바베이도스와 펜실베이니아에서, 위로는 킨제이와 같은 정치적 그리고 종교적 지도자가, 아래로는 어떤 방식으로든 노예 제도를 지지하는 모든 보통 사람들이 벤저민에게 악의를 표현했다. 이 같은 사실을 표현하기 위해 보우는 로마의 위대한 시인 호라티우스[Horace]를 인용했고 벤저민 역시 고대의 작가들을 사랑했으므로 분명 이러한 표현에 찬성했을 것이다.

굳건한 정의의 용자는
자신의 목적에 등 돌리지 않으리
군중의 광분에도
제국의 폭군에도

벤저민이 일생의 40년 이상을 마주했던 일종의 반감을 직면하기 위해서는 불굴의 정신과 용기가 필요했다. 그 자신과 후대 사람들에게는 다행스럽게도 이러한 미덕이 전혀 부족하지는 않았다. 그는 노예제에 반대를 표하는 힘을 보여주었다. 그 이유에서 그의 삶은 용감함의 이야기이다.[23]

1장

초기 생애

THE
FEARLESS
BENJAMIN
LAY

벤저민 레이의 인생에서 그 토대를 이룬 초기의 영향 요인은 가족, 지역, 종교 그리고 일에 있었다. 그는 1682년 에식스에서 검소하게 재산을 불려가고 있던 사람들 가운데 태어났다. 당시 에식스 지방은 17세기 영국의 방직 산업, 시위 그리고 종교적 급진주의로 알려진 지역이었다. 그는 삼대를 이은 퀘이커교도였고 훗날에는 그의 부모나 조부모보다 더욱더 열렬한 신앙을 바쳤다. 그는 퀘이커교 역사에 관해 연구했고 영국 혁명의 기원으로부터 영감을 받았다. 또한, 그는 양치기와 장갑 제조공 그리고 선원으로 일하며 도시와 시골 그리고 지역과 세계에서의 폭넓은 직업 경험을 가졌다. 벤저민은 어디에서 어떻게 살아왔는지에 따라 진화하는 세계관을 갖게 되었다.

코퍼드 : 평민[공통인]

벤저민의 가족은 런던 북서쪽 60마일에 있는 에식스 카운티의 코퍼드에 위치한 작은 마을에서 몇 세대를 살았다. 코퍼드는 후기 앵글로색슨족의 왕들이 영국을 지배했던 10세기와 11세기 동안 런던 주교들의 영지 중 일부였다. 새로운 프로테스탄트 여왕인 엘리자베스 1세가 코퍼드의 주교 에드먼드 보너가 충성의 맹세를 거부했다는 이유로 그를 쫓아냈던 1559년까지 여러 주교가 그곳의 영지를 소유했다. 그 후 코퍼드의 땅은 사적인 거래에 넘어가게 되었지만, 지역 공통장[공유지]들은 그대로 남아 있었다. 12세기의 노르만족 벽화가 그려진 마을 예배당은 문짝에 무서운 경고의 의미로, 아마도 밀렵꾼의 것으로 보이는 벗겨낸 피부 한 장을 매달아두던 것으로 알려져 있다. 원래 성모 마리아에게 헌정된 예배당은 후에 계시록에 있는 선과 악의 충돌에 관한 이야기를 바탕으로 '성 미카엘과 모든 천사의 교회'St. Michael and All Angels Church로 개명했다.[1]

벤저민의 조부모인 윌리엄과 프루던스 레이가 코퍼드에서 낸 아궁이세[2]로 보면, 그들의 재산은 보잘것없었다. "빌레무스 레이"Willelmus Lay는 벽난로가 하나 딸린 오두막을 소유하고 있었고 거기에 그 자신과 그의 아내 그리고 1654년에 태어난 아들 윌리엄(벤저민의 아버지), 1659년에 태어난 딸 수잔, 1662년에 태어난 아들 존이 함께 살았다. 마을 자체는 작았다. 겨우 22가구만이 아궁이세 납부 대상이었다. 지방 유지로 볼 법한 가구는 아궁이가 여섯 개였고, 두 가구는 네 개를 가지고 있었다. 다섯 가구는 세 개, 아홉 가구는 두 개, 레이의 가족을 포함한 다섯 가구는 하나를 가지고 있었다. 추가로 "아홉 가구의 가난한 사람들"은 목록에서 생략되었고 또 다른 열일곱 가구는 마찬가지로 너무 가난하거나 소작인이라는 이유로 면제를 받았다. 아궁이세 기록에 남은 48가구 중 레이는 재산이 있는 자들의 가장 아래에 속해서 전체로 보면 딱 중간에 있었다. 다음 세기가 되었을 때 마을에는 50에서 60가구가 살고 있었다.[3]

윌리엄과 프루던스는 1640년대와 1650년대의 혁명적 소요에 마음이 끌리어 1655년 이후 퀘이커교에 가입했다. 십수 년 후에도 윌리엄은 여전히 국교도가 아니었고 영국 국교회의 예배에 참석하지 않아서 에식스 분기 법원에 기소되었다. 1672년에 그는 퀘이커교 〈콜체스터 월례회의〉(이하 CMM)에서 지역 집회를 위한 적절한 모임 장소를 찾아보도록 하는 임무를 받았다. 이는 그들의 자녀 출산에 관한 기록을 제외하고는 초기 퀘이커교 기록에서 유일하게 윌리엄이나 프루던스가 언급된 내용이다. 그들은 CMM에서 적극적으로 활동하지는 않은 것으로 보인다. 이는 아마도 그들이 집회의 다른 구성원처럼 집회 장소와 "3마일에서 5마일 거리, 때로는 8마일에서 10마일이나 떨어져" 살았기 때문일 것이다.[4]

우리가 윌리엄 2세라고 부를 벤저민의 아버지는 논쟁의 여지가 없지는 않지만, 집회에서 훨씬 적극적이었다. 그는 겉으로 보기에는 퀘이커 신앙과 관계없이 결혼했고 전해지는 바로는 퀘이커교도가 되지 않았던 윌리엄 3세와 존이라는 두 명의 아들과 퀘이커교도가 되었던 딸 수잔나를 낳았다. 1679년, 추측건대 윌리엄 2세는 처음 결혼했던 아내가 죽은 후 CMM에 나타나 코퍼드 남쪽 5마일쯤 떨어진 레이어 브레튼에 사는 "메리 데니스(또는 데니쉬)와 결혼하고자 한다고 밝혔을 것이다." 메리는 분명 윌리엄과 사촌지간이었지만, 반대 의견은 제기되지 않았고 결합이 이루어졌다. 몇 년 후 1687년에 CMM은 "아주 가까운 친족의 결혼"이 합당한지 물어보았고 "결혼 여부가 아직 충족되지 않았다"고 덧붙였다. 다음 회의 때 윌리엄은 결혼 증명서를 제출했지만, 결혼 의식이 국교회 사제에 의해 집전되었다는 이유로 더 많은 분쟁을 낳았다. 이는 퀘이커 신도들 사이에서 용인될 수 없는 일이었다. 이 일에 관한 논의 후에 CMM 기록관은 윌리엄이 "유감을 표했으며", 또한 "자기 자신과 그 악행을 꾸짖는 간증"을 받아들였다고 기록했다. 1712년 윌리엄 2세와 그의 친구 로버트 티발이 "〔퀘이커교도〕매장지로 쓸 코퍼드의 토지 일부를 회의 측에 전달하면서" 모두가 용서된 것으로 보였다. 그러나 이처럼 관대한 행동조차도 증명서에 담긴 잘못된 무언가를 지워내지는 못했다. CMM은 "윌리엄 레이는 신을 저버렸기에 월례회의에서 언급된 규정집에 따라 새로운 증서를 발급한다"라고 결론 내렸다.[5]

월리엄은 메리 데니스와의 결혼으로 가족의 재산을 극적으로 불렸다. 그는 아궁이 하나 딸린 코퍼드의 단출한 집에서 자랐지만, 21세로 장성하고 고작 9년이 흐른 후인 1684년에는 자신의 유언장에, 메리를 통해 마련하게 된 것이 거의 확실한 자신의 세 가지 실질적 재산을 열거했다. 그는 유언으로 자기 아들 월리엄 3세에게 "포덤과 웨스트 버고트에 비숍스와 무어크로프츠라는 이름으로 알려져 있던 영구 소유지와 임대 영지와 거기에 딸린 헛간"을 남겼다. 또 다른 아들 존에게는 "마운트 부레스와 콜른 웨익스에 있는 모든 영구 소유 가택과 영지 가택"을 남겼다. 아내인 메리에게 그는 "레이어 브레튼에 딸린 모든 영구 소유지와 가택"을 남겼고 여기에 그녀가 사망하게 되면 이 재산은 당시 두 살이었던 "가장 어린 아들 벤저민 레이"에게 돌아간다는 조항을 달았다. 월리엄은 아마도 벤저민의 소인증으로 인해 그의 수명에 관해 걱정하고 있었을지도 모른다. 그래서 그는 "만약 아들 벤저민이 21세가 되어 성년에 달하기 전에 죽게 된다면 가택과 토지"는 다른 두 형에게 돌아간다고 덧붙였다. 얼마 후 월리엄 3세와 존은 자기 소유지로 옮겨가 즉각 이득을 취했다. 그들이 각각 1722년과 1735년에 각자의 유언장을 썼을 때 그들은 자신을 자기 영구 소유지 또는 임대 영지를 소유하고 경작하는 평민을 뜻하는 "자작농"yeoman으로 칭했다. 가족은 이러한 방식으로 사회적 계급을 높여가고 있었다.[6]

벤저민은 1682년 4월 26일 코퍼드의 연기가 자욱한 작고 어두운 오두막에서 태어났고 그의 이름은 외할아버지 벤저민 데니스에서 따왔다. 그는 누나인 메리가 태어나고 20개월 뒤에 세상에 나왔다. 이복형제들의 교육이 점점 좋아지고 있었기는 하지만, 여전히 가족의 교육적 성취가 대단하지는 않았다. 존은 자기 유언에 날인도 할 수 없었고 벤저민 자신도 제한된 학교 경험만을 가질 수 있었다. 그의 이름은 1637년부터 1740년 사이의 "콜체스터 학교 등록인 명부"에 나타나지 않는다. 퀘이커 공동체의 첫 친우회 학교는 그에게 너무 늦은 시기였던 1698년에 설립되기는 했지만, 그래도 그는 아마도 퀘이커 공동체 내에서 비공식 교육을 일부 받았을 것이다. 어쨌든, 로버츠 보우와 그가 인터뷰했던 늙은 퀘이커교도들에 따르면 벤저민은 "가장 낮은 계층의 영국 학교에서 가르치는 수준의 기초 학습 이상은" 전혀 배우지 못했다. 그는 이후 평생을 스스로 배움을 얻기 위해 보냈고 "신학, 전기, 시 그리고 역사"에 관한 폭넓은 독서를 통하여 독학자가 되었다.[7]

벤저민의 고향은 직조 산업이 특색이었다. 17세기 후반에 이 지역은 "베이스와 세이스"라고 불렸던 천으로 잘 알려져 있었다. 이 천은 보풀을 세우지 않고 빗질한 양모로 만든 올이 굵은 천으로 현대식 천인 베이즈와 서지의 선조 격이라고 할 수 있었다. 이 천에 관한 노하우는 1560년대와 70년대에 네덜란드 피난자들에 의해 에식스 지방에 전해졌다. 한 세기가 흐르면서 양 떼 방목과 방적이 시골 전역에 퍼진 후에 양모는 지역에서 가장 중요한 수출품이 되었다. 지역에서 연대기를 기록한 필립 모런트는 1768년에 에식스에서 "가난한 사람들은 주州의 대부분 지역에서 양모 짜는 일을 하고 있다"라고 기록했다. 벤저민이 1732년 필라델피아로 이주했을 때 그는 고향의 직조 문화를 함께 가지고 갔다. 그가 팔려고 내놓은 물품 목록에는 "양모 꾸러미 또는 양모 빗과 양모 기모빗"이 있었다. 또한, 벤저민 자신도 직조공으로, 그의 동굴을 방문한 사람들은 방적사 타래들을 무수히 걸어놓은 것으로 내부를 꾸몄다고 강조했다. 이것들로 그는 자신의 옷을 지어 입으면서, 직조 생산에 함께 참여한 일가로서 기술 숙련 역사를 다져왔다

는 점을 보여주었다.[8]

에식스는 민중 항거의 오랜 역사를 가지고 있었고 벤저민은 이 유산을 물려받았다. 노퍽의 수용에 맞선 케트의 반란Kett's Rebellion이 있었던 해인 1549년과 모반 및 저항으로 북동부 에식스의 직조 마을을 박살 냈던 1566년에는 큰 소동이 지역을 흔들었다. 1642년에는 수천 명이 존 루카스 경의 풍요로운 사유지를 약탈하며 영국 혁명에서 가장 극적으로 사유 재산을 공격하는 모습을 보여주었다. 모런트는 이 지역의 하류층 사람들은 "항상 약탈하려는 성향을 띄고 있었다"고 강조하며 한 세기가 흐른 후에도 이전의 역사를 떠올리고 있었다. 에식스의 민중 항거는 여러 개의 머리를 가지고 있었다. 평민[공통인]들은 공통장[공유지]의 수용, 불공평한 선거, 곡물 할당, 직공 임금 그리고 성직자와 교회의 권위에 맞서 저항했다.[9]

에식스는 15세기 초부터 부를 이단으로 여기고 거부하며 한 세기 이상 지역을 소란스럽게 했던 롤라드Lollard와 함께 시작된 종교적 급진주의의 온상과 다름없었다. 성직자들을 비난하고 성경을 일상어로 번역했던 옥스퍼드의 신학자 존 위클리프John Wycliffe의 뜻을 받든 에식스 사람들은 1414년에 롤라드 반란에 참여했고 곧 처형이 이어지며 수많은 순교자가 생겨났다. 1440년 즈음에 이 이단자들은 신앙 서약을 거부하고 모든 사유 재산을 공동으로 소유해야 한다고 주장했다. 후에 그들은 기도 중에 모자를 벗지 않으면서 교권에 격한 반대를 드러냈고 영국 국교회의 "탐욕"을 비판했다. 크리스토퍼 힐에 따르면 콜체스터 근방의 직조 지역은 "롤라드파의 번식지"였다. 마찬가지로 헨리 니콜리스가 이끈 〈사랑의 가족〉Family of Love 또는 가족파Familists의 새로운 이단 움직임도 여기에서 퍼져가고 있었다. 급진적인 종교 사상

은 16세기 후반 네덜란드 이민자들의 베이스와 세이스 제조에 관한 지식을 따라 함께 들어왔다.[10]

롤라드파와 가족파는 레이의 가족이 살던 지역이면서 17세기 중반에 퀘이커 교리가 출현했던 바로 그 지역에 뿌리를 두고 있었다. 실제로 벤저민의 아버지는 에식스의 롤라드 지도자 존 티발의 후손이 틀림없는 코퍼드의 로버트 티발과 명백한 평생 친구로 지냈다. 윌리엄은 티발의 집에서 1678년에 메리 데니스와 결혼식을 올렸고 이후 두 사람은 수년 후 1712년에 CMM의 퀘이커교도 매장지도 함께 조달했다. 역사가인 에이드리언 데이비스가 보여주었듯이 종교적 급진주의는 에식스에 오랫동안 비밀리에 존재하고 있었다. 레이도 그 일부였다.[11]

퀘이커교도

영국 혁명 중 〈왕당파〉(왕정주의)와 〈원두당〉(의회파) 고위층의 다툼을 이용하여 당시의 문제에 대한 해결책을 제시하고자 잡색 부대를 이룬 완고한 평민[공통인]들 사이에서 퀘이커 교리가 등장했다. 1640년대 동안 군대가 전투를 벌이며 검열이 무너졌고 1650년대의 공백기에는 수평파, 구도파, 초기 감리교도, 개간파 그리고 퀘이커교도들과 같은 프로테스탄트 급진파가 영국 혁명을 심화하고 급진화하며 신성한 공화정을 세우고 민주주의와 평등의 원리를 진일보하기 위해 싸웠다. 이들 급진주의자 중 많은 이들이 "율법 폐기론자", 즉 누구도 인간의 양심을 통제할 권리나 힘을 가지지 않았다고 믿는 자들로 매도되었다. 초기 퀘이커교도들이 이 유형을 집약적으로 보여주었다. 이 단어는 대부분 적대적인 자들이 쓰는 경멸하는 명칭이었기에 벤저민이 이 말을 쓴 적은 결코 없었지만, 그는 모든 뉘앙스에서 철저하게 율법 폐기론자였다. 이 단어는 그의 급진주의와 그러한 삶의 끝없는 갈등 및 논쟁의 원천이었다.[12]

퀘이커교도들은 〈신형군〉[13]에서 오래 복무한 카리스마 넘치는 군인인 요크셔의 제임스 네일러와 격동적인 전율을 담은 설교로 잘 알려진 레스터셔 출신 신발 제작자 조지 폭스를 따라 1650년대의 국가 운동을 일으켰다. 네일러와 폭스는 영국 국교회를 공격하기 위해 수평파, 구도파, 감리교도 그리고 개간파의 남녀를 규합했고 함께 목사들에 맞서 소리쳐 반대하며 십일조 세금 납부를 거부했다. 한 신입 퀘이커교도는 "나는 던바 전투Battle of Dunbar [14]에 나섰다가 적들의 칼날에 꼼짝없이 걸려버렸을 때보다 제임스 네일러의 설교를 들으며 더 큰 공포를 느꼈다"라고 기록했다. 또 다른 이는 폭스에게 소리치기도 했다. "그 눈으로 나를 쏘아보지 마라! 그 눈을 저리 치워라!" 퀘이커교도들은 하나님은 성스러운 "내면의 빛"으로 각자의 사람 안에 존재한다고 믿었다. 성직자의 간섭에 심원한 반대를 품은 그들은 신과 신도들 사이에서 성직자의 중재를 거부했고 "탐욕이 가득 찬 설교"를 하던 "돈 밝히는 목사"들에게 특히 분개했다. 또한, 퀘이커교도들은 악법은 따를 필요가 없다고 주장했다. 초기 퀘이커교도들은 극단적인 율법 폐기론을 가진 초기 감리교도Ranters들과 유대를 맺었다. 그들은 불경한 목사에게 퍼붓던 호통rant에서 '랜터'Ranter라는 별칭을 따왔고 모든 이가 순결하다고 믿으며 순수한 마음을 신봉했다.[15]

퀘이커 교리는 1655년 18세의 순회 설교자 제임스 파넬의 투쟁 정신을 따라 벤저민의 고향 콜체스터에 왔다. 가족파에 영향을 받은 파넬은 "세상을 뒤집어 놓을" 시기가 되었으며 "세상이 분노할 이유를 찾았다"고 생각했다. 콜체스터의 감옥에서 그는 부자들이 다가올 심판 앞에 "비탄과 한탄"에 빠지게 되리라고 경고했다. "주님께서 너희를 불태우시리니 그분 앞에 그루터기처럼 불타리라." 콜체스터에는 마사 시먼스라는 또 다른 퀘이커교도가 감금되어 있었다. 그는 교회 예배를 방해하고 "사람들이 경악하도록 서리가 내린 날씨에 머리를 풀어 헤치고 머리카락에 재를 올린 뒤 삼베옷에 맨발로 거리를 걸어 다녔다." 파넬은 1656년 콜체스터 성에서 10개월간의 수감이 끝나고 10일 후에 죽었다. 시먼스는 이후 더 강력한 율법 폐기론 논쟁을 이어갔다.[16]

초기 퀘이커 교리의 세 가지 주요 특징은 2세대가 흐른 후 벤저민의 삶과 활동주의를 이해하는 데 필수적이다. 대중은 "모자를 벗어 표하는 예의"를 거부하고 거리에서 성난 민심을 표현하며 국교 성직자들을 호되게 비판했다. 폭스를 포함한 많은 퀘이커교가 영국 국교회와 다른 종파들의 예배를 일상적으로 방해했다. 그들은 주말 예배에 나가서 집회에 앉아 있다가 목사가 말을 시작할 때까지 기다린 후 일어서서 큰 소리로 설교자와 설교 내용이 사악하고 부정하다고 비난했다. 레오 댐로쉬는 초기 퀘이커교도들 사이에서 목사를 비난하는 행위는 "선지적 의무로 여겨졌고 위법행위를 하는 것을 오히려 더 성공적으로 보았다." 심각한 박해가 뒤따르게 되면 이를 하나님의 은혜가 분명히 나타난 표시로 보고 이를 최선으로 여기기도 했다. 퀘이커교의 교란이 빈번해지면서 올리버 크롬웰은 성직자에 대한 야유를 막기 위해 국가 선언문을 발표했다. 수백 명의 퀘이커교도가 콜체스터와 영국 전역에서 기소되고 수감되었다. 벤저민은 권력에 맞서 진실을 말하는 전통을 이어갔고 후에 그는 많은 집회에서 물리적 힘으로 쫓겨 났고 심지어 때로는 감옥에 갇히기도 했다.[17]

퀘이커교도들은 이른바 사회 고위층이 있는 자리에서는 모자를 벗는 예의를 거부하면서 영국에서 오랜 전통을 가진 항의의 형태에 새로운 의미를 부여했다. 이러한 존경의 표시는 계급으로 구성된 사회에서 조화를 유지하는 데 필수적이었기 때문에 퀘이커교도의 거부는 사회적 예절을 위반한 것을 넘어서 계급 평등을 조장하는 행위로 간주되었다. 급진적인 퀘이커교도들은 이 관행을 더 확대했다. 존 패럿은 기도 중에도 사람들은 모자를 벗지 말아야 한다는 "명확한 계시"를 하나님께 직접 받았다고 주장했다. 결국 하나님은 모든 신자에게 존재하시고 모두가 성스럽고 동등한데, 그런 행위가 무슨 의미를 지닌다는 말인가? 패럿을 "되살아난 네일러"라고 생각했던 조지 폭스는 이와 같은 극단적인 율법 폐기론적 행위에 격노했고 이러한 실천을 강력히 단속했다. 그러나 패럿은 1657년 콜체스터에서 설교했고 영향력 있던 펄리Furly 가문을 포함해 수많은 추종자를 끌어들였다. 이 지역에서는 모자 논쟁이 끓어올랐고 벤저민은 18세기에 이 관행을 실천에 옮겼다.[18]

초기 퀘이커교도들은 사람들이 죄의식 불감에서 벗어날 수 있도록 충격을 주기 위해서 공공연하게 매우 종교적으로 극적인 효과를 보여주었다. 그들은 교회는 물리적인 구조물이 아니라 경건한 사람들의 회합이라고 믿었기 때문에 자기 집이나 헛간, 들판 또는 거리 어디든 모든 곳에서 종교 예배를 드렸다. 그들은 종종 "내면의 빛"이 가진 우월성을 강조하기 위해 "벌거벗고 징조를 받아들이거나" 성경을 불태우는 의도적이면서도 기발한 행동을 보여주기도 했다. 한 퀘이커교

초기의 급진적 퀘이커교도를 적대적으로 그린 이 그림은 "벌거벗고 징조를 받아들이는 모습"으로 법에 대한 율법 폐기론적 경멸을 강조했다. 그들은 "법 위의 존재"였다.

도는 "오직 수치심을 피하고자 성기만을 둘러서 제대로 가린 채〔웨스트민스터〕집회장에 벌거벗고 나타나 불붙은 냄비와 유황을 머리 위로 들고는 '회개하라! 회개하라!'를 외치며 집회장을 통과해 다녔다." 여자들은 때로는 이 묵시적인 장면에서 주도적인 역할을 했다.[19]

　　퀘이커교도의 게릴라 연극에서 가장 유명한 작품은 1656년 10월에 마사 시먼스와 다른 퀘이커교 여자들이 제임스 네일러를 둘러싸고 호산나 노래를 부르며 그의 길에 꽃을 깔아주면 그가 당나귀를 타고 브리스틀에 들어오면서, 그리스도가 예루살렘에 입성하는 장면을 재연한 모습이었다. 네일러는 당시 퀘이커교도들 사이에서 유명한 작가이자 신학자로서 폭스와 함께 급진적으로 성장하며 이미 국가적 수준으로 번진 매우 파괴적인 운동을 이끌었다. 시먼스는 브리스틀의 치안판사들에게 심문을 받으면서 자신의 행동을 율법 폐기론자의 관점으로 설명했다. 그녀는 "지고한 권력을 따르는" 행동을 했다. 의회는 네일러와 퀘이커교의 폭동을 붕괴할 기회를 포착했다. 네일러를 사형에 처할지 죽을 만큼 고문할지에 관한 열두 번에 걸친 논쟁을 지속한 끝에 의회는 네일러에게 세 번의 태형을 가하고 혀에 구멍을 뚫은 후 이마에 B(신성모독자 Blasphemer)의 글자를 새기고 감금하는 벌을 내렸다. 네일러는 이토록 잔인한 일련의 처벌을 받고 결코 회복하지 못했다. 채찍을 맞은 후 네일러의 엉덩이와 어깨에는 남은 살점이 없었다고 전해진다. 그는 폐인이 되어 1659년에 감옥에서 나왔고 1년 후에 죽었다.[20]

조지 폭스는 네일러의 지나친 행보가 퀘이커 운동에 해를 끼친다고 생각하고 행동에 나섰다. 네일러, 시먼스, 패럿 그리고 다른 많은 이들의 율법 폐기론적 방식에 맞서 그는 1660년대와 1670년대에 어떤 내부적인 반혁명을 주도하여 한가운데 자리 잡은 자유정신을 징계하거나 몰아낼 일련의 개혁을 추진했다. 급진적 퀘이커교도들을 길들이려는 그의 노력은 찰스 2세 왕의 복위와 영국 혁명을 일으킨 사람들에 대한 공포 정치라는 더 큰 맥락 안에서 일어났다. 여기에서 영국 혁명을 일으킨 사람들에는 퀘이커교도도 포함된다. 퀘이커교는 1640년대와 1650년대에 가장 성공적이고 오랫동안 지속한 급진적인 종교 집단이었기에 아마도 특히 더 큰 공포의 대상이 되었을 것이다. 폭스는 1660년 퀘이커 교리의 영속적이면서도 뚜렷한 특징인 평화주의를 담은 "평화선서"를 선언했고 이는 부분적으로는 전쟁의 대학살에 대항하고 또 부분적으로는 자기 사람들에게 향할 것으로 충분히 예상할 수 있는 폭력을 줄이고자 하는 영리한 선조치였다. 1660년대에 패럿과 그 부류들에게 분노한 그는 급진파 신앙에 대해서 자기 검열과 집단 처벌을 부과하는 새로운 계층적 집회 체계를 실행했다. 그는 모든 퀘이커교도는 순회 사역을 시작하거나 집회 모임을 변경하기 전에 지역 회합에 미리 허가를 받도록 하는 인증 체계를 만들었다. 그는 제어하기 어려운 경향이 있던 여성 신도를 위한 별도의 회합도 만들었다. 질서를 유지하기 위해 원래의 자발적이고 민주적인 퀘이커교 양식은 느리지만 확고하게 "더욱 엄격하고 권위주의적인 교리의 방식"으로 대체되었다. 퀘이커교 원로와 지도자들에 대한 반대는 금지되었다. 놀랍지도 않게 개혁은 반대에 부딪혔다. 1670년대에 스토리 윌킨슨 분파는 내면의 빛을 새로운 국가적 위계보다 아래에 두는 것에 반대했다. 그러나 폭스는 행보를 이어가며 베리 리Barry Reay가 "퀘이커 지배계급"이라고 불렀던 무언가를 만들어내며 자신이 만든 율법폐기론 진영에 맞선 20년간의 투쟁을 이어갔고 결국 승리했다. 폭스는 네일러와의 결전에서 확고한 승리를 거두었고 퀘이커 교리는 1660년과 1700년 사이에 심대한 변화를 겪었다. 폭스와 동료 통치자들은 맹렬한 혁명 운동의 영역을 규율이 갖추어진 종파로 변모시키는 효율성을 보였다. 벤저민은 폭스가 자신과 같은 자유로운 영혼이 규율을 갖추도록 하기 위해 심어놓은 메커니즘에 맞서 많은 시간을 할애해 싸움을 벌여야 했다.[21]

벤저민은 두 세대가 지난 이후에 태어났지만, 여러 면에서 네일러, 시먼스, 패럿 그리고 다른 초기의 급진적 퀘이커교도와 닮아있었다. 우리가 볼 수 있듯이 그는 교회 계층을 수평화하고 만물에 합당한 평등주의 질서를 회복하기 위해 치열한 노력으로 불경한 성직자와 집회에 맞서 목소리를 높이며 예배당을 찾아다님으로써 급진주의자의 길을 따랐다. 그는 설교와 기도 중에도 머리에 모자를 쓰고 있으면서 평등의 원리를 지켰다. 그는 거리의 극장에서 사람들에게 충격을 주며 합당하고 윤리적인 행동에 관한 인식을 새로이 하도록 노력했다. 그는 초기 퀘이커교도들과 마찬가지로 자기 정치 이론의 초석이 된 요한계시록에 애정을 가졌다. 당시에는 벤저민을 "광인"으로 보게 했던 여러 행동은 실제로 초기 퀘이커 교리의 역사의 잔류물이었다.

급진적 퀘이커 교리는 벤저민의 세계관에 토대가 되었다. 그는 의식적으로 프로테스탄트 급진주의 전통의 한가운데 서 있었고 실제로 『모든 노예 소유자…배교자들』에서 자기만의 계보를 확립했다. 그의 계보는 예수와 사도 그리고 사도행전(4장 32절)에 나타난 "모든 물건을 공유하던 원시 기독교인"으로부터 시작했다. 이 계보는 12세기 프랑스에서 일어난 이단 교파인 〈발도파〉로 이어지고, 이후에는 종교개혁을 통해 롤라드와 〈사랑의 가족〉 그리고 영국 혁명의 율법 폐기론자들에게 전해졌다. 벤저민에게 프로테스탄트 급진주의의 영광스러운 역사의 방주는 1650년대의 "원시" 율법 폐기론자들과 함께 숭배되고 있었다. 이 형제자매들은 영광의 길을 밝혔다.[22]

포덤 : 양치기

1690년대 후반 동안 십 대 벤저민은 코퍼드에 있는 부모님의 오두막을 떠나 포덤에 있는 이복형제 윌리엄의 농장에서 일하기 위해 50마일을 이동했다. 포덤은 케임브리지셔 동부에 위치한 번영한 마을로 양모가 지역경제를 이끌고 있었으며 벤저민은 이 시기에 여기에서 일하면서 양을 돌보았다. 또한, 그는 윌리엄의 아내 사라와 여섯 아이와 평생 애착을 형성했다. 이 가족 중에 퀘이커교도는 없었다. 벤저민은 가장 어린 아들 필립과 특별한 관계를 맺고 있는 것처럼 보였고 1731년 자신의 유언에도 그의 이름을 다정하게 언급하고 있었다.[23]

벤저민은 양치기 일을 사랑했고 『모든 노예 소유자 … 배교자들』에서 다음과 같이 회상했다. "나는 약 40년 전에 내 형의 양을 돌봤다. 그토록 예쁜 어린 양과 어미 양은 조용히 다정하게 그리고 어여쁘게 서로 먹이를 나누었다. 바라보면 매우 아름답고 더할 나위 없는 장면이었다." 그러나 목가적인 모습이 전부는 아니었다. 당시 벤저민은 다른 여러 양치기와 마찬가지로 "부주의하고 잠이 많았다." 그로 인해 그 형제의 양들은 "담장과 도랑을 건너 돌아다녔고 이웃의 옥수수밭에 들어가고 해를 끼치기도 했다." 모든 양을 다 돌보는 것은 쉬운 일이 아니었다. "때로는 양들을 다시 정돈하는 데 눈물이 줄줄 흐를 정도였다." 더 큰 문제는 떠돌이 개로 인해 생기는 골칫거리였다. 개들은 양을 흩어놓고 때로는 죽이기도 했다. 이런 일은 그의 형제에게는 "슬픔"이었고 그에게는 "질책"의 원인이었다. 그러나 이 모든 일을 감수하고도 벤저민은 "어여쁘고 귀여운 양들"을 돌보기를 좋아했다.[24]

어린 양과 어미 양은 세상에 대한 벤저민의 사상에서 중요한 역할을 하게 된다. 그는 이 온유한 존재를 자신의 글 전체에서 은유로 활용했다. 진정한 교회의 구도자로서 그는 모든 참된 신앙인들을 "온유한 양"으로 보았다. 그는 예수를 "자기 양 떼를 위해 자신의 목숨을 내려놓으며" 가장 본분을 잘 지킨 양치기로 보았다. 그는 노예를 소유한 성직자들은 "양의 탈을 쓴" 늑대라고 여겼다. 퀘이커 회합에 관한 벤저민의 이상은 "들판의 양 떼와 같이 조용하고 다정하게 잡다한 소리

없이 서로 먹이를 나누며" 모이는 것이었다. 그가 비록 스스로 침묵을 지키는 일은 거의 없었지만, 당연하게도 성경 구절을 인용하거나 신학의 주요 주제를 가져다 쓰기도 했다.[25]

그러나 어린 양은 벤저민과 다른 많은 퀘이커교도에게 더 구체적이고 전투적인 의미가 있었다. 그들은 1650년대 이래로 사탄의 세력에 맞서 지구상에 "새 예루살렘"을 짓고자 하는 필사적인 싸움인 "양들의 전쟁"을 치르고 있었다. 『양들의 전쟁』은 1657년 영국에서 처음 인쇄되고 1716년에 재출판되기도 했던 제임스 네일러가 쓴 영향력 있는 소책자의 제목이었다. 벤저민이 요한계시록의 이야기를 활용했던 것처럼, 네일러와 조지 폭스도 악에 맞선 선의 전쟁을 설명하기 위해 땅에 내쫓겼던 대천사 미카엘이 사탄의 하수인을 데리고 다시 돌아온 붉은 용에 맞서는 요한계시록의 이야기를 가져왔다. 어린 양을 주인공으로 내세운 이 비유는 벤저민의 기독교 신앙과 신성 그리고 퀘이커 교리에 관한 벤저민의 관점을 이끌며 결국 노예제로 눈을 돌리게 했다. 이처럼 생명체를 활용한 해석의 뿌리는 초기의 노동 경험에 있었다.[26]

콜체스터 : 장갑 제조공

벤저민이 이복형제의 가족을 떠나 자신의 삶을 꾸려야 할 시기가 왔을 때 그의 아버지는 그를 콜체스터의 장갑 장인에게 보내 도제 생활을 시켰다. 장갑장이는 주로 죽은 동물의 가죽을 다루었기 때문에 장갑 제조는 "역겨운 장사"에 속하는 저급하고 불쾌한 작업이었다. 장갑장이나 재봉사 또는 신발 제작자들은 아이를 훈련하는 데 큰 대가를 요구하지 않았기 때문에 그다지 부유하지 않은 가족들은 자기 아이들을 이들에게 보내기도 했다. 장갑 제조에는 "큰 힘이나 재주"가 필요하지 않았기 때문에 전에 없이 많은 여성이 이 일에 뛰어들면서 18세기에는 급속하게 프롤레타리아화가 진행되었다. 이 지루한 작업은 "구부정 앉은뱅이 장사"라고도 알려져 있었다.[27]

런던의 수공업에 관한 18세기 조사에 따르면 장갑장이들은 주로 양과 염소 그리고 사슴의 가죽으로 작업했고 백반과 소금을 덮어쓰고 살았다. 장갑장이들은 가죽을 다양한 크기와 모양으로 자른 후 붙여 바느질하고 때로는 토끼털로 안감을 데었다. (벤저민과는 달리) 부유한 장갑장이들은 잘라낸 가죽을 이어 붙이기 위해 재봉사를 둘 수 있었으며 갑부 후원자를 둔 이들은 담비 털을 써가면서 토시와 어깨걸이를 만들기도 했다. 재봉사들과 마찬가지로 장갑장이들은 가위와 바늘을 주 도구로 썼다. 실제로 1759년 벤저민이 사망한 당시 물품 보유 목록에는 "작업용 가위 한 쌍"과 여러 종류의 장갑 그리고 1만 2천 개의 핀이 포함되어 있었다!

벤저민은 양치기의 삶은 좋아했지만, 장갑장이의 삶은 좋아하지 않았고 이것이 아마도 그가 1703년에 21세가 되자 선원이 되기 위해 런던으로 달아났던 주된 이유가 되었을 것이다. 비록 바다를 떠난 후 다시 장갑을 만드는 삶으로 돌아와 런던과 콜체스터에서 수년간 일하기도 했지만, 그는 결국 거기서도 다시 도망쳤다. 1730년대 동안 필라델피아로 이주한 지 얼마 되지 않아 벤저민은 동물에 대한 폭력에 의지해서 하는 일들을 단호히 거부했다. 비버 모자를 만들다가 후에 작가가 되어 채식주의의 창시자가 된 토머스 트라이온Thomas Tryon은 벤저민의 세계관에 크나큰 영향을 주었고 "역겨운 장사"를 통한 일과 생애 경험은 인류와 세상의 다른 동물들 간의 관계를 급진적으로 재고하는 데 이바지했다.

런던 : 선원

젊고 독립적인 벤저민은 영국의 세계 제국 중심에 서 있는 60만 명의 영혼이 우글거리는 대도시 런던으로 떠났다. 그는 장갑장이 일에서 도망친 것으로 행복했지만, 그가 런던 부둣가로 옮겨온 데에는 또 다른 까닭이 있었다. 로버츠 보우에 따르면 벤저민의 바다 생활 이야기를 들은 퀘이커교도들은 그가 "재미있고 순진한 농경을 떠나서 고난과 위험의 삶인 선원의 삶에 더욱 끌리는 마음을 채울 길"을 찾고자 했다고 말했다. 벤저민은 호기심이 많고 용감했다. 그는 바다 생활의 위험을 두려워하는 마음보다 세상을 보고자 하는 마음이 더 컸다. 그의 아버지가 벤저민의 어머니가 죽는다면 벤저민에게 레이어 브레튼의 가족 농장을 상속하겠다고 유언한 점에서, 이러한 결심은 특히 중요하다. 벤저민은 시간만 버티면 결국 자신의 이복형제처럼 자리 잡고 부유한 자작농이 될 수 있었다. 그러나 그는 수평선을 바라보며 그 너머를 보고자 했다. 그는 자신이 하기로 한 것이라면 무엇이든 단호하게 밀고 나가는 사람이었다.[28]

벤저민이 템스강을 따라 부두로 향하기로 한 1703년은 범상치 않은 해였다. 11월 26일에는 큰 회오리바람이 영국 남부를 찢어놓았다. 시속 80마일의 바람이 수백 개의 풍차와 굴뚝을 무너뜨렸다. 에식스와 런던의 경우, 십여 척의 슬루프, 스쿠너, 브릭, 스노우, 쉽급 함선이 침몰하거나 쪼개진 돛대와 삭구가 어지럽게 얽혀 한데 묶여버려서, 피해가 심각했다. 거의 1만 명에 달하는 뱃사람의 목숨이 "거대한 태풍"이 부는 동안 사라졌다. 이는 아마도 템스강 부두를 강타했던 가장 큰 재앙이었을 것이다.[29]

거의 반세기 동안 영국 배를 타고 외해를 항해한 에드워드 발로우는 폭풍의 기원과 의미에 관해 계급의식을 담은 해석을 내어놓았다. 폭풍은 "하나님의 공언과 약속 또는 당신이 행하고 말한 것을 따르지 않으며, 이웃으로부터 이득을 얻고 편취하려는 자들에 대한…하나님의 분노를 담은 경고였다. 배를 가졌거나 지휘하는 모든 이들은 오만과 압제 그리고 폭정으로 성장했다." 그는 "나는 전혀 기독교인처럼 행동하지 않는 자들의 비겁한 거래와 사업을 꾸짖고자 한다"는 좌절을 담은 말로 마무리 지었다. 만약 벤저민이 태풍이 불기 전에 도시에 도착했다면, 그는 자연의 분노를 피해서 무사할 수 있었을 것이다. 만약 태풍이 불어 닥친 후에 도시에 도착했다면, 그가 도착한 도시에서는 상당한 해상 노동력을 필요로 했을 것이다. 그가 선택한 직업에서는 자연이 만든 위험과 인간이 만든 위험이 모두 공존했다.[30]

그 후 십수 년 동안 벤저민은 런던에서 지내며 때로는 몇 개월을 완전히 새로운 사회 세계인 심해 항해 범선에서 살기도 했다. 심해 범선은 당시로서는 가장 진보되고 뛰어난 기계였다. 나무와 캔버스 그리고 대마로 만들어졌으며, 인간이 항해하는 이 기계는 포르투갈, 스페인, 네덜란드, 프랑스 그리고 영국의 광대한 해상 제국 형성을 가능케 했다. 벤저민은 다민족 동료 노동자들과 함께 비좁은 거처에 모여 살며 엄청난 규율의 권력을 가진 선장 아래 엄격한 위계 안에서 협동했고 배를 움직이며 그 안의 화물을 전 세계로 날랐다. 선원 무리는 서로 뒤섞여 허풍[항해 경험에 관한 과장된 이야기]yarn[31]을 짓고 돛을 세웠으며 배를 꾸려나갔다. 그들 삶의 뿌리는 심오한 집단성에 있었다.

벤저민은 "한 손은 배를 위해, 다른 한 손은 자신을 위해"라는 말을 항상 기억하며 항해를 위해 높은 돛대에 올랐다. 그는 삭구에 쌩쌩거리며 불어오는 바람에 대고 고함치는 선장의 명령을 들었다. 폭풍이 부는 바다에서 배가 세차게 흔들리면 목재가 신음을 내뱉었고 선원들은 저주를 내뱉으며 폭풍우에 도전했다. 날씨가 더 좋은 날이면 벤저민은 배가 돛을 펴고 쾌적한 바람에 질주하는 동안 얼굴에 부서지는 태양과 물보라를 느꼈다. 그는 장엄한 일출과 일몰을 지켜봤다. 그는 수평선을 돌아보며 끊임없이 변화하는 바다를 탐구했고 언제나 외롭고 부서져 버릴 듯한 배에 전능한 자연이 어떤 일을 하려고 하는지 단서를 찾고자 했다. 그는 위험한 소명에서 자신의 목숨을 걸며 자신의 체력과 정신 결의를 한계까지 시험했다. 이는 세상을 바라보고 그 안에 사는 사람들의 방식을 배우는 대가였다. 그의 탐구심이 그를 바다로 데려갔고 그는 멋진 여행을 한 선원만이 얻을 수 있었던 세계인의 지식으로 그 마음을 채웠다.[32]

벤저민은 바다에서 보낸 시기에 형성한 정체성을 평생 유지했다. 1738년 출판된 『모든 노예 소유자 … 배교자들』에서 레이는 거의 25년을 바다에 나가 일한 적이 없는 상황에서도 자신을 "평선원"이라고 칭했다. 그는 보통 선원들이 그러하듯이 단순하고 직설적으로 말하고 순종하지 않는 "수수한 사람"이었다. 그는 선원들의 방식으로 단출한 나무 그릇에 음식을 먹고 해먹에서 잠을 잤다. 또한, 생애 마지막에 그는 친구와 지인들에게 충격을 주는 부탁을 남겼다. 그는 한 남자에게 "자신의 몸을 불사르고 재는 바다에 뿌려주기를" 부탁했다. 벤저민은 자신이 누구인지 설명하기 위해 몇 번이고 자신의 항해 경험을 활용

했다. 그는 삶이 모습을 갖추는 시기에 항해의 전통을 받아들였다.[33]

벤저민을 아는 몇몇 사람들은 "해양 떠돌이"에 관한 그의 이야기를 떠올렸다. 한 지중해 항해에서 그는 성경 역사에서 중요한 장소를 찾다가 오스만 제국 남부의 사마리아를 방문했다. 그는 아마도 터키의 항구에서 배에서 내렸다가 작은 배를 타고 남쪽의 하이파 항구까지 항해한 후 내륙으로 걸어가며 산악 지형을 따라 예수가 "사마리아의 여인"을 만난 장소를 방문했을 것이다. 벤저민은 거기에 도착한 후 예수가 긴 여정 끝에 행하신 일을 똑같이 했다. 그는 "야곱의 우물에서 길어온 물로 몸을 씻었다." 나중에 그는 성경 이야기와 그 배경에서 중요한 점을 발견했다. 사마리아 사람들에게 메시아의 성스러운 말을 전한 이가 여성이라는 점이다. 벤저민이 『모든 노예 소유자 … 배교자들』에서 설명했듯이 "남자와 여자 모두는 그리스도의 진리 안에서 모두 하나다." 그는 항해 여행을 통해 기독교의 역사를 탐구하고 후에 남녀평등에 관한 선언을 발표했다.[34]

전 세계를 항해하면서 벤저민은 힘들게 얻은 최첨단 세계주의를 경험할 수 있었다. 그는 노예제에 반대하는 자신의 책을 쓰면서 기초 근거로 자신의 프롤레타리아 경험을 바탕으로 호소했다. "나는 여러 나라에 오래 머무르며 운명에 내맡겨본 경험을 많이 쌓았기에 내가 무엇을 쓰고 있는지 잘 알고 있다." 많은 선원과 마찬가지로 레이는 자신에게 주어진 "운명"을 "선택"한다기보다는 "내맡기는 것"으로 보았다. 이는 대다수의 프롤레타리아 피카레스크[35]들 사이에서 나타나는 모습이었다. 그는 끊임없이 세계를 여행했고 "모든 나라와 피부색의 사람들과 전 세계의 국가"를 알고 있다고 말할 수도 있었다. 그는 자랑스럽게 세계인으로서의 자기 경험을 말했고 실제로 자신의 책에서 제일

앞면에 그 경험을 실었다. 작가로서 그는 "진정 참으로 모든 인류, 전세계, 모든 유색인과 민족에, 자신의 영혼이 그러하듯, 지금 그리고 영원한 안녕과 행복이 있기를 바라노라"고 선언했다.[36]

다른 선원들과 마찬가지로 레이는 끊임없이 약동하는 현실에 저항이라는 전략으로 적응했다. 바다의 현자 "바나비 슬러시"(필명)는 초기 18세기 선원들이 난폭한 권위에 맞서 "기회만 온다면 즉시 탈주하리라는 확고한 결의"로 응수했다고 기록했다. 레이도 1717년 후반에 이러한 접근법을 사용했다. 그는 사라 스미스에게 결혼을 청했을 때 딜레마에 직면했다. 그는 런던의 〈데번셔 하우스 월례회의〉에서 부채의 부재와 결혼에 관한 의무에 문제가 없음을 확인하는 증명서가 필요했다. 그러나 그는 공개 집회에서 성직자들에게 반대하고 나서면서 지역의 "부유한 퀘이커교도들"과 갈등을 겪고 있었다. 그래서 벤저민은 런던에서 매사추세츠의 세일럼으로 항해한 후 그곳의 지역 퀘이커 회의로부터 결혼 증서를 요청하기로 했다. 그는 항해를 마치고도 몇 달을 더 머무르며 증서를 요청하고는, 건방진 청교도 고위 성직자 코튼 매더에게 호통을 퍼부었고 그 후에 배를 타고 고향으로 돌아왔다. 이 계획은 결국 먹혀들었고 벤저민과 사라는 1718년 7월 10일에 결혼했다.[37]

벤저민은 이후 수년간 계층 구조와 권력 문제에 대한 또 다른 다툼을 이어가며 런던이나 콜체스터 또는 필라델피아에서 퀘이커 회의를 차례로 다니는 똑같은 이동 전략을 반복적으로 활용했다. 벤저민이 바다에서 은퇴한 후에 보였던 거의 모든 움직임은 벤저민 그 자신과 같은 급진파를 통제하기 위해 고안된 종교적 권위 체계로부터의 탈출이었다. 그는 가만히 있는 일 없이 항상 움직이며 펜실베이니아,

뉴저지, 뉴욕 그리고 뉴잉글랜드의 퀘이커 회합을 방문하러 한 번에 먼 거리를 다니기도 했다. 그는 말을 착취하는 데 반대했기에 항상 두 발로 걸어서 여행했다.[38]

노예제에 관한 벤저민의 지식은 선원의 허풍과 함께 담은 바다에서 시작되었다. 그는 지중해로 항해했다. "나는 400톤수의 커다란 선박을 타고 거의 18개월을 지내며 터키의 스칸데룬(이스켄데룬)으로 항해했다." 이 배는 50명 정도의 승무원이 함께 긴 항해를 하기 위한 배였고 사실상 세상의 경험과 지식이 농축된 장소였다. 벤저민은 "터키에서 17년간 노예 생활을 했던 네 명의 남자"를 만났다. 그는 조심스레 그들의 허풍을 듣고 후에 아프리카 노예무역에서 일했던 다른 선원들에게 들은 이야기에서 알게 된 내용과 비교해 보았다. 벤저민은 악명 높은 중간 항로에서의 강간에 관한 이야기를 들었다. "선장은 그들 중 여섯이나 열 명을 선실에 (두었고), 선원들도 만족할 만큼 두고는" 모두 "자신의 정욕"을 채웠다. 그는 그 승무원이 아니라, 여성 피해자의 처지에 공감했다. 또한, 그는 아프리카 무역이 "온 나라를 파괴와 파멸에" 이르게 하는 경향이 있다는 점도 알게 되었다. 그는 터키에서 무슬림에 맡겨져 노예로 지냈던 네 명의 남자가 소위 기독교인이라 불리는 일부 사람들 손에 맡겨진 가엾은 흑인만큼 "혹독하게 대우받지는" 않았던 것으로 결론 내렸다.[39]

선원으로서 벤저민의 세계주의적 경험은 성경 구절(사도행전 17장 27절)에 감응하며 결국 그를 폐지론 운동의 중심에 서게 했다. 하나님께서 "모든 나라의 인간을 한 혈통으로 만드시고 온 땅에 살게 하셨다." 벤저민은 모든 인류의 영성적 평등이 담긴 이 말을 가슴에 새기고 동료 퀘이커교도들에게 하나님께서는 "다른 이들이 우리의 노예로 살게 하지 않으셨다"고 호언장담했다. 그 위에 퀘이커 신앙과 "온 땅"을 다니며 항해한 해상 경험이 합쳐지면서, 인종과 노예제로 온 세상의 인간애를 급속히 분열시키던 시기에 화합에 관한 급진적 선언이 탄생했다. 벤저민은 『모든 노예 소유자 … 배교자들』에서 한 번도 "인종"race이라는 단어를 쓰지 않았고 더 중립적이고 객관적이며 덜 구분적인 "색"color을 언급하기를 좋아했다. 그는 사람들이 "한 혈통"이라는 점을 강조함으로써 노예제에 반대하는 탈인종화되고 탈국가화된 주장을 펼칠 수 있었다.[40]

벤저민은 그가 아프리카의 후손들을 묘사할 때 사용한 언어에서 평등에 얼마나 몰두하고 있는지 보여주었다. 그는 당시 인종주의자들의 흔한 표현과는 달리 그들 중 누구도 "미개"하거나 "야만적"이거나 "열등"하거나 "비문명화"되었다고 말하지 않았다. 그는 "야만성"barbarity이라는 단어는 유럽인들이 아프리카인들을 학대하는 모습을 꼭 맞게 표현하기 위해 남겨두었다. 그는 생색을 내거나 온정주의적인 태도를 보이지도 않았다. 그는 만약 노예로 사는 수십만 명이 "같은 교육, 학습, 대화, 책 그리고 우리 종교 모임의 다정한 공동체"를 접한다면 그들 중에는 "신앙과 미덕 그리고 신심에서 폭군 같은 주인을 능가할 자가 여럿 있을 것이다"라고 기록했다. 그는 많은 아프리카인과 이야기를 나누면서 이러한 점을 깨닫게 되었다. 그는 "그들의 빛나는 재능"을 직접 겪으면서 목격했다. 노예가 된 자들은 "삶" 그 자체라고 할 수 있는 자유를 누릴 자격이 있었다.[41]

위험한 환경에서의 집단 노동으로 인해 선원들은 서로, 또 다른 노동자들과 연대하는 것으로 잘 알려져 있다. 대서양 전역의 반란과 파업 그리고 부두 폭동에서 "모두가 하나"라는 그들의 외침이 들려왔다. 레이의 계급 경험은 노동 문제에 대해 평생 가져왔던 민감성과, 때로는 치명적인 상황이 되기도 하는 고난에서 일했던 사람들에 대한 공감에서 형성되었다. 임금에 의존하면서도 선장의 손에 돈을 떼이는 현실은 그와 다른 선원들에게 노동가치설에 관한 무언가를 가르쳐주었다. 벤저민은 퀘이커교도들을 포함한 노예 소유자들은 에드워드 발로우가 기록했듯이 "평등이나 권리"에 관심이 없고 "그들이〔노예들에게〕그 노동에 합당한 대가로 그 무엇도 주지 않고 있음에도 전혀 신경 쓰지 않았다"는 점을 알고 있었다. 그는 다시 성경으로 돌아와 항해와 노예제를 예레미야서 22장 15절⁴²에 연결했다. "악한 짓으로 집을 짓고 이웃에게 품삯도 없이 일을 시키고도 아무것도 쥐여 주지 않는 사람에게는 화가 따르리라."⁴³

벤저민은 자신의 항해 지식을 활용해서 노예무역상을 살인자 계급으로 고발했다. 그는 아마도 그런 일을 한 첫 번째 인물이었을 것이다. 이를 통해 그는 1세기 후에 프리드리히 엥겔스가 『영국 노동계급의 상황』(1845)에서 노동자들을 치명적인 환경에서 살게 한 영국의 공장 소유자들은 실제로 "사회적 살인"의 죄를 지었다고 주장할 것을 예견하고 있었다. 벤저민은 노예무역의 운영이 일상적이고 체계적으로 죽음을 생산한다고 보았고 그 무역을 조직한 사람들에게 개인적인 책임이 있는 것으로 보았다. 『모든 노예 소유자 … 배교자들』에서 그는, 노예상들이 거만함에 가득 차서 마치 스스로 성경과 법 그리고 "아브라함과 선지자들 그리고 성조聖祖들"보다 위에 서 있는 듯 행동하고 있다고 여겼다. 그들은 모든 도덕심이 미치지 않는 자들이었다. 그들은 "살인자 카인"이었고 벤저민은 그들이 "단 한 명을 죽인" 카인보다 더한 자들이라고 주장했다. 그는 상인들을 직접 찾아가서 당신, 바

로 당신이 "수천 명을 죽였거나 죽게 했다"라고 말했다.[44]

　노예무역의 길고 죽음이 드리운 역사를 알고 있는 벤저민은 고발의 행보를 넓혀갔다. "내가 알고 있는 것만으로도" 노예상들은 "수십만 명"을 죽였을 것이다. 그가 그러한 글을 쓰고 있는 당시에만 이미 250만 명의 아프리카인들이 악몽 같은 중간 항로를 거쳐 아메리카의 농장에 이송되었다. 그의 추산이 맞았다. "수십만 명"이 살해당했다. 실제 수는 거의 50만 명에 달했고 목숨을 잃은 이들의 사체는 배의 난간 밖으로 던져져 노예선을 따라 대서양을 건너던 상어에게 먹혔다. 벤저민은 노예가 된 아프리카인들의 학살자를 비난하기만 한 것이 아니라 그들의 범죄 규모까지도 어렴풋이 알고 있었다. 선원에서 폐지론자가 된 그는 대서양 노예무역상들이 저지른 해상 대학살을 정죄한 최초의 인물이었다.[45]

◇

　벤저민이 30대 초반에 이르렀을 때 그는 세상을 알고 일하는 사람이었다. 그는 양 떼를 지키는 목가적인 노동을 알고 있었고 장갑장이로 도시 수공업도 경험했으며 "평선원"으로 바다에서의 엄격한 프롤레타리아 직업에서도 살아남았다. 그는 작은 마을, 제조업 도시, 제국의 대도시 그리고 커다란 배를 타고 세계의 대양과 항구도시를 다니며 살았다. 이 모든 경험이 급진적 퀘이커로서의 관심사와 가치 그리고 관행의 핵심을 확장하며 그의 의식을 형성했다. 벤저민은 "원시 퀘이커교"와 영국 혁명으로 돌아가기 위해 다양한 쟁점에서 런던과 콜체스터의 동료 퀘이커교도들에게 도전했다.

2장

"싸움꾼 투쟁가"

THE
FEARLESS
BENJAMIN
LAY

벤저민이 바다에서 은퇴하고 18년 동안 가지게 된 주된 관심사인 그릇된 성직자의 지배와 노예제의 사악함과 같은 주제는 런던, 브리지타운, 바베이도스 그리고 콜체스터의 퀘이커 공동체와의 긴밀한 교전 속에서 형성되었다. 벤저민의 "열정"zeal은 스스로 참고 넘어갈 수 없는 문제를 동료 퀘이커교도들은 그냥 넘어가는 모습에 반복적으로 갈등을 겪으면서 더욱 두드러지고 공공연하게 나타났다. 두 주제의 이면에는 "탐욕"이 퀘이커 교리를 파괴하고 있다는 걱정이 있었다. 영혼의 신념을 위한 투쟁이 점점 발전하면서 결국에는 더 큰 무언가를 형성하며 세상 그 자체를 구하기 위한 사회운동이 되었다. 1714년에서 1732년 사이에 벤저민은 예언을 향한 위험한 길을 걸었다.

런던, 1714년~1718년

벤저민이 최초로 정식 퀘이커교 조직에 적극적으로 참여한 기록은 아메리카에서 작성되었다. 비록 당시 그의 기반은 런던이었지만, 영국 뎁퍼드의 사라 스미스와의 결혼을 위해 보스턴 지역 퀘이커교의 승인 증명 요청을 위해 보스턴으로 항해했다. (실제로 세일럼에 위치한) 이 퀘이커 회합은 곧 벤저민 고향의 집회인 〈데번셔 하우스 월례회의〉(이하 DHMM)에 편지를 보내서 그가 친우회에서 좋은 평판을 가지고 있고 그에 따라 신앙 안에서 결혼할 자격을 갖추었는지 물어보았다. 런던에서 세 명의 퀘이커교도가 선임되어 "결혼을 위한 그의 행실과 투명성"을 조사하게 했다.[1]

위원회는 정보를 수집했고 벤저민이 3년 전인 1714년 회합에 합류했으며 그가 "결혼에 관해 부채와 여자관계에서 문제가 없다"고 기록했다. 그러나 보고서는 벤저민이 "몇몇 회의에서 여러 친우에게 불만의 원인을 제공했다"고 덧붙이며 이러한 염려를 매사추세츠의 퀘이커교에 주는 경고의 의미로 증명서에 표시할 것을 제안했다. 1717년 6월 DHMM에서 26명의 서명으로 발행된 공식문서에서는 벤저민을 다음과 같이 언급했다.

우리는 그가 신앙에 관한 신념이 확고하다고 믿지만, 그가 공손하고 겸양한 마음을 유지하기를 바라는 마음으로 그가 무분별한 열정을 가지며 공적 회의에 나타나 친우들에게 불편함을 전하고 있다는 점을 알린다. 우리는 선의로 간곡히 타이르기를, 그가 이미 알고 있듯이 교회 안에서 당신과 다른 이들 사이에 평화가 깃들고 친우들이 만족하도록 겸손한 마음을 갖기 바란다. 또한, 친우들의 주어진 자유에 따라 그에게 합당한 사랑을 보낼 수 있게 되기를 바란다.

신앙이 너무도 확고하여 거만하고 열성적이며 전투적이고 적대적으로 변하면서 벤저민은 후에 "퀘이커 살별"Quaker comet이라 불리게 되었고 그 이름을 천하의 역사 문서에 등장시켰다. 그에게는 평생 골칫거리라는 인상이 따라다녔다.[2]

벤저민이 결혼하고자 한 여인 사라 스미스는 1677년 메드웨이강 인근 켄트주의 로체스터에서 태어났다. 벤저민과 마찬가지로 그녀도 저신장 장애인이며 척추장애인hunchback이었다. 고인이 된 그녀의 아버지 존 스미스는 벽과 천장에 석고 세공이나 회반죽을 바르는 일에 전문인 평범한 미장이 기술공이었다. 어느 시기에 가족은 아일 오브 독스 건너편인 템스강 남쪽 기슭에 위치했으며 영국 왕립 해군 최초의 조선소 본가라고 할 수 있는 뎁퍼드로 이사 왔다. 사라는 "어린 시절에" 퀘이커교로 개종했고 곧 설교에 재능을 보였다. 1712년에 그녀는 "공인 성직자"로 지목될 만큼 퀘이커 공동체로부터 많은 존경을 받고 있었다. 그녀는 많은 곳을 다녔고 지역 회합을 대표했다. 그 당시 뎁퍼드를 다녀간 많은 선원 중에는 아마 벤저민 레이도 있었을 것이다. 둘은 아마도 〈뎁퍼드 퀘이커 월례회의〉에서 만나기도 했을 것이다.[3]

벤저민과 사라는 런던 북동부 비숍스게이트 구역에 위치한 세인트 에텔부르가St. Ethelburga라고 불리는 지역에 정착했다. 벤저민은 바다를 떠나 다시 장갑장이 장사로 돌아왔다. 이 시기에 그는 평생 실천에 옮길 일을 시작했다. "도시와 시골의 여러 장소"를 다니면서 그는 다양한 교회를 방문했고 심지어 설교와 사상 그리고 회합에 관해 배우기 위해 다른 퀘이커 회의에 몇 차례 다니기도 했다. 그는 순결한 교회를 찾는 "구도자"였다. 그는 비숍스게이트의 DHMM 구성원이었지만, 동시에 휠러 스트리트(스피탈필즈)와 그레이스처치 스트리트, 필, 불힐 그리고 불 앤 마우스의 퀘이커 회의에도 참석했다. 이러한 회의를 통해 그는 최초로 부당한 소유를 주장하게 되는 고된 길의 첫걸음을 내디뎠다.[4]

벤저민이 "겸손한 마음"을 갖도록 타이르는 말이 전해지고 6개월 후에 그는 데번셔 하우스와 휠러 스트리트 회의에서 예배를 드리는 동안 두 명의 "공인 친우"(공인 성직자)인 윌리엄 셀켈드와 리처드 프라이스를 만나면서 보다 심각한 문제에 직면했다. 벤저민은 그들의 설교가 마음에 들지 않았고, 그들에게는 성령이 깃들지 않았다고 확신했다. 그들은 하나님의 섭리가 아닌 "자기 말씀을 전파"하고 있었기에 벤저민은 그들에게 "조용히 하고 앉으라"라고 이르고는 거기에 덤으로 프라이스는 위선자라는 말까지 덧붙였다. 벤저민은 후에 자신이 반대했던 설교 유형에 관해 묘사하기를, 사람들이 "조용히 듣고 앉아있기에 불안하고 불편한 내용"이라고 기록했다. "든든한 평판을 바탕으로 지금껏 해온 일에 대의가 있다고, 터무니없는 자부심을 가진" 이들은 연설을 시작하며 "제멋대로 이야기를 쏟아냈다." 그들은 "허튼소리에 가끔은 말도 안 되는 이야기"를 이어갔다. 자부심은 무익했고 퀘이커 예배에서 매우 중요했던 침묵은 무시당했기에 벤저민은 오랜 전통을 강화하기 위해 스스로 전통을 받들고자 했다. 데번셔 하우스의 지도자는 이를 승인하지 않았다. 그들은 세 명의 친우를 선임하여 벤저민과 함께 그의 돌출 행동에 관해 "부드럽게" 이야기하고 그가 "자신의 잘못을 깨달을 수 있게" 권해보도록 했다. 이 회의는 벤저민이 그 행동을 정죄하고 자신의 권리를 회복하기 위해서는 공식적으로 그가 스스로 죄를 인정하도록 요구했다.[5]

벤저민은 대행자로 온 친우들에게 질문을 들었을 때도 고집을 이어갔다. 그는 직접 대답을 내어놓지 않았고 죄를 인정하지도 않았다. 오히려 그는 "자신의 실천을 정당화했다." 그가 한 달 후에 예배에 나타났을 때 그는 자신을 비판하는 기사가 실린 종이를 건네받았다. 그는 더는 자신의 행동으로 친우들의 마음이 아프지 않았으면 좋겠다고 답했다. 2주 후에 그가 다시 나타났을 때는 누군가 그 기사를 예배를 치르는 사람들 앞에서 창피를 줄 정도로 큰 소리로 낭독했다. 그는 자신이 행한 일을 죄악이라고 한다면 "앞으로 회의에 함께하지 않겠다"라고 답했다. 벤저민은 자신의 "풍기 문란한 실천"의 잘못을 인정하라는 촉구에 더는 할 말이 없다고 답했다. 그는 자신이 옳았음을 확신했고 잘못은 인정하지 않고자 했다.[6]

한 달 후에 벤저민은 DHMM에 본질적으로는 같은 사과의 내용이 담긴 서면을 제출했다. "친우들이 제 답변에 마음 아파하는 것으로 보입니다. 앞으로 제가 할 행동은 그렇지 않기를 바랍니다." 친우들이 "마음 아파한" 것은 "그렇게 보였을 뿐"이었고 벤저민은 단지 미래에는 더 나아지기를 "바랄 뿐"이었다. 당연하게도 DHMM은 이러한 마지못해서 하는 사과를 받아들이지 않았다. 더불어 벤저민이 "우리에게 영성의 통합과 신실함"을 보여주기 전에는 그가 사라와 결혼하는 데 필요한 결혼 증명서의 최종 공식 서류 발급을 보류하기로 했다. 그들의 결의는 얼마 후 벤저민이 또 다른 "공인 친우"에게 화가 나서 회의 후 그의 면전에 지팡이를 휘두르는 사건이 발생하면서 더욱 공고해졌다.7

벤저민은 그들이 자신에게 어떤 불만을 품었든 간에 자신의 결혼 증명서를 보류할 권리는 없다고 주장했다. 그는 항의하며 상부로 넘어가서 직접 〈런던 분기회의〉(이하 LQM)에 호소했고, 분기회의는 도시의 각지에서 온 열 명의 친우를 선임하여 이 문제를 살펴보기로 했다. 그들은 모든 당사자와 면담하고 "우리는 벤지 레이가 일부 공인 친우에게 보여준 공개적인 반대 행동을 절대 용인할 수 없다"라는 말을 담은 보고서를 작성했다. 그러나 LQM은 DHMM이 벤저민에게 결혼 증명서를 발급해야 한다고 덧붙였으며 이에 그들도 서류를 발급해주었다. 벤저민이 싸움에서 이겼고 그와 사라는 1718년 7월 10일에 결혼했다. 그러나 벤저민은 결코 자신의 분열 행위에 관해 사과하지 않았기 때문에 지역 회의 내에는 여전히 긴장이 남아있었다. 두 달 후 벤저민과 사라는 새로운 삶의 장을 열기 위해 바베이도스로 출항했다.8

바베이도스, 1718년~1720년

　레이 부부는 1718년 가을 바베이도스에 도착하며 적어도 한동안은 런던의 동료 퀘이커교도들과의 소동을 뒤로 둘 수 있었다. 아마도 벤저민이 바다에서 지내는 동안 그곳을 항해해 보았기 때문에 그 섬을 목적지로 선택했을 것이다. 당시 바베이도스는 쇠퇴하고 있기는 했지만, 아메리카 최초의 퀘이커 교리의 요람이었기에 부부는 당연하게도 그곳의 퀘이커 공동체에 살기를 원했다. 브리지타운의 주요 항구에 내린 은퇴 선원은 늙어버려서 몸이 축나는 일은 하지 못하게 된 많은 뱃사람이 겪는 절차를 그대로 따랐다. 그는 작은 가게를 열고 분주한 부두의 상인과 기술공에서부터 해안가의 선원과 계약하인 그리고 노예가 된 자들까지 많은 이들을 상대하며 "장날"이 되면 직접 만든 물건을 팔았다. 벤저민이 바베이도스 퀘이커교도들 사이에서 논쟁을 일으키거나 권위에 맞서며 사람들의 눈길을 끌었다는 증거는 없지만, 분명 불화는 있었고 섬에서 지낸 18개월 동안 그 불협화음은 더 크고 폭발적이었다.[9]

　벤저민과 사라는 영국 제국의 최고 자산crown jewel이자 세계 최고의 노예 사회에 상륙했다. 서인도에서 14년을 지낸 군인 토머스 왈덕은 그들이 도착하기 바로 몇 년 전에 그 새로운 고향 섬에 관한 풍부한 묘사를 남겼다. 왈덕은 폐지론자는 아니었지만, 바베이도스 노예 사회의 기원과 세속적인 현실을 생생하고 비판적이며 때로는 유머러스하고 신랄한 기록으로 남겼다. 그는 최초의 정착민들은 "영국, 웨일스, 스코틀랜드, 아일랜드, 네덜란드, 덴마크 그리고 프랑스와 같은 서로 다른 나라에서 온 다양한 사람들이 뒤섞인 혼효混淆였다"라고 기록했다. 각 집단은 서로 다른 문화를 가져왔다. "영국인들은 고주망태와 욕설을 맡았고 스코틀랜드인들은 뻔뻔함과 거짓말을 맡았다. 웨일스인들은 탐욕과 복수를, 아일랜드인들은 잔인함과 위증을, 네덜란드와 덴마크인들은 교활함과 야비함을, 그리고 프랑스인들은 위선과 배신을 가져왔다." 그는 상당수의 유대인 인구와 수천수만에 달하는 "기니 앙골라와 웨다(위다) 해변" 출신의 아프리카인 노예에 관해서도 덧붙였다. 유럽인 혈통의 9천 명과 7만 명에 달하는 아프리카인들은 "수많은 다툼과 오만한 논쟁 그리고 가난한 술주정과 유흥이 이루는 최악의 장면"에 함께 했다.[10]

노예제는 그 섬에 사는 모든 이들의 삶을 결정했다. 주인 계급은 아프리카인 노예의 무리를 다스리고 공포에 떨게 했다. 왈덕이 지켜본 농장주들은 "노예 덕분에 손가락에 물 한 방울 묻히지 않고 살면서도 가엾은 이들에게 무자비한 잔인함"을 보였다. 그들은 남녀 노예들이 쉴 시간도 없이 하루에 18시간을 일하도록 했다. 그들이 생산한 설탕은 엄청난 이익을 가져왔다. "농장주들 사이에서는 30(파운드)를 주고 흑인 하나를 사 오면 그 흑인은 일 년을 살면서 그 값을 치른다는 말이 흔히 돌았다." 왈덕에 따르면 하나의 계급으로서 농장주들은 "서로 나누는 말과 태도가 부정하며", 또한 "함께 모여 이룬 담론과 양식은 끔찍한 모독과 무례로 가득 차 있었다." 그들에게는 윤리 규범도 없고 합당한 종교도 없었다. 그들은 오직 "저주와 신성모독"의 순간에만 신을 찾았다. 그들은 자신들이 의존하며 사는 노동자들보다 자기 소유의 말을 더 잘 돌보았다. 왈덕은 자신의 편지 중 하나를 다음과 같이 마무리 지었다. "바베이도스섬과 그 거주민들을 위한 8행시."

B : 바베이도스^{Barbadoes}, 노예가 사는 섬

A : 또한^{And} 정직한 이 하나에 1천 명의 악인이 사는 섬

R : 종교^{Religion}는 그들에게 낭만의 이야기

B : 야만^{Barbarity}과 악행으로 부자들에게 영광이

A : 모든^{All} 소돔의 죄가 너의 마음에 자리 잡아

D : 죽음^{Death}의 모습이 어디에나 드리운다

O : 오^{Oh} 악이 창궐하는 영광의 섬이여

S : 죄악^{Sin}이 운명에 들어찬 지옥이여

벤저민과 사라는 "야만과 악행으로 부자가 되는" 이 땅에서 노예제에 대한 투쟁이 희미하게 피어나고 있다는 점을 즉시 알아차렸다. 그들은 노예가 된 자들이 너무도 허약해서 거리에서 기절하고 쓰러지는 모습을 목격했다. 어떤 이들은 "굶주림과 병으로 죽기 직전"이었다. 지치고 쇠약해진 노동자들은 부부가 운영하는 해안가 가게에 비틀거리며 들어와서 작은 물건이나 음식을 사거나 구걸하기도 하고 때로는 훔치기도 했다. 처음에 벤저민은 이 도둑들에게 화를 내며 몇몇 범죄자는 매질하기도 했으나, 곧 바베이도스라고 불리는 괴물 같은 노예 사회는 생계를 구하는 것이 아니라 부富를 얻고자 했던 더 대단한 도둑들에 의해 세워졌다는 것을 알게 되었다. 노예 소유주처럼 행동한 죄책감에 시달린 벤저민은 스스로 노예들과 이야기를 나누고 그들의 삶에 관해 배우며 공부해보기로 했고 그러면서 폭력적인 학대의 이야기를 듣게 되었다. "누구는 자기 주인이 나쁜 남자라고 말했고, 누구는 자기 여주인이 나쁜 여자라고 말했다."[11]

벤저민은 고문과 저항이라는 잔인한 변증법을 코앞에서 지켜보

았고 이 장면은 평생 그를 쫓아다니며 괴롭혔다. 그는 "건장한 체격의 통장이" 노예를 알게 되었다. 그는 자신의 주인 리처드 패럿에게 "하루에 7실링 6펜스"를 벌어다 주었다. 이 노예는 매우 능숙한 전문가였고 가치도 매우 높았으나 패럿은 "노예들에게 두려움을 심어주기 위해 둘째 날〔월요일〕 아침에는 자기 소유의 흑인들에게 심한 채찍질을 하는" 잔인한 주인이었다. 무명의 이 남자는 자신에게 공감하는 벤저민에게 하소연했다. "내 주인 패럿 진짜 나쁜 사람이다. 불쌍한 흑인. 월요일 아침마다 아무런 이유도 없이 채찍질한다! 나 더 못 참는다." 통장이는 자기가 내뱉은 무시무시한 말을 지켰다. 그는 일요일 저녁에 스스로 목숨을 끊었고 벤저민은 이를 두고 "그는 이제 월요일 아침 채찍질은 당하지 않을 것이다"라고 설명했다.[12]

한편 사라는 브리지타운에서 해안을 따라 십여 마일을 올라가면 있는 스페이츠타운의 동료 퀘이커교도를 방문했다. 같은 "퀘이커교도 복장"을 입는 그는 노예 소유자이기도 했다. 친우의 집 밖에서 그녀는 "홀딱 벗은 흑인"이 쇠사슬로 보이는 것에 묶여 공중에 매달려있는 모습을 마주하고 깜짝 놀랐다. "부들대며 떨리는" 몸 아래로 "피의 홍수"를 이루고 있었다. 마음이 여린 사라는 말도 못 할 공포에 얼어붙었다. 그러나 "결국 마음을 조금 추스른" 그녀는 안으로 들어가 퀘이커교도에게 설명을 부탁했다. 노예 주인은 잔인한 취급에 전혀 후회하지 않았을 뿐 아니라 감히 "며칠 동안" 도망쳤던 자를 향해 욕설을 퍼부었다. 이 퀘이커교도는 사라가 그의 문밖에서 보았던 고문이 정당하다고 여겼다.[13]

이러한 일은 바베이도스에서 드문 일이 아니었다. 벤저민과 사라는 노예들과의 "대화와 장사 그리고 일상생활 곳곳"에서 끔찍한 고문의 장면이 펼쳐지는 것을 바로 앞에서 목격했다. 벤저민은 많은 사람이 "생각만 해도 비통한 힘든 노역과 굶주림, 채찍질, 착취, 매달기, 불에 달구기, 뜨거운 물 뿌리기, 땡볕에 세워두기 그리고 다른 지옥 같은 매일 일어나는 고문에 살해당했다"라고 애석해했다. 벤저민은 공포를 불러일으키고 노동자들에 대한 농장주의 통제력을 확보하기 위해 벌어지는 공개적인 사건도 목격했다. 그는 산업화한 설탕 생산 도중에 일어나는 끔찍한 사고도 보았다. 노예들이 난도질당하며 잘린 신체의 일부가 끓고 있는 설탕통 속에 떨어지면서 결국 설탕에 "사지와 창자 그리고 배설물까지" 함께 들어갔다. 농장 생산의 엄청난 폭력성에 관해 누구도 사회운동을 벌이고 있지 않았던 예전 시기에 벤저민은 이미 "설탕이 피로 만들어진다"는 사실을 알고 있었다. 그는 비통하게 물었다. "오, 언제 이런 일이 끝날 것인가?"[14]

레이 부부는 모임을 열고 자신들의 집에서 식사를 제공하기 시작했고 전에 없이 많은 노예 군중이 모여들었으며 그들 중 다수는 주인에게 저항하는 자들이었다. 결국 "수백 명"의 무리는 눈에 띄기 시작했고 대중의 시선을 끌면서 레이 부부에게 "항의"를 전하기 시작한 백인 주민들로부터 극렬한 비난이 쏟아져 나왔다. 이 모임에서 집안의 주인과 여주인은 노예제를 비난하며 주목받았고 결국 섬의 지배계급의 분노까지 끌어냈다. 이 섬의 백인 지배계급들은 이 부부가 노예들과 전복적인 모임을 결성하고 노예제에 대한 반감을 키워간다며 이들을 쫓아내고자 했다. 사실 벤저민과 사라도 스스로 떠날 것을 결정했다. 매일 벌어지는 핏빛 잔인함에 놀란 그들은 마음이 굳어지고 "그곳 사람들의 본성에 지나치게 영향받을 것"이 두려웠다. 그들이 그곳의 "노예 주인과 여주인"을 닮아갔을까? 그들이 "자만과 압제"를 취하며 자신들의 영혼을 타협에 물들일까? 그들은 이미 같은 일이 동료 퀘이커교도들에게 일어나는 것을 보았다.[15]

18개월이 흐른 후 레이 부부는 런던에 돌아왔지만, 바베이도스에서 본 죽음의 모습은 그들을 변하게 했다. 노예제와의 조우는 벤저민을 남은 평생 따라다녔고 이는 그에게 마치 번민과 같았다. 후에 그는 바베이도스에서 겪은 트라우마에 관해서 쓰면서 "17년이 넘는 동안 이 슬픈 노예 부림의 이야기에 관한 고된 마음이 때때로 폭풍우처럼 일렁거렸다"라고 강조했다. 그는 그 시기에 노예제 폐지론이라는 방침을 세우며 전환점을 맞이했다. 그는 노예의 절망적인 굶주림과 그 주인의 악의적 폭력을 결코 잊지 않았다. 바베이도스 부유층의 타락 속에서 벤저민은 새로운 바빌론을 보았다. 그는 그 바빌론을 무너뜨리는 것을 인생의 목표로 삼았다.[16]

런던, 1720년~1722년

벤저민과 사라는 바베이도스에서의 경험에서 깊은 동요를 느끼고 1720년 가을에 런던으로 돌아갔다. 그들은 〈데번셔 월례회의〉로 돌아가 예배를 드리면서, 분명 과거의 문제는 묻어두고 다시 새로운 시작을 하고자 했을 것이다. 그러나 그들이 돌아오고 한 달도 채 되지 않아 벤저민은 다시 사람들 앞에서 퀘이커교 성직자에게 맞섰다. 런던의 동료 퀘이커교도들은 이미 그가 논쟁하는 방식과, 그가 끝까지 이전의 자기 도전행위를 반성하지 않았다는 점을 알고 있었다. 그들의 인내심은 곧 사라졌다.

1720년 10월 말 휠러 스트리트의 퀘이커 모임에서 재커리 루스라는 성직자와의 만남에서 일이 발생했다. 벤저민과 루스 사이에는 분명 기구한 사건이 있었다. 벤저민은 루스가 설교하는 중에 반대의견을 거리낌 없이 표현했고 모임 이후 몇몇 퀘이커교도들에게 루스가 "야비한 주정뱅이"라고 주장했다. 그 말의 옳음을 증명하라는 말에 벤저민은 이 남자가 "술 냄새를 풍기며, 진리의 말씀이 아닌 자기 말씀을" 전파한다고 덧붙였다. 이러한 비난을 들은 자들은 벤저민의 "사악한 규탄"에 분개하며 이를 DHMM에 보고했고 이곳 지도자들은 다시 한번 벤저민을 조사하고 그에게 "모임의 평화"를 위해 발언을 철회하고 사과하도록 요구했다. 퀘이커교도 조지프 노스는 벤저민이 이러한 요구에 기꺼이 응하지 않았다는 문서를 전달했다.[17]

한 달 후 벤저민이 예배 모임에 나타났을 때 이번에도 그에게 창피를 주기 위한 목적으로 휠러 스트리트에서의 훼방에 관한 문서가 전체 회합에 앞서 낭독되었다. 그가 공개적으로 잘못을 인정하고 루스 형제에 대한 공격을 단념했을까? 그는 전혀 부끄러워하지 않았다. 다시 한번 벤저민은 회의의 충고와 징계를 거부하고 자신의 비판을 정당화했다. 추가 논의를 거쳐 격앙된 DHMM 지도자들은 그들이 할 수 있는 가장 강력한 제재를 가하기로 했다. "회의의 결정에 따라 그가 자신의 악행을 회개하고 인정하기 전까지 그의 자격을 완전히 박탈한다." 퀘이커 교리가 전부였던 벤저민은 바베이도스에서 돌아온 지 3개월 만에 더는 그 공동체의 구성원이 아니게 되었다.[18]

그러나 DHMM은 벤저민을 포기하지 않았다. 두 달 뒤인 1721년 3월 초에 조지프 노스는 다시 한번 벤저민의 행동에 관한 기사를 그에게 전달하며 사죄하기를 요청했다. 노스는 세인트 에텔부르가에 있는 장갑장이 공방에서 벤저민을 찾았다. 벤저민은 항의를 받아줄 기분이 아니었다. 노스가 그에게 종이를 건넸을 때 그는 한 번 쳐다보고는 "무시하면서 가게 창문 밖으로 던져버렸다." 노스는 본분을 다하고자 종이를 회수해서 가게에 가져와 벤저민이 일하고 있는 계산대에 올려두었다. 그러나 이 장갑장이는 메시지의 내용과 그 전달자 모두를 무시했다. 한편 벤저민은 여전히 퀘이커 예배 모임에 참석했고 여전히 "공인 친우가 신앙을 고백하는 동안 반대 행동"을 계속했다. 이 남자는 스스로 정당했고 완고했다. 3개월 후에 〈런던 분기회의〉는 그의 자격 박탈에 관한 공식적인 소식을 전달받았고 벤저민은 스스로 깊고 끊임없는 갈등에 직면할 때마다 항상 해왔던 대로 다음 행동을 결정했다. 그는 자기 발로 걸어 다른 곳으로 이동했고 이번 목적지는 그의 고향 콜체스터였다.[19]

콜체스터, 1722년~1726년

벤저민은 1722년 콜체스터로 이사 왔다. 그는 코퍼드에서 4마일 떨어진 이 역사적 도시의 그늘 아래에서 성장했다. 지난 수 세기 동안 콜체스터는 로만, 색슨족, 덴마크 그리고 노르만족의 정복자들에게 시달렸다. 이 도시의 역사와 18세기 "풍습"을 연대기로 쓴 필립 모런트는 토머스 페어팩스 경과 〈신형군〉이 도시를 점령한 1648년을 묘사하면서 이 정복자 목록에 영국 혁명가들을 추가했다. 그는 "이 가엾고 불행한 도시는 군대의 폭정 치하로 들어갔고 하필 그 군인은 열광자의 무리였으니 주인들에게 가장 달갑지 않은 상황이었다." (벤저민은 이 열광자 무리의 침략군을 이끈 두 명인 윌리엄 델과 존 솔트마쉬의 사상을 받아들였다.) 벤저민이 도착한 시기에 콜체스터 성의 "부서진 성벽"과 파괴된 포탑이 남은 도시는 여전히 공격의 흔적을 안고 있었다. 그와 사라는 도시의 가장 오래된 지역인 성 베드로 성당 인근의 성벽 안쪽에 거주했다. 이 교회는 1086년 둠스데이북[20]에도 기록된 중세 교회였다. 그는 장갑 가게를 열었지만, 언제나 반항적인 그는 도시에 "자유인"으로 등록하지 않았다가 곧 "외지인이 가게를 연 혐의로" 기소되기도 했다. 그는 후에 "거래소"로 불리게 되는 시내 중심가의 "레드 로우"에서 멀지 않은 곳에 살았다. 부유한 상인들이 여기에 모여 섬유 무역을 준비했다. 북서쪽으로 몇 블록 떨어진 "퀘이커 앨리"에는 1663년 지어진 "대예배당"이 서 있었다. 이 건물은 세 개의 큰 강당과 회랑으로 이루어져 있었고 벤저민과 사라가 여기에서 예배를 드렸다. 여기가 〈콜체스터 격주회의〉(이하 CTWM)의 본가였다. 천천히 쇠락해가는 500여 명의 퀘이커교도 공동체가 이 도시와 그 주변 지역에 모여 살고 있었다.[21]

1722년 8월이 되면서 벤저민은 지역의 또 다른 성직자를 공격하면서 "열광"enthusiasm의 역사를 새롭게 하고 있었다. 그는 "풍기를 해치는 방식으로 하나님의 영성을 따르는 것을 넘어서 자기 말씀을 전파하는 일부 공인 친우와 맞섰다." 이런 행동을 하는 그의 명성은 날로 널리 퍼졌다. 벤저민이 런던에서 자격을 박탈당했고 "이 도시의 친우 회의에서 여전히 방해 행동으로 위협을 주고 있다는 사실"을 알게 된 CTWM의 지도자들은 DHMM의 〈런던 수난 위원회〉에 편지를 써서 "어둡고 무질서한 상태"로 보이는 이 남자를 어떻게 하면 좋을지 물어보았다. 벤저민은 분명 여기에서도 자신의 자격에 관해 문의해보았을 것이며 아마도 그러한 요청이 처리되기 전에 그가 DHMM의 요구를 들어주어야 한다는 점을 다시 한번 전달받았을 것이다.[22]

CTWM의 일곱 원로는 벤저민을 소환하여 그의 "무질서하고 단정치 못한 실천"을 논의하는 회의에 참석하도록 했다. 그는 거절했다. CTWM은 이후 공식 기록으로 발표된 결정적 조치를 단행했다.

따라서 우리는 〈데번셔 하우스 월례회의〉의 친우들과 일치된 의견으로 혼란을 일으키는 그의 단정치 못한 무질서하고 악한 실천에 대한 깊은 반감과 규탄을 표한다. 런던에서도 우리와 마찬가지로, 〈데번셔 하우스 월례회의〉 친우들에게 그가 런던의 거주지에 머무르는 동안 일으킨 자신의 악행에 관한 속죄를 하기 전에는 친우들과 화합할 수 없다고 판단한바, 우리 회의에서도 마찬가지로 그 이후의 소행에 관한 속죄를 해야 한다.

비록 벤저민이 콜체스터에서 다시 한번 공식적으로 자격을 박탈당하기 전에 데번셔 하우스에서 복위되었기에 두 번째라고 할 수 없지만, 어쨌든 "화합 불가"의 선언은 본질적으로 두 번째 자격 박탈이었다. 이번에도 그가 자신의 회합에서 깊은 갈등의 늪에 빠지는 데는 3개월이 걸리지 않았다.[23]

벤저민과 사라는 좀 더 마음이 맞는 모임을 찾아보았고 〈콜체스터 월례회의〉에서 그러한 모임을 찾을 수 있었다. 이 모임은 코퍼드(벤저민의 출생지), 벤틀리, 버치, 박티드, 하위치, 호크슬리, 메닝트리, 오클리, 오시드, 그리고 소프와 같은 콜체스터 외지 마을에서 모인 퀘이커교도들의 회의였다. 벤저민의 부모와 조부모도 이 회의 소속이었다. 여기에 속한 많은 퀘이커교도는 월례회의가 진행되는 장소와 먼 곳에 흩어져 살고 있었고, 그래서 실무 회의는 보통 소규모로 진행되고 때로는 여성이 주관했다. 1692년 남녀 회의를 따로 구분하는 퀘이커교의 국가적 추세를 거부하고 두 성별을 단일 심의회로 통합한 일은 CMM의 역사에서 중요한 부분이었다. 두 성별이 "월례회의 날이 되면 따로 나뉘지 않고 함께 모여 … 혹시나 있을지 모를 일부 특별한 경우를 제외하고는 실무를 함께 다룬다"는 것이 집단의 결정이었다.[24]

CTWM에서 벤저민에 관한 분쟁이 격렬해지자 사라는 자신의 신실信實을 다할 대상과 자격을 옮겼다. 그녀는 벤저민과 결혼하기 전에 살던 지역인 뎁퍼드에 회원 자격을 신청했고 CMM의 구성원들도 쉽사리 이를 받아들였다. 그녀를 반겼던 여성 회원 중에는 함께 방랑 사역을 했던 엘리자베스 켄달과 벤저민의 먼 친척뻘인 메리 번덕, 엘리자베스 데니스도 있었다. 바로 이 사건으로 CTWM과 CMM 사이의 관계가 적대적으로 변했고 레이 부부는 분쟁의 중심에 있는 것으로 보였다. 지역 퀘이커 역사가 스탠리 피치에 따르면 두 회의는 협력을 중단했고 그 긴장은 벤저민이 사망한 1759년까지 이어졌다.[25]

한편 벤저민은 적어도 얼마간은 CTWM의 회의에 계속 참석했다. 아마도 그의 장갑 가게가 바로 몇 블록밖에 떨어져 있지 않았기 때문이었을 것이다. 그는 여전히 문제를 일으키며 그가 생각하기에 그릇된 성직자에게 반대를 표하고 그들이 기도할 때에는 굳건히 모자를 머리에 쓰고 있었다. (퀘이커교는 자격을 박탈당한 구성원을 실무 회의에서 제외했지만, 모두에게 열려있는 예배 모임에서는 제외하지 않았다.) 1723년 5월경에는 벤저민에 대한 또 다른 혐의를 제기하는 새로운 위원회가 구성되었다. 다음에 그가 모임에 참석하면 그 내용을 크게 낭독할 계획이었다.[26]

벤저민은 어찌하여 혐의 목록을 알아냈고 그 사본을 달라고 요청했다. 스스로 법 위에 있다고 여기던 율법 폐기론자가 갑자기 법률가처럼 행동했다. 그는 소식을 전한 회의의 대표 리처드 프레쉬필드에게 맞서며 "친우회가 나에 대한 혐의를 낭독하기 전에 그 혐의에 관한 증거는 가졌는지" 물어보았다. 프레쉬필드는 회의에 그 전언을 보내겠다고 말했고 이에 벤저민은 "회의에 보낼 전언은 없다"라고 화내며 말했다. 그는 "때가 되면" 친우회가 자신에 관한 혐의를 증명하도록 요구하겠다고 덧붙였다. 그러고는 "그러한 혐의를 반박"하고자 했다. 그는 서두르지 않았다.[27]

CTWM은 즉각적인 결판을 원했다. 이는 특히 벤저민과 사라가 CMM으로 옮겨간 것을 알았고 그곳의 회원이 친우의 자격 박탈에 관해 경고했기 때문이었다. 한편 벤저민은 "사라 역시 남편이 친우회에 호되게 대했듯이 그들에 대한 비난을 늘어놓았으니" 그녀가 참석할 수 있는 시간에 CTWM의 위원회와 만날 수 있게 해달라고 요청했다. 이에 대한 응답으로 프레쉬필드는 벤저민에게 그들이 "대예배당의 남성 회랑"에서 만나야 한다고 말했다. 사라도 참석해야 했고 "무관한(즉, 공평한) 사람 역시 벤저민에게 제기된 혐의가 입증되는지 판단하기 위해" 참석해야 했다. 벤저민은 "나와 내 아내가 이 문제로 친우회를 만나는 일은 없을 것"이라고 말하며 그 제안을 거절했다. 벤저민은 분명히 회의에서 자신을 모함하고자 한다고 생각했다. 감정이 걷잡을 수 없이 커지며 런던을 향해 되몰아쳤다. 1723년 10월에 연례회의는 "기도 중에 모자를 쓰는 모든 분란 행동과 다른 분열의 전조를 막아야 한다는" 서한을 모든 지역회의에 보냈다. 벤저민의 항의는 전국적 쟁점이 되었다.[28]

CTWM의 지도부는 좌중을 몹시 어지럽히는 이 사람을 어찌해야 할지 갈피를 잡지 못하고 있었다. "그는 여전히 우리 모임에 나와서 빈번한 혼란을 안겨주었다." 그들은 절박한 마음에 콜체스터와 전국에서 퀘이커교를 괴롭히고 억압해온 지역 치안판사에게 가보기로 결의하기도 했다. 그들은 그 생각이 너무나 극단적이었기에 2주 후에는 조용히 그 계획을 포기했다. 그들은 대신 "거칠고 가증스러운 음모"에 관한 내용을 추가하여 벤저민에 대한 새로운 고발 내용을 작성하고 그가 추후에도 모임에서 방해할 때면 언제든 그 내용을 읽기로 했다. 이러한 계획은 그에게 창피를 주고 동시에 모두에게 그가 공동체의 일원이 아니라는 점을 분명히 하기 위한 의도였다.[29]

1724년 5월 13일 갈등은 최고조에 이르렀다. 레이는 예배를 드리는 동안 대예배당의 여성 구역으로 가서 "대담하고 무례한 모습을 드러내며 모임에 참여한 수많은 친우를 크게 방해했다." 그가 무슨 말을 했고 무슨 행동을 했는지는 기록되지 않았지만, 여성의 거처에 가서 연설했다는 사실의 상징성 자체가 명백하게 전복적이었다. 벤저민은 남자와 여자 모두가 "그리스도 안에서는 하나다"라고 믿었고, 그래서 그는 분명 회의 공간에서 성별에 따른 인위적인 구분을 받아들이지 않았다. 분노한 지도부는 또 다른 전례 없는 절차를 밟았다. 그들은 퀘이커교 매장지의 묘지기 사이러스 스콧을 포함한 세 명을 선임해서 내부 치안 인력으로 삼으며 "다음에 또 그가 회랑에 들거든 쫓아내 버리도록 했다." 평화주의자들은 이제 벤저민의 항의를 막기 위해 물리적인 힘을 사용하기 시작했다.[30]

난국을 타개하기 위해 벤저민은 자기 일을 〈에식스 분기회의〉(이하 EQM)에 호소해보기로 했다. 1724년 6월 8일에 그는 CTWM을 "부당한 대우"를 이유로 고발하며 "귀하 분기회의에 호소하여 모임과 벤저민 자신 사이에 있었던 일을 이야기할 자유가 주어지기를 바랐다." EQM의 퀘이커교도들은 여기에 엮이고 싶지 않았고 "자신들이 할 일은 없다는 점을 분명히 했다." 그들은 이 일을 다시 CTWM으로 돌려보냈고 그들은 또 다른 위원회를 구성하여 차후 계획을 세웠다. 두 명의 구성원이 벤저민을 방문했을 때 그는 "청문회에 출석하기를 거부하며 회의 구성원 중 자신에 대한 편견을 가지고 있는 사람이 있기에 회의가 자신에 관한 사항을 판단하는 것은 적절하지 않다고 말했다." 이 말은 아마도 맞는 말이었을 것이다. 당시 벤저민에게는 적이 많았고 그들 중 일부는 그를 몰아내기로 작정하고 있었다. CTWM의 지도자들은 이로써 EQM 앞에서 그들이 부당하고 불공정한 비난을 받았다고 여겼고, 이는 상황을 더욱 극화했다.[31]

몇 달 후 벤저민은 대화할 준비가 되었다. 1724년 12월 7일 날짜로 CTWM에 보내는 편지에서 그는 친우 중 쟁점을 공정하게 다룰 수 있는 "무관한" 사람에게 자기 일을 맡겨 "판단하도록" 할 준비가 되었다고 선언했다. 아울러 그러한 "무관한 자"가 누구인지 설명했다. "하나님을 두려워할 줄 알면서 성령에 충만하며 탐욕을 경멸하고 멀리하는 자." 이 문구는 벤저민의 투쟁에 관한 깨달음을 제시한다. 그는 콜체스터의 퀘이커 공동체가 서민 기원에서 부유한 부르주아 사회 성원에게로 옮겨가면서 부와 가치의 남용으로 훼손되었다고 생각했다. 벤저민에게, 그리고 어쩌면 그와 같은 다른 사람들에게 탐욕은 신을 두려워하지 않는 모습이었으며 마음에 성령을 새기지도 않고 급진적 퀘이커 교리의 핵심인 율법 폐기론적 흐름을 따르지도 않는 모습이었다. 벤저민은 확실히 회의에서 "탐욕적인 자"들을 공격했고 이제 그들이 CTWM에서 심판하는 자리에 있다는 점을 알고 있었다. 벤저민은 자

기가 보기에 믿음을 파괴하고 있는 자들이 아닌 공정하고 고결한 심판을 원했다.[32]

마침내 1725년 2월 말에 결판이 났다. 벤저민은 몇 명의 고발자와 여덟 명으로 구성된 위원회를 만났다. 이들이 회의에 최종 보고서를 작성할 사람들이었다. 논의의 세부 사항은 알려지지 않았지만, 벤저민은 어느 정도 회개했다. 그는 다시 받아들여지기를 바랐다. 보고서에는 다음과 같은 추신이 달렸다. "상기 위원회는 벤저민 레이가 자신의 부당한 행위를 후회하고 이를 인정했으며 이에 따라 앞으로도 진실한 회개로 여겨질 행실을 보이기를 바란다고 보고하는 바이다." 그의 "부정한" 실천과 원칙은 "여러 목격자에 의해" 증명되었고 사과가 있었음에도 위원회는 벤저민이 바라지 않던 판결을 내렸다. 그러나 그의 속죄에도 한계는 있었다. 그는 모임을 떠나면서 "잘못된 판단이다"라고 주장했다.[33]

벤저민은 곧 CTWM을 포기하고 자신의 자격 박탈의 원천인 DHMM에서 평화를 이루는 데 집중했다. 그는 1725년 3월에 따뜻하고 회유적인 분위기로 "친애하는 친우들"에게 자신을 드러내며 편지를 썼다. 그러나 그는 이내 처음 그를 공개적인 대항으로 이끌었던 율법 폐기론자의 정신을 드러냈다. "내가 여러분들의 거처 주변에 살면서 보니, 하나님의 빛 안에서 내 영혼 속 그분의 순결한 진리가 열리면서 여러분의 모임 속에 올바르지 못한 모습이 여럿 있는 것을 알게 되었습니다." 하나님은 직접적으로 그에게 모임의 문제를 드러냈고 그는 이를 지적하는 것이 자신의 의무라고 생각했다. 이런 방식은 전혀 사과가 아니었다.[34]

벤저민은 이후 갑자기 자기 확신을 자기 의심과 비난으로 바꾸었다. 그는 "주제넘은 열정"이 자기 영혼에 들어와 "자신을 대항의 길로 이끌었다"는 점을 인정했다. 그는 자신을 이끄는 악마의 손길을 보았다. 그는 "우리 영혼에 해악을 끼치는 여러 가지 음흉한 올가미와 교활한 계략의 강한 유혹과 쓰라린 농락"의 희생자가 되었다. 그는 자신을 타이르는 회의가 옳았다고 인정했고 "나는 회개했다"라고 덧붙였다. 그는 "나는 비록 형제들을 괴롭히며 불행하게 하는 행동을 저질렀으나 여러분의 신실함과 사랑으로 여전히 친우로 남아있다"라는 후회로 마무리 지었다. 그는 혼란에 빠져 있었지만, 그의 뜻은 분명했다. 만약 하나님께서 그를 용서하신다면 데번셔 하우스의 친우들이 어찌 달리 할 수 있겠는가? DHMM이 자비를 베풀어야 한다고, 아마도 절박한 심정으로 믿으면서, 벤저민은 자격 회복을 탄원했다.[35]

데번셔 하우스는 편지를 받았지만 납득하지는 못했다. "우리 회의는 그가 보낸 첫 편지에 완전히 만족하지는 못했기에 그가 다시금 간청할 때까지 답변을 연기한다." 그들은 벤저민을 당분간 나락에 넣어 두고 그가 후회와 역경 그리고 회개를 키워나가는지 보기로 했다. 몇 개월 후 1725년 11월에 벤저민은 후속 편지를 썼다.

친애하는 친우 여러분, 아마도 거의 1년 전에 여러분께 편지를 썼던 것 같습니다. 다시 한번 글을 써서 이야기를 전함에 여러분도 기뻐하시기를 바랍니다. 이미 잘 알고 계시듯이 (저에게 일말의 진실성이 있다고 믿으신다면) 저에게 있어 진실로 사랑하는 제 형제들과 떨어지는 것은 결코 작은 일이라고 할 수 없습니다. 저는 여러분의 참되고 충실한 친우이자 형제입니다.

벤저민은 1726년 4월에 다시 사과를 전하며 편지를 썼다. 이 시점에 〈데번셔 하우스 회의〉는 벤저민의 기행에 관한 소식을 거의 3년간 듣지 못하고 있었기 때문에 마음이 다소 누그러져 있었다. 그들은 CTWM에 편지를 써서 콜체스터 회의에서 벤저민을 용서할 수 있다면 그들도 그렇게 할 수 있다고 전했다.[36]

콜체스터 친우회는 그렇게 할 수도 없었고 하지도 않았다. 그들은 데번셔 하우스에 긴 답변을 써서 벤저민이 사과의 편지까지 썼음에도 행동에 개선이 없다고 설명했다. 그는 여전히 공개적으로 성직자들에게 대항했고 런던 연례회의의 지시에 반하여 "기도 중에도 여전히 모자를 쓰고 있었다." 다시 말해 그는 항상 그래왔듯이 "여전히 항상 불쾌하고 문제를 일으키는 정신"을 가지고 있었다. 그가 국교회, 장로회, 독립교회, 침례교 그리고 퀘이커를 포함한 도시의 모든 교회를 방해하면서 문제는 더욱 심각해졌다. 벤저민이 그의 "부당한 행위"를 사과한 것은 사실이지만, 세심하게 살펴보면 대화에서 그는 그러한 행위를 "사소한 과오"로 치부했고, CTWM이 그에게 제기한 혐의를 참회하지 않았으며 심지어 이러한 혐의장을 퀘이커교도와 같은 프로테스탄트들이 매우 혐오하는 교황의 공식 선언서인 "칙서"Bull라고 부르면서 조롱하기도 했다. 또한, 그는 모임에서 "자신의 유죄 판결에 관여한" 퀘이커교도들을 공격했다. 개인적 원한과 복수가 이제 투쟁의 일부로 얽혀들고 있었다.[37]

벤저민이 지역 교회를 적어도 한 번씩은 찾아가 불경한 성직자와 그들의 관행을 호통치는 소동이 있게 되자 그는 결국 에식스 분기 법원에 불려갔다. 1723년 8월에 시장 로버트 프라이스와 다섯 명의 치안판사를 포함한 에식스의 한 신사 집단은 대배심에서 벤저민의 혐의를 진술했다. "벤저민 레이는 성찬 성체를 모욕한 혐의를 받고 있습니다." 이러한 그의 행동에 관한 세부적인 기록이 없는 관계로 혐의를 불러온 그의 행동이 정확히 무엇인지는 알려지지 않지만, 아마도 그가 국교회 성찬식에서 단지 호통만 친 것이 아니라 어떤 물리적인 행동으로 방해를 했던 것으로 보인다. "모욕했다"depravе라는 동사의 사용은 그가 의례에 반하는 모독행위를 했음을 의미했고, 이는 1650년대 "원시 퀘이커교도"들 사이에서 흔한 관행이었다. 이 사건에서 벤저민은 신사집단과 배심원들을 담대하게 직면하며 무죄를 호소했다. 벤저민은 다음 분기 재판 참석에 대한 보증인을 세울 수 있느냐는 물음에 그럴 수 없다고 답했다. 보석금을 내면 풀어주겠다는 제안도 거절했다. 그는 결국 감옥에 가게 되었다. 법정 서기는 "그는 구류를 명받았고 그에 따라 구류되었다"라고 기록했다.[38]

1726년 5월에 벤저민은 CTWM에 긴 사과 편지를 쓰면서 새로운 노력을 해보기로 했다. 그는 자신이 "여러 날 동안 전쟁에 관한 매우 내밀한 마음 수련을 가졌다"라고 설명했다. 그는 자신의 공방에 "차분하고 고요하게" 앉아서 하나님의 가르침을 구했다. 그는 "많은 이들이 죽고 다치는 외부의 전쟁"은 물론, 신실한 태도 안에서 그와 그의 "소중한 신앙을 함께 나누는 형제"들 사이에 벌어지는 내부의 전쟁, 또는 영적 전쟁에 관해 묵상했다. 하나님은 그가 "회의에서 보인 공개적인 대항과 다른 회합에서 소리치며 주제넘은 열정을 보이면서 방해했던 수많은 잘못"에 관해 용서를 구하도록 했다. 그는 "이곳 콜체스터에서 4년 가까이 지내며 알게 된 몇몇 여성과 지나치게 가까워지면서 사안이 악화하였다"라고 덧붙였다. 그는 징계 회의를 거부하고 "원래 보였어야 할 온유와 평온의 마음"으로 따르지 않은 잘못을 인정했다. 그는 오랫동안 조롱하는 말을 했고 이제 그 말을 후회했다. 그러나 그는 예수께서 여전히 용서하시리라는 점을 알고 있었다. 예수께서는 "따르는 이들에게 가로되, 욕을 받음에도 욕으로 갚지 말라"고 하셨다. 벤저민은 자신이 이미 이 모든 일을 "큰 울음과 쏟아지는 눈물"로 하나님께 고해했다고 기록했다. 벤저민은 하나님께서 은총과 용서를 베푸시리라 확신했다. 그는 "겸손히 간청하오니 진정 순수하며 신실한 진심을 담은 참된 회개자, 그리스도의 형제가 여러분께 보내는 속죄를 기쁘게 받아들여 주시기 바랍니다"라는 말로 마무리했다.[39]

벤저민은 편지를 받는 당국에 추신을 써서 "친우회 여러분이 이 구절들을 읽고 기뻐하시기를"이라고 요청했다. 여기에는 갈라디아서 6장 1절(온유함으로 방랑하는 자를 바로잡으라), 고린도서 2장 4절~13절(그 마음의 "근심과 걱정"에 관해), 골로새서 3장 13절~14절(용서에 관해), 마태복음 5장 43절~44절("원수를 사랑하고 자신을 저주한 자를 축복하라") 등이 인용되어 있었다. 두 번째 추신에는 개인적인 언급을 덧붙였다. "내 입으로 나는 고난의 불씨 그 자체라고 한들 과히 틀린 말은 아닐 것이다." 그의 어머니가 "그를 다투고 논쟁하는 사람으로 낳았고" 이는 그에게 평생의 기질이 되었다. 그러나 이제 고해를 마친 벤저민은 "거기에 너무나 지쳤고 결코 더는 그러한 실천과 다툼으로 돌아가려 하지 않는 사람"이었다. 이렇게 벤저민은 자신의 떠들썩한 행보에 관한 가장 신랄하고 자기 비판적인 사과로 끝을 맺었다.[40]

CTWM은 편지를 받고 명확하고 냉정한 태도로 화해의 조건을 제시하는 답장을 썼다. 회의는 다음과 같이 요구했다.

우리는 앞으로 벤지 레이가 서면으로 회의에 보낸 글에서 그가 고백한 내용과 합치되는 결과를 보여 달라고 요구한다. 이를 통해 그가 편지에서 죄악의 행실로 인정한 사악한 행함에 관한 회개의 진정성을 증명해야 한다. 그 이후에야 그는 〈데번셔 하우스 월례회의〉에 사죄를 전할 수 있을 것이며, 그 전에 우리 회의는 그의 편지를 사과로 납득할 수 없다. 이는 악행이 이미 행해졌고 그 이후에 보내진 편지가 있었음에도 그가 이후에 여전한 행실을 보여 왔기 때문이다.

전령이 이 문서를 벤저민에게 보냈을 때 그는 "거기에 상당한 반감을 표했다." 그는 전갈을 가져온 자에게 LYM에 호소하고자 한다고 말했다. 벤저민은 쉽게 하기 어려운 말을 여럿 담아서 진심의 말을 전했지만, 그가 보기에 CTWM은 친절한 답을 보내주지 않았다. 벤저민과 사라는 이후 거의 3년 반 동안 모든 퀘이커교 기록에 등장하지 않았다. 이 시기에 그들의 행방은 알려지지 않았다.[41]

콜체스터, 1729년~1732년

1726년에서 1729년 사이 퀘이커교 회의 기록을 통해 벤저민이 보기 드물게 조용히 지냈던 이유는 아마도 레이 부부에게 항상 더 동정심을 보였던 CMM에 조용히 참여하고 있었기 때문이었을 수도 있다. 그러나 레이 부부, 적어도 벤저민만은 한동안 모임에 나가지 않았을 가능성이 높다. 사라는 퀘이커교 활동 중단 이후 벤저민 부부의 생활을 참조할 만한 첫 문서인 1729년 11월 DHMM에 보내는 편지에서 여기에 관한 암시를 넌지시 남겼다. 그녀는 벤저민이 친우회로부터 "현저한 거리를 두고 있다"라는 염려를 표했고 그녀가 방랑 사역을 위해 긴 여정을 보내면 그가 앞으로 어떻게 될지 걱정했다. 퀘이커교도 사이에서 그녀의 지위는 벤저민의 떠들썩한 역사에는 영향을 받지 않았다. 그녀는 겸손하게 "회의가 그들의 사정을 고려하고 콜체스터의 친우회에 건의해달라고 요청했다." 그녀는 도움을 청하는 개인적 간청을 보냈는데, 이는 특히 레이 부부가 모임을 떠나있는 동안 필라델피아로 이주하고자 했고 그곳의 퀘이커 공동체에 가입하기 위한 증명서를 받으려면 자격을 복구할 필요가 있었기 때문으로 보인다.[42]

〈데번셔 하우스 회의〉는 이를 진지하게 받아들이고 검토하여 CTWM이 벤저민을 기꺼이 용서하고 자격을 복구해 줄 만한 벤저민의 최근 행동을 넌지시 담은 편지를 CTWM에 보냈다. CTWM는 다음과 같이 퉁명한 반응을 보냈다. 벤저민은 "여전히 반항과 무질서의 정신을 가지고 있다." 게다가 그들은 벤저민이 결코 "그들 회의의 일원이 아니다"라는 더 중요한 견해를 덧붙였다. 그는 런던에서 한 일로 자격을 잃었고 앞으로의 일은 전적으로 데번셔의 친애하는 사람들 손에 달려있었다.[43]

몇 달 후 CMM은 데번셔 하우스에 벤저민이 최근 "성실하게 변하여 예의 바른 태도로 행동한다"라는 놀랄 만한 소식을 전하며 논쟁에 끼어들었다. 그들은 "해외로 나가려는 벤저민의 의도" 역시 뚜렷이 밝혔다. 그가 펜실베이니아의 퀘이커 공동체에 합류하기 위한 확실한 지위를 갖기 위해서는 증명서가 필요했지만, 그러한 증명서는 그가 자격을 상실한 입장에서는 발급될 수 없었다. 따라서 CMM은 데번셔 하우스 서기에게 "그들에 관한 우리의 조언과 판단"이라는 말로 신중하게 요청했다. 모두가 이 일이 미묘한 사안이라는 점을 알고 있었다.[44]

CTWM이 벤저민과 사라가 CMM에 합류하여 자신들을 에둘러

가려고 한다는 사실을 들었을 때 그들은 분노했다. 1730년 5월 그들의 회의록에는 "벤지 레이와 그의 아내가〔콜체스터〕월례회의에 합류하고자 한다"라는 내용이 기록되어 있다. 그가 사는 곳이 "이 2주에 한 번 있는 회의가 벌어지는 장소의 인근 지역"이었기 때문에 이는 용납할 수 없는 일이었다. 사실상 벤저민이 참석하며 빈번하게 방해하던 회의도 그들의 회의였다. 따라서 CTWM은 세 명으로 구성된 위원회를 보내 이를 CMM에 설명했지만, "만족스러운 대답을 들을 수는 없었다." 그들은 벤저민이 DHMM에 의해 "자격을 상실당했으며" CMM도 당연하게 이미 알고 있듯이 어느 회의든 그를 받아주는 것은 부적절하다는 점을 강조했다. 명백한 점은 CMM의 사람들은 CTWM의 생각을 신경 쓰고 있지 않았다는 사실이다.[45]

비범한 국면의 전환 사이에 데번셔 하우스는 사라의 간청을 논의했고 그 이야기에 공감을 표명했다. 그들은 어쩌면 1718년에서 1720년 그리고 1720년에서 1722년 사이 그들 공동체의 구성원으로서 그녀에 대한 애정 어린 추억에 감명받았을지도 모른다. 어찌 됐든 이 문제를 살펴보기 위해 선임된 존 베이커와 필립 그윌림은 CMM에 다음과 같은 편지를 썼다.

그의 자백이 있고 난 후〔벤저민의〕품행과 행실이 여러분 편의 친우들의 뜻에 맞는다고 확인했으며 친우회는 그가 전에 보여준 속죄에 만족하며 기꺼이 그를 우리 회의의 구성원으로 받아들인다.

"여러분 편"이라는 문구는 모호했다. 만약 이 말이 CMM의 구성원을 의미한다면 벤저민의 행실은 "뜻에 맞았다." 그러나 만약 CTWM

을 포함한 전체 콜체스터 지역을 의미한다면 이는 전혀 다른 문제였다. 후에 회의는 DHMM에 보내는 답신에서 벤저민이 그의 방식을 바꾸지는 않았다는 말을 반복하면서도 "여러분이 그에 관해 적절히 고려하여 신중한 판단을 내리기 바란다"고 결의했다. DHMM은 이제 납득했고 CMM도 기꺼이 자격을 승인했다. 벤저민과 사라는 기쁨에 펄쩍 뛰었을 것이다.[46]

벤저민은 CMM과 더 넓은 지역의 사람들에게 아낌없는 후원과 선한 의지를 보여줄 기회를 포착했다. 1731년 3월에 그는 2016년 기준으로 거의 5만 달러에 달하는 가치가 있는 218파운드 6실링이라는 상당한 금액을 가족 구성원과 노동계급 친구 그리고 상당수가 남편을 잃은 여성으로 구성되었던 빈곤층에게 남긴다는 유언장을 작성했다. 이들은 모두 런던과 콜체스터 사이에서 주변으로 형성된 여러 작은 마을에 살고 있었다. 이들 중 실제로 CMM의 구성원이 몇 명인지 확인하는 것은 불가능했고 이들에게 유산은 마치 뇌물과도 같을 수 있었다. 또한, 벤저민은 CTWM의 일부 구성원에게도 돈을 남겼다. 큰 유산이 남겨진 부분은 당시 벤저민의 마음 상태를 보여준다. 그는 거의 절반에 달하는 유산인 100파운드를 벤저민과 마찬가지로 아메리카에 이민하기를 원했던 개별 퀘이커교도들에게 (각각 5파운드씩) 남겼다. 이 당시 벤저민은 다른 방식으로도 자신의 가치를 보여주었다. 그의 기여를 묘사한 예시를 그대로 따오자면 "예배당과 매장지에 관여하는 일"이 있었다. 이러한 서류들은 그의 아버지가 수년 전에 CMM의 "구역이었던" 코퍼드와 주변 지역에서 예배와 매장을 위한 건물과 땅을 확보하고자 했던 노력을 바탕으로 하고 있었을 것이다.[47]

몇 개월 후 오래된 투쟁이 다시 개전했다. 벤저민이 14년 전에 공격했던 "공인 친우" 중 한 명인 리처드 프라이스가 다시 나타나, 벤저민의 자격을 허가하고 여행증명서를 발부하려는 CMM을 막아섰다. 프라이스는 벤저민에 대해 누구도 요청하지 않은 편지를 썼지만, 회의 구성원들은 즉각 이 편지가 복수의 일환이라는 점을 알아채고 단호히 이를 거부했다. 프라이스의 편지가 "친우회 안에 자리 잡은 질서에 반하며 부적절한 절차로 전달된 편지를 기록에 올리지 않을 것이며 같은 내용의 통지를 받아들이지도 않는다"라는 결정은 만장일치의 동의를 얻었다. 회의는 프라이스의 의견은 저지했지만, 그를 꺾을 수는 없었다. 그는 CTWM에 편지를 써서 그들의 불타는 분노를 부채질했다. EQM에 보낸 벤저민의 비판을 여전히 가시처럼 여기던 CTWM은 이미 DHMM에 벤저민의 자격 박탈 문제를 그들의 뜻에 따라 다루도록 권했음에도 증명서 수여를 막기 위해 급하게 움직였다.[48]

　너무 늦은 움직임이었다. 데번셔 하우스는 CMM에 1731년 11월 3일 날짜로 "벤지 레이가 본 모임에 대해 저지른 모든 위법 행위를 사한다"라는 편지를 보냈다. 이 편지는 통과되었고 "기록에 올라갔다." 이는 공식적 절차였다. CMM은 이후 빠르게 움직이며 벤저민을 회의 구성원으로 받아들였고, 벤저민과 사라가 펜실베이니아로 이주하고 그곳의 퀘이커 회합에 합류하도록 허가하는 증명서 발부를 위한 투표에 만장일치로 합의했다. CMM에서 이러한 조처를 취했던 집단의 대부분은 여성으로 사라의 친우거나 벤저민의 친척, 또는 둘 다 해당하였다. 격분한 CTWM은 이제 CMM에서 EQM까지 여러 방면의 먼 곳에 대표단을 파견했다. 대표단은 지난 10년간 논쟁과 방해 행동으로 그들을 괴롭혔던 못 말릴 율법 폐기론 반동분자에 대해 더욱 절박해진 보수파 전투를 이어갔고, 그사이에 벤저민과 사라는 기회를 포착했다. 그들은 런던을 떠났고 1723년 3월 중순에 필라델피아로 향하는 '엘리자베스와 도로시호'에 승선했다.[49]

3장

필라델피아의 "유명인들"

THE FEARLESS BENJAMIN LAY

벤저민이 사라와 함께 형제애의 도시로 항해하던 시기 전에 그는 아마도 십 년 넘게 바다에 나오지 않았을 것이다. 그들은 동료 퀘이커교도인 존 리브스 선장이 운영하는 돛대 세 개의 커다란 선박으로 먼저 버뮤다로 향한 후 다시 그들의 새 고향으로 떠나는 항해를 예약했다. 그들은 기쁨과 희망으로 가득 찼다. 길고 괴롭고 투쟁으로 가득 찼던 런던과 콜체스터에서 보낸 십수 년 후 그들은 마침내 사랑하는 동료 퀘이커교도들 사이에서 좋은 입지를 가질 수 있었고 손에 든 증명서로 윌리엄 펜의 "성스러운 실험"[1]에 함께할 수 있기를 간절한 마음으로 기대했다. 벤저민이 펜실베이니아를 지칭하며 했던 말인 "이 좋은 땅"으로 항해한 다른 수천 명의 사람과 같이 그들은 "커다란 자유"의 미래를 기대했다.[2]

벤저민은 배 주변에서 돌아가는 일을 알고 있었다. 그래서 그는 자신이 생애 초기에 했던 일들을 똑같이 반복하기 위해 항해 시간을 잘 활용했다. 바로 스스로 배우는 것이었다. 11주 동안, 이 은퇴 선원은 식사 시간이나 배가 돛을 완전히 펴고 빠르게 질주하여 손이 많이 필요하지 않을 때면 선장과 선원들과 서로 허풍을 주고받으며 대화를 나눴다. '엘리자베스와 도로시호'의 선원 중 몇몇은 모험적인 이야기를, 몇몇은 끔찍한 이야기를 가지고 있었다. 일부는 해적에게 생포된 적도 있었다. 또 다른 이들은 아프리카 노예무역 항해를 한 적이 있었는데 벤저민은 이들에게 큰 흥미를 느끼고 있었고 바로 이곳이 특별한 배움의 기회를 제공했다. 벤저민의 질문에 그곳의 일부 선원들은 "전에 같이 일한 선장과 선원들이 가엾은 흑인들에게 그 항로에서 어떤 저주받을 짓을 했는지" 이야기해주었다. 그들은 대부분 성적 학대에 관해 이야기했고 벤저민은 후에 이를 "너무나 부정하여 입에 담을 수 없었고 정숙한 귀로는 듣기도 힘들었다"라고 기록했다. 벤저민이 필라델피아의 해안에 발을 내디뎠을 때 새로운 시작을 향한 그의 밝은 희망은 중간항로에 관한 폭력적인 기억에 어두워졌다.[3]

선원 벤저민은 필라델피아 해안가를 면밀히 관찰했을 것이다. 넓은 델라웨어강은 방향 조종이 쉬웠고 물이 깊은 부두도 가까이 있어서 정박에도 어려움이 없었다. 벤저민과 사라가 도착했던 시기에 한 주 동안 25척의 선박이 입항하고 출항했고, 여러 가지 크기의 선박 십수 척이 정박해서 잡색 노동자 부대의 허리가 끊어질 법한 노동으로 화물을 토해내고 다시 싣기를 반복했다. 여기에서 상인과 선주의 눈도 영국, 스코틀랜드, 아일랜드, 독일 그리고 아프리카 출신의 이 노동자들을 감시하고 있었다. 그들은 돼지고기, 소고기, 양고기, 닭, 밀가루 그리고 빵이 든 크고 작은 통들을 선박에 싣고 카리브해의 노예 농장으로 향했다. 그들의 배 가장 아래에는 유럽의 항구로 가져갈 밀, 철, 목재, 아마 그리고 대마가 짐으로 실려 있었다. 그들은 특히 직물과 금속 제품과 같은 제조 물품을 해안가로 옮겨왔고 때로는 아프리카인 노예나, 더 일반적으로는 유럽인 계약하인의 노동력도 가져왔다. 그들이 도착하고 바로 그 주에 한 선주는 노역 계약이 4년 반 남은 "매우 유능한 하녀"를 사들이라고 권유했고 다른 이들은 "국내 출신"으로 "말을 할 줄 아는" "젊은 흑인 남자"를 광고하기도 했다. 그곳의 부두에서는 최근 배의 망루에서 델라웨어강으로 떨어져 익사한 선원의 이야기가 웅성거리고 있었다. 부두는 부와 권력, 불행과 위험 그리고 죽음의 장소였다.[4]

해안가를 지나가면 1만 2천 명의 사람들이 사는 새롭고 역동적인 도시의 나머지 영역이 펼쳐졌다. 이들은 역동적인 시장이 형성되고

2천 가구가 밀집한 잘 정돈된 거리에서 살았다. 벽돌로 지어진 빼어난 3층 건물도 많이 있었다. 가장 큰 저택에는 도시를 지배하는 상인들이 살고 있었다. 의사 알렉산더 해밀턴은 1739년 도시를 다니며 쓴 「신사의 여행」에서 "과학자의 궤변"을 설명할 때 퀘이커교도 상인을 염두에 두고 있었다. 그들은 "엄숙한 믿음의 탈을 쓰고 거짓말을 늘어놓는다." 선원들은 마켓 스트리트 북쪽의 빈민 지구에 집중되어 살았다. 벤저민은 리브스 선장과 정박한 함선을 감시하는 늙은 선원이자 "함선지기"인 사무엘 하퍼드라는 이름의 사내와 친분을 쌓으며 해안가와 엮인 삶을 유지했다.[5]

필라델피아의 번영은 생산업을 하던 그 주변 내륙지역에 그대로 반영되었다. 이 퀘이커 식민지는 1682년에 "평화의 왕국"으로서 레니 레나페 인디언 선주민先住民을 포함한 모든 사람과 종교에 대한 공평한 대우라는 원칙을 바탕으로 전쟁 없는 장소가 되도록 건립되었다. 일 년 후 펜이 샤카막슨에서 레니 레나페족과 맺은 조약은 유럽의 정착민과 농업이 번창할 수 있는 광대한 양질의 토지를 열어주었고, 계약노역과 빈곤이 펜실베이니아의 유럽 계통 노동자들에게 주어진 일반적인 경험임에도 펜실베이니아에 "빈민〔백인〕에게 최상의 천국"이라는 명성을 주었다. 벤저민과 사라는 천천히 세계에서 두 번째로 큰 퀘이커 공동체를 품은 북아메리카 최대의 도시에 정착해갔다. 그들은 친우를 만나고 예배에 나갔으며 새로운 삶을 꾸려갔다.[6]

전에 바다의 삶을 떠나왔듯이, 이제 벤저민은 결코 좋아하지 않았던 장갑 장사의 삶도 떠나보냈다. 그는 자기 삶에서 가장 깊은 애정을 보낸 책을 바탕으로 소규모 상인으로 일했던 바베이도스에서의 영업을 재개했다. 그는 서적상이 되었다. 일을 시작하기 위해 그는 대서양을 건너면서 "커다랗고 귀중한 책 꾸러미"를 가져왔다. 그가 필라델피아에 도착하고 몇 달 후인 1732년 10월에 그는 『아메리칸 위클리 머큐리』에 판매를 제안한다고 전했다. 그는 조지 폭스, 에드워드 버로, 프랜시스 하우길 그리고 조지 화이트헤드와 같은 퀘이커교 창립 세대인 "오랜 친우들"의 작품을 선보였다. 그는 다음 세대인 윌리엄 펜, 로버트 바클레이의 작품도 추가로 내어놓았다. 그는 윌리엄 슈얼의 퀘이커교 역사뿐만 아니라 영국과 세계의 불특정한 역사까지 소개하는 역사서와 "크고 작은 구약과 신약, 시편 및 지침서와 입문서"도 가져왔다. 아이들과 그들의 교육을 염두에 두었던 그의 커다란 꾸러미에는 "산술, 수학, 천문학, 삼각법"에 관한 작품에, 심지어 윌리엄 휘스턴의 『유클리드 원론』(6판, 1728)과 같은 "학교 교재"도 들어있었다. 유세비우스와 세네카 그리고 익스펙타투스와 같은 고전 작가들도 매물로 내어놓았다. 이 모든 책은 인쇄업자 앤드루 브래트포드가 델라웨어강 근처 2번가에서 운영하는 서점인 '성경의 징표'the sign of the Bible에서 찾아볼 수 있었다. 벤저민은 이 책들이 새로운 퀘이커 식민지에서 "유용"하게 쓰이기를 바랐다.7

공동체

1732년 필라델피아 퀘이커 공동체의 중심은 1696년에 지어져 마켓 스트리트와 2번가의 남서쪽 모퉁이에 자리 잡은 "대예배당"이었다. 이 건물은 낡아버린 뱅크 예배당을 대신해 지어진 건물이었다. 이곳이 번영하는 〈필라델피아 월례회의〉(이하 PMM)의 본거지였다. 그 지도자들 중에는 앤서니 모리스 주니어, 로버트 조던 주니어, 이스라엘 펨버턴 시니어 그리고 존 킨제이 주니어처럼 벤저민과 함께 앞으로 다가올 그의 폐지론 운동을 둘러싼 무대에서 중요한 역할을 맡을 이들이 있었다. 이 "유력한 퀘이커교도들"은 도시와 식민지의 종교적 삶과 정치적 삶을 모두 이끌었다.8

앤서니 모리스 주니어는 벤저민이 60마일 떨어진 코퍼드에서 태어났던 해인 1682년에 태어났다. 모리스 시니어는 1686년에 가족과 필라델피아로 이주했고 20년 후에는 델라웨어강을 따라 이어지는 킹 스트리트에 있는 커다란 양조장을 아들에게 물려줄 수 있었다. 모리스 주니어는 그의 양조장을 자신이 인수한 선술집인 '꼬부랑 지팡이'Crooked Billet와 '갑판장의 부름'Boatswain and Call에 연결했다. 이 가게들은 해안가 노동자들에게 음식을 공급했고 더 품위 있는 고객들이 있을법한 이름의 '은제 식기 연회장'Pewter Platter House과도 거래했다. 또한, 그는 필라델피아의 부동산과 도시 북쪽의 화이트마쉬와 위트페인 타운십과 서쪽의 체스터 카운티에 수천 에이커의 땅도 긁어모았다. 농장, 곡창, 제분소광산, 도시 사업, 부두 그리고 술집까지 아우르는 광범위한 복합단지의 소유자인 그는 필라델피아의 프런트 스트리트의 저택에 살았다. 그의 경제력은 정치적, 종교적 권력까지 등에 업었다. 그는 1720년대에 다섯 번이나 임기를 지냈던 펜실베이니아 의회의 지도자였고 1715년부터 1763년 사망하기 전까지 필라델피아 시의회의 의원으로 봉사했다. 또한, 그는 필라델피아 월례, 분기, 연례 회의에 모두 참여하며 "심원한 종교적 헌신"을 하던 인물로 알려져 있었다.9

로버트 조던 주니어는 1730년대 동안 PMM을 이끄는 퀘이커 성직자였다. 그의 조부인 토머스 조던은 버지니아 낸스먼드 카운티의 작은 퀘이커 공동체의 창립 원로였다. 1664년 조던 장로는 율법 폐기론자 존 패럿을 모임에 초빙했고 그는 "겉치레"에 반대하는 설교를 하며 회합 내에서 분열과 혼란을 가져왔다. 이러한 분열과 혼란은 분명 가족사에서 나타났을 것이다. 1693년에 태어난 로버트는 1718년에 방랑 사역을 시작했다. 그는 1720년대에 국교회 사제들의 봉급을 충당할 십일조를 거부했다가 버지니아에서 세 차례나 투옥되었다. "공인 성직자"로서 조던은 퀘이커 공동체를 만나기 위해 버지니아와 메릴랜드에서 뉴잉글랜드와 카리브해 그리고 대영 제국까지 먼 곳을 여행했다. 필라델피아로 이사 온 후 1731년에 월례회의에 합류하면서 그는 체스넛과 시장 외곽의 2번가와 3번가 사이에 자리 잡은 스트로베리 앨리에 있는 방이 일곱 개 딸린 집에 거주하면서 직물을 국제적으로 거래하는 상인으로 일했다. 조던은 신세계에서 가장 오래되고 강력한 퀘이커 무리를 형성한 〈필라델피아 연례회의〉에서 핵심적인 역할을 담당했다. 그는 동료 퀘이커교도 사이에서 "열정과 힘이 넘치는 사역"을 하고 "완고하고 고집스러운 원칙이나 태도"에는 열렬히 대적하는 것으로 잘 알려져 있었다. 여기에서 완고하고 고집스러운 태도는 아마도 벤저민 레이를 두고 한 말일 것이다.[10]

이스라엘 펨버턴 시니어는 펜실베이니아 퀘이커교의 창립 세대의 구성원으로 피니어스와 포이베 펨버턴의 아들이었다. 1685년 벅스 카운티에서 태어난 펨버턴은 아버지에 의해 노예 소유자이자 노예무역을 하는 퀘이커 상인 사무엘 카펜터에게서 도제 생활을 시작했다. 소년은 그의 발자국을 따르며 "상품 매매"의 솜씨를 터득했다. 동료 상인들에게 "정직하고 매우 부지런하며 섬세하고 좋은 수완을 가진" 것으로 알려진 그는 서인도 무역으로 부를 축적하고 여러 집, 가게, 창고 그리고 부두를 포함한 경제 자산을 늘려갔다. 그는 최고의 수입을 올리는 지역 중 하나인 펜실베이니아 동부와 뉴저지 서부에 6천 에이커 이상의 땅을 얻었다. 펨버턴은 1727년 이후 그가 사망한 1754년까지 PMM의 성직자로 권력의 정점에 앉아있었다. 그는 1722년 필라델피아 퀘이커 언론의 총책임자가 되어 무엇이 출판되고 출판되지 못할지 결정하는 자리에 올랐다. 그는 〈필라델피아 분기회의〉에서 PMM을 대표했고 〈필라델피아 연례회의〉에서는 존 킨제이의 서기보 역할을 담당했다. 또한, 그는 킨제이와 함께 1731년부터 1749년까지 펜실베이니아 의회의 지도자로 일했고 마찬가지로 1718년부터 1752년까지 필라델피아 시의회 의원으로 봉사했다. 펨버턴은 2번가와 체스넛 스트리트가 교차하는 모퉁이에 방이 아홉 개 딸린 저택에 살았다.[11]

존 킨제이는 1730년대와 1740년대에 아메리카에서 홀로 가장 강력한 권력을 지닌 퀘이커교도였다. 1693년 필라델피아에서 태어난 킨제이 주니어는 곧 부모와 함께 뉴저지 우드브리지로 이주했고 뉴욕 시티에서 소목장이의 도제 생활을 시작했다. 후에 알려진 바에 따르면 킨제이는 "당시 자신을 가르치는 이보다 뛰어난 면모를 보였으며" 곧 법학을 공부했다가 정치 경력을 시작했다. 1727년에 그는 뉴저지 의회 의원으로 선출되었고 3년 후에는 의장이 되었다. 태어날 때부터 야망이 있었고 더 큰 무대로 가고자 했던 킨제이는 1730년에 다시 필라델피아로 돌아왔고 펜실베이니아 의회에 출마했다. 동시에 친우회 내에서 그의 인기가 치솟으며 처음에는 슈루즈베리와 뉴저지에서 치솟은 인기가 곧 필라델피아까지 이어졌다. 그는 1729년 〈필라델피아 연례회의〉의 서기가 되었고 이스라엘 펨버턴 시니어와 함께 모든 출판물을 선별하는 〈관리감독 위원회〉에서 일했다. 1738년에 킨제이는 펜실베이니아 하우스의 퀘이커 과두정의 지도자가 되었다. 그는 스쿨

킬강의 동쪽 기슭에 위치하여 "농장 저택"이라고 불린 그의 "아름다운 사유지"에 살면서 종교와 정치 모든 면에서 퀘이커 지배계급의 최고 정점에 앉았다.[12]

서로 밀접한 관련이 있는 고도로 조직화한 지배 집단의 구성원으로서 이 "유명인들" 간의 관계는 조밀하고 강력했다. 킨제이와 펨버턴은 함께 필라델피아 월례, 분기 그리고 연례회의가 세계의 퀘이커교도 사이에서 가장 높은 권위를 지닌 〈런던 연례회의〉와 주고받는 모든 서신을 다루었다. 펨버턴과 모리스는 함께 무역 항해를 조직하고 수입품을 판매했다. 조던이 사망했을 때 존 킨제이는 당연한 의무이듯이 그의 부동산 관리를 맡았고 집을 구매하기 위해 일반 대출 사무소를 통해 조던에게 돈을 배당했다. 이스라엘 펨버턴 주니어는 조던의 남겨진 아내 메리 스탠버리 조던과 결혼했다. 킨제이 또한 결혼으로 펨버턴 가문과 연관되었고 찰스 펨버턴은 그와 사촌지간이었다. 1750년에 킨제이가 갑작스럽게 사망하자 펨버턴 주니어는 그의 장례식에서 운구를 맡았을 뿐 아니라 킨제이의 부동산과 사업을 책임지기도 했다. 이후 펨버턴은 킨제이를 이어 PYM의 서기가 되었다. 그의 형제 제임스 펨버턴은 킨제이의 "농원 저택"을 인수했다.[13]

모리스, 조던, 펨버턴 그리고 킨제이는 퀘이커교 초기 역사의 일면을 축소해서 보여주었다. 친우회는 "선을 행하려고" 펜실베이니아에 왔고 또한 "이를 잘 수행했다." 그들이 축적한 재산과 권력으로 판단하자면 그들은 상당히 잘했다고도 할 수 있을 것이다. 우리는 벤저민이 이 점에 관해 그들이나 다른 필라델피아의 퀘이커교도들의 첫인상을 어떻게 느꼈는지 알 길은 없다. 그러나 그가 그들이 보여준 "세속적인 재산"에 대한 물질적 추구와 거기에 비친 공허와 오만을 좋아했다고 보기는 어려울 것이다. 그는 그들의 부를 "탐욕"의 징조이며 그러한 징조가 미덕과 공동체를 파괴한다고 보았다. 가장 염려되는 점은 이들 네 명의 PMM 지도자 중 세 명 또는 전부가 노예를 소유하고 있다는 사실이었다.[14]

되돌아본 노예제

지난 10년을 노예제가 거의 보이지 않는 영국 콜체스터에서 살았던 벤저민은 필라델피아에 도착하고 큰 충격을 받았다. 확실히 새로운 고향의 노예는 10년도 넘게 지난 과거 바베이도스에서의 그들과 근본적으로 달랐다. 섬에서는 열 명 중 거의 아홉이 노예였지만, 새로 도착한 이 도시에는 열 명 중 단 한 명 정도의 노예가 있었다. 새로운 고향에서는 폭력과 압제의 수준도 현저히 낮았다. 그러나 노예와 폭력 그리고 압제가 형제애의 도시 전역에 깔려있었다는 사실이 잊힐 수는 없었다. 벤저민은 분노했다. 바베이도스에서 겪은 트라우마가 짙고 불안하게 다시 일어났다. 그의 폐지론 원칙이 다시 꿈틀거렸고, 특히 신성한 친우회 공동체에 대한 그의 희망이 컸기에 이러한 원칙은 더욱 힘을 얻었다. 필라델피아에서 벤저민은 퀘이커교 그 자체와 맞서야 했다.

1718년 바베이도스와 1730년대 필라델피아 사이의 또 다른 차이점은 노예의 저항이라는 큰 맥락이었다. 벤저민은 1730년대에 전반에 걸쳐 나타난 폭발적인 대서양의 저항 순환 고리 안으로 항해했고 이러한 저항은 영국, 프랑스, 스페인, 네덜란드, 그리고 덴마크의 식민지와, 버뮤다에서 뉴올리언스 그리고 가이아나에서 뉴욕까지 아메리카 전역에 영향을 주었다. 1730년과 1742년 사이에 자유를 잃은 노동자들은 80번 이상의 음모와 폭동 그리고 대탈주를 감행했다. 이는 이 시기 앞뒤의 십여 년에 비해 여섯 또는 일곱 배나 많은 수준이었다. 1733년 덴마크의 세인트 존 식민지에서는 아프리카인 반란자들이 섬의 주요 무기고와 요새인 포트 크리스티안스번을 공략해서 7개월이나 점령하고 있었다. 1736년 조지아의 서배너에서는 아일랜드 계약하인들이 "붉은 현의 음모"를 꾸며서 도시를 불 지르고 인디언 지역으로 도망치려고 했다. 1739년 콩고와 앙골라 출신의 반란자들은 찰스턴과 사우스캐롤라이나에서 스페인령 플로리다로 옮겨가며 스토노 반란 Stono Rebellion을 이어갔다. 1730년대 전역에 걸쳐 자메이카와 수리남의 마룬[탈주 노예]Maroon 전쟁은 식민지 세계에 불처럼 번지며 모든 곳에서 반란의 희망을 품게 했다.[15]

이 사건 중 몇몇에는, 노예 소유주들이 필라델피아와 뉴욕과 같은 지역에서 의심 없는 구매자들에게 반항적인 노예들을 팔아버렸기 때문에, 결국 일부 같은 인물들이 저항에 참여하기도 했고, 벤저민도 이 사실을 알고 있었다. 이로 인해 세인트 존의 반란에서 노련한 면모를 보인 윌Will이 1735년~1736년의 안티과 음모를 이끄는 역할을 했다가 1741년에는 다시 뉴욕의 아프리카-아일랜드인 음모를 이끌 수 있었다. 뉴욕의 판사는 그가 "모반에 매우 능통"했고 "이번으로 세 번째 모반에 참여했다"라고 말했다. 리워드 제도의 총독 윌리엄 매슈는 1737년 질병에 빗대어 다음과 같이 이 사건의 통일성을 설명했다. 지배자들은 "반란의 전염"이라는 역병을 맞았다. 자메이카의 총독 에드워드 트레로니는 보다 정직하게 이 문제를 표현했다. 그는 반란의 10년이 "위험한 자유정신"에 의해 일어났다고 생각했다.

반란의 순환 고리에 관한 원인이 완전히 밝혀지지는 않았지만, 두 가지 사실은 두드러진다. 첫째, 1730년대에는 설탕 산업의 과잉 생산 위기가 발생하며 가격이 급락하고 아메리카 전역의 농장 상황이 악화하였다. 둘째, 역사가 빈센트 브라운이 "코로만티 전쟁"이라고 불렀던 사건의 발생으로 아프리카 황금 해안Gold Coast에서 훈련받은 전사들 수천 명이 노예가 되어 아메리카로 이송되었고, 그들은 거기에서 1730년대의 음모와 폭동에서 주요한 역할을 담당했다. 예를 들어 이들은 거대한 음모가 펼쳐진 세인트 존과 안티과에서 이와 같은 역할을 맡았고 이 사건은 필라델피아의 『아메리칸 위클리 머큐리』에 잘 보고되며 벤저민이 다시 노예제를 마주하게 했다. 1734년 뉴저지 서머싯의 아프리카인 노예들은 고향으로 다가가기 위해 주인들을 죽이고 그들의 집과 헛간에 불을 지른 후 말에 안장을 놓고 달려 "프랑스령의 인디언 부족을 향해" 달아났다. 1738년 벌링턴 예배당에서의 사건을 목격한 사람이 회상했던, 벤저민의 [붉은 주스로 만든] 피의 메시지 뒤에는 이러한 반란의 순환이 있었다. "칼날이 이 나라의 창자를 헤집어놓으리라, 만약 그들이 흑인을 억압하는 일을 그만두지 않는다면." 그가 노예 소유자들에게 복수의 칼날을 휘두르는 사람이 하나님만은 아닐 수도 있다는 점을 말할 필요는 없었다.[16]

　벤저민은 농장과 도시의 가정 및 작업장에서 일하는 아프리카인 노예들과 그들의 퀘이커교도 주인에 특별한 관심을 기울이며 필라델피아와 그 주변에서 노예제가 돌아가는 모습을 면밀히 관찰했다. 분명 〈필라델피아 월례회의〉의 구성원 중 절반 이상이 노예를 소유하고 있었다. 그는 노예들이 "쟁기질, 톱질, 도리깨질, 키질에 철도를 깔고 나무를 베며 땅을 개척했다. 거기에 도랑과 울타리를 만들며 소를 먹이고 말을 치고 키웠다'라고 기록했다. 벤저민은 노예 공예 장인을 만났다. 그도 바베이도스에서 만났던 친구처럼 일주일에 한 번씩 주인의 매질을 겪으니 자살해버렸다. 그는 여자 노예들이 "빨래, 청소, 걸레질, 요리를 아주 꼼꼼하게 잘 해내고 재봉질, 뜨개질, 바느질도 시키면 척척 해내는 모습과 다른 곳에서는 우유를 짜고 저어 치즈를 만들기도 했고 집 안팎의 모든 일상 잡일과 부엌일을 도맡으며" 바쁘게 움직이는 모습을 보았다. 그는 이처럼 지루한 노동을 노예 소유자들의 비열한 나태함과 대조하여 보여주었다. 그는 노예들의 굶주린 배를 그 주인들의 "게으르고 불경한 배"와 견주었다. 그는 이들 중 계약하인들에게 고된 삶을 쥐어준 경험이 있는 일부 노예 소유자들이 "사악한 하수인"으로서 아메리카에 건너와 자유롭게 부를 취하며 이제 자신에게 속한 노예를 학대하는 장면을 "참을 수 없다"고 했다. 그는 더구나 노예 소유자들이 노예를 마치 "오만, 사치, 나태, 경멸, 압제의 대상으로 삼으며, 때로는 아이들까지 지배하고 폭압할 수 있는" 재산으로 둠으로써 이러한 불평등을 영속하려고 한다고 타오르는 분노를 담아 설명했다. 레이는 선원들의 연대를 통해 노예들의 곤경에 대한 공감을 쌓을 토대를 배웠다.[17]

샌디퍼드 찾기

1718년에 노예제라는 "섬뜩한 관행"에 맞서기 시작한 벤저민의 오랜 대항은 노예제를 둘러싼 긴장이 고조되며 배가되었고, 그가 필라델피아에 도착한 이후 곧 그의 염려를 나눌 사람들을 찾아 나서게 했다. 이들 중 가장 중요하면서도 악명 높은 이는 랠프 샌디퍼드였다. 그는 노예제에 대한 신랄한 고발을 담은 『이 시대의 관행에 관한 간략한 고찰』을 쓴 상인이었다. 그는 이 문서의 승인을 위해 1729년 퀘이커 〈관리감독 위원회〉에 제출했다. 킨제이와 펨버턴 그리고 대부분 노예를 소유하고 있던 다른 위원회 구성원들은 이 문서의 출판을 거부했다. 특히, 킨제이는 "만약 그가 이 문서가 배부되게 용인한다면 심각한 처벌을 받을 수 있다고 그를 협박했다." 샌디퍼드는 이러한 협박에도 침묵을 거부했다. 그는 자기 돈으로 얇은 책을 출판해서 무료로 배포한 후 다음 해에는 『부정의 신비 ; 이전 시대와 현재의 율법을 통해 살펴보는 이 시대의 관행에 관한 간략한 고찰』이라는 제목의 새롭고 확장된 책을 펴냈다. 1732년 6월에 벤저민이 도착했을 때 저자와 책을 둘러싼 논쟁이 여전히 소용돌이치고 있었다.[18]

두 폐지론자에게는 여러모로 공통점이 있었다. 벤저민과 마찬가지로 샌디퍼드는 퀘이커 교리와 바다에서의 경험을 결합한 급진주의 율법 폐기론자였고 노예제의 폭력을 가까이서 겪은 사람이었다. 리버풀에서 태어난 샌디퍼드는 서인도로 항해했다가 해적에게 붙잡히고 조난당하기도 했다. 두 남자 모두 모든 신앙 구성원들이 "하나같은 마음과 믿음을 품었던" 원시 기독교회를 칭송했다. 두 사람 모두 노예 소유자들에게 "진노의 날"이라는 종말이 다가오리라 예견했다. 샌디퍼드는 사람을 소유하는 자들이 인간 "화물"을 자신의 창문 바로 앞에서 팔고 있는 필라델피아의 마켓 스트리트에서 수년을 살았다. 그는 다음과 같이 자신의 책 표지에 적어둔 것처럼 노예와 자신을 같게 보았다. "함께 얽혀있는 것처럼 묶여있는 그들을 기억하고 그 몸에 깃들어있는 것처럼 고난받는 이들을 생각하라"(히브리서 13장 3절). 샌디퍼드는 벤저민과 마찬가지로 범신론자였다. 그는 "모든 존재에 대한 보편적 공감"과 사랑 그리고 친절을 표했다. 노예제를 "살아있는 죽음"이라고 보았던 그의 비판은 노동에 관한 그의 의식을 반영했다. 그의 관점에서 "힘과 억압으로 다른 이의 노동을 빌려 살아가는 삶"은 잘못된 것이었다. 그는 대다수가 노예를 소유하고 있던 퀘이커 공동체의 "지도부"에 대항하여 글을 썼듯이 깊은 반교권주의를 표현했다. 두 남자 모두 조지 폭스와 같은 17세기의 저자들이 취했던 노예제에 대한 개선적 접근도 거부했다. 대신 그들은 즉각적인 폐지를 요구했다. 샌디퍼드는 "흑인들을 노예제로 속박하는 것은 인간의 권리에 부합하지 않으며 조물주의 가르침에도 어긋난다"라고 결론 내렸다. 벤저민도 저 깊숙한 곳에서부터 같은 마음이었다.[19]

1732년 샌디퍼드를 만났을 당시, 벤저민은 "여러 가지 신체 질병"을 앓으면서도 노예제 문제로 인해 퀘이커 지도자들에게 박해받아 생긴 "쓰라린 마음고생"에 더욱 힘겨운 시기를 보내고 있었다. 샌디퍼드는 그 시기에 필라델피아에서 버슬턴을 향해 북쪽으로 약 9마일 떨어진 통나무 오두막으로 이사했다. 부분적으로 자신의 적들이 보내는 적대감을 피하기 위함이었다. 벤저민은 샌디퍼드와 "친밀한 대화"를 이어갔고 곧 이 "따뜻한 마음의 남자"와 친구가 되었다. 벤저민은 1년 동안 정기적으로 샌디퍼드를 방문했고 샌디퍼드가 임종하는 자리에 누워 "일종의 섬망"을 보일 때에 마지막으로 그를 찾았다. 그는 1733년 5월에 40세의 나이로 "마음에 큰 난국을 품은 채" 죽었다. 레이는 "억압이 … 현명한 이를 미치게 한다"라고 설명했다.[20]

벤저민은 샌디퍼드를 "말과 글로 노예를 소유한 죄 많은 영혼에 대항하는 간증을 전했던" 사람으로 "큰 존경을 보낼 인물" 중 한 사람이라고 평가했고 실로 이를 행동으로 옮긴 사람 중에 가장 용감한 사람이라고 생각했다. 또한, 벤저민은 샌디퍼드를 비방한 자들이 그와 그의 책에 관해 한 말을 전하기도 했다. 그들은 샌디퍼드가 "괴로운 정신"으로 글을 썼고 "편안히 삶을 마칠 수는 없다"고 주장했고, 이러한 주장은 그의 성품과 대의를 모두 나쁘게 반영하는 의견이었다. 벤저민은 스스로 "샌디피드의 책을 세심하게 주의를 기울여 읽어보았으나 하나님의 말씀에 어긋나는 말은 전혀 없었다"라고 말했다. 퀘이커교도들은 그 말씀을 체현해야 했고 샌디퍼드는 그렇게 했다. 벤저민은 또한 부당한 "오랜 허위의 선지자"(킨제이?)에 맞섰던 진정한 선지자 유다(샌디퍼드)라는 성경 비유를 사용하기도 했다. 전자는 당시의 퀘이커 성직자들처럼 사람들을 "끝없는 구덩이의 섬뜩한 어둠과 연기" 속으로 끌고 갔다.[21]

벤저민은 자신의 친구를 비판하는 목소리를 비웃으며, 그의 책이 "세상에 이야기를 전하니, 우리〔퀘이커교도〕가 바로 기만자이며 전에 없던 신앙과 신성이라는 허울 좋은 가식 아래에 숨은 미천한 위선자임을 세상 사람들에게 알린다"라고 썼다. 샌디퍼드는 퀘이커교도를 좋지 않게 보이도록 했지만, 벤저민에 따르면 샌디퍼드는 그럴 만했다. 실로 그랬다. 그는 다음과 같이 말을 이었다. "우리가 그의 책에 담긴 말을 부정할 수만 있다면 그와 그의 책을 끝없는 구덩이에 던져버렸을 테지만, 그 내용이 이미 부정할 수 없는 진실임에 이를 부정할 수 없고 반박할 수도 없다." 우리는 결국 그저 "유명인일 뿐이며 … 누가 감히 나서서 아니라고 말 할 수 있으리."[22]

벤저민은 "유력한 퀘이커교도들"이 가엾은 샌디퍼드가 죽은 후에도 그를 괴롭히는 모습에 특히 분노했다.

우리는 R.의 무덤과 그의 책 그리고 그의 글에 호의를 보이거나 그 글을 퍼트리거나 읽도록 조장하는 모든 행위를 정죄할 것이다. 이 글은 우리를 폭로하고 있으니, 우리는 중상모략과 추측으로, 그리고 그에 관해 들었을 법한 일과 생각해볼 수 있는 모든 것을 동원한 교묘한 암시로 이 글을 쓴 자와 그의 죄를 폭로할 것이다.

이제 그들이 생각하기에 그는 "무덤에 들어갔고" 그는 이제 "그들에게 반박과 반대를 할 수 없었다." 그러나 그의 친구 벤저민은 할 수 있었다. 벤저민은, 창세기에 비유하기를, 부정과 사악을 키우며 그들을 창조하신 하나님을 슬프게 하고는 홍수의 재앙으로 멸망하게 될 자들인 이 "유명인들"에게 맞서 언제나 반대를 표했다. 벤저민은 그들에 맞선 샌디퍼드의 투쟁을 이어가고자 했다.[23]

"대죄"

벤저민은 그가 콜체스터의 "탐욕적인 자"라고 보았던 이들과의 길고 치열한 투쟁 이후 퀘이커 사회가 변화하던 시기에 펜실베이니아에 도착했다. 필라델피아와 그 주변에서도 같은 과정이 진행되었다. 퀘이커교는 상거래와 토지 투기에 관여하면서 부유한 "유명인들"을 낳았다. 벤저민에게 이러한 변화는 자신과 신앙심에 주어진 도전과제였다. 그의 눈은, 뿌리부터 악마 같으며 유행의 상징과도 같은 노예를 소유한 부자 퀘이커교 성직자들에게 고정되었다. 그들은 벤저민의 소중한 신앙을 파괴하고 있었다.[24]

벤저민에 따르면 탐욕Covetousness은 "악마가 세상에 심어 놓은 죄악의 우상"이었다. 그는 욕심greed과 허영avarice이라는 말과 바꿔가면서도 이 용어를 가장 빈번하게 썼다(『모든 노예 소유자…배교자들』에서 스물일곱 번). 벤저민은 고대 그리스의 견유학파를 따르면서 탐욕이나 돈에 대한 사랑이 "모든 악의 뿌리"라고 했던 사도 바울을 따랐다. 그는 동료 퀘이커교도들에게 "이보다 너한 악이나 모든 악마가 자랄 부정한 영혼 또는 뿌리가 있을 수 있는가? 또한, 우리의 모든 불행이 흘러넘칠 사악한 분수가 또 있겠는가?"라고 물었다. 벤저민이 스스로 가혹한 삶의 방식을 통해 명백하게 거부한 물질을 얻고자 하는 충동은 "강대하고 거대하며 거의 전능한 괴물이며 7대 악마의 수장이자 지옥과 바빌론 그리고 끝없는 구덩이의 우두머리였다." 그는 "모든 탐욕스러운 자들은 짐승, 모독자, 거짓말쟁이, 도둑이자 살인자이며, 또한 우상숭배자"이며 이들이 단지 퀘이커교뿐만 아니라 성직자, 회중, 교회 그리고 국가와 같은 전체 사회를 손상하고 있다고 믿었다. 부자들은 정치와 종교 모든 면에서 "그릇된 지배의 온상"이었다. 또한, 만약 콜체스터의 부자들을 그저 나쁜 정도였다고 한다면 펜실베이니아의 이들은 더했다. "이곳 아메리카 땅의 모든 이들은 이기심, 야비함, 욕심, 탐욕, 세속적인 마음에 있어서 세상 어느 곳보다 뒤지지 않는다." 탐욕적인 자들은 "닭 위를 나는 솔개, 양 떼 속의 늑대"처럼 약탈적이었다. 그는 "모든 것을 삼키려는 본성을 가진 자들이다"라고 큰소리로 알렸다.[25]

답은 하나밖에 없었다. 바로 전쟁이었다. 벤저민은 하나님께 "당신과 모든 진정한 신앙의 이름을 너무나도 더럽히며 보편적인 나라와 인류를 파괴하는 으뜸가는 적에 맞서 전쟁을 일으키고 맞붙을 힘과 용기"를 구했다. 그는 하나님께서 어떤 "용감한 영웅 작은 다윗들"에게

"하나님의 낙원을 가로질러 흐르는 생명의 강과 주님의 시냇가에서 가져온 부드러운 돌"을 쥐어주시며 돌팔매질로 "봉기하도록" 하여 골리앗에게 맞서도록 하시기를 바랐다. 그러면 하나님의 병사들은 "그를 쓰러트려 머리를 자르고, 그 잔해를 나라와 고장 안의 다른 모든 이단의 무리와 함께 짐승의 땅으로 돌려보내 버릴 것이다." 벤저민은 "으뜸가는 적에 맞서기 위해" 전장으로 나아갔다.[26]

이따금 벤저민은 부자들을 비판하면서 노예제와 폭력이 사유 재산의 핵심이라고 주장하기까지 했다. 1736년 9월에 그는 지금껏 썼던 글 중에서 가장 활활 타오르는 기세의 고발장을 작성했다. 그는 누가복음 11장 21절에 관해 쓰고 자신의 독특하면서도 급진적인 변용을 가했다. 그는 "강한 자가 무장하여 집을 지킬 때 그 소유가 안전하다. 이는 악마가 할 짓이 아니겠는가?"라고 물었다. 그는 "그가 가진 물건 모두가 죄악이 아닌가? 노예를 소유하고 거래함은 세상에서 가장 큰 죄가 아닌가?"라고 말을 이었다. 그 이후 그는 "이러한 대죄"가 "마음에 새겨질 때…초라하게 정죄 받은 이들과 저주받은 이들 가운데 모든 만물이 해방되지 않겠는가?"라고 물었다. 벤저민은 자신의 도구를 가지고 런던과 콜체스터에 자신의 공방을 운영하며 장인으로 일했고 스스로 소규모 상인으로서 브리지타운의 해안가에서 직물을 팔고 필라델피아에서는 책을 팔았지만, 그러는 동안 그의 사상이 진화했다. 그의 글이 히에로니무스 보스에게로 방향을 돌렸다. "끝없는 구덩이의 섬뜩한 고통과 연기 그리고 어둠이 피어나 영혼에 스민다. 희미한 빛 아래 피조물들은 어둠 속에서 서로를 바라보며 지옥의 고통을 느낀다." 벤저민은 "악마인 강한 자를 구속하여 내치며 그의 물건을 빼앗을" 때가 되었다고 결론 내렸다. 묵시록은 분명하게 다가왔다. "여기에 천상의 전쟁이 다가오고 미카엘과 그의 천사가 하나의 악마이자 용에 맞서고 악의 사자들도 한 편이 되어 맞서니 악마인 용이 성인들과의 전쟁을 일으킨다." 퀘이커교의 구원과 실로 모든 피조물의 구원을 위해 "대죄"인 노예제로부터의 구출이 필요했다. 마치 진정한 선지자처럼 벤저민은 이 주제에 관해 뚜렷한 시식을 선보였다. "나는 내가 쓴 글을 잘 알고 있고 이 글은 빛과 하나님의 길 그리고 진리의 축복을 받았다." 누가복음에서 두 절을 건너뛰어서 그는 예수의 말을 인용했다. "나와 함께하지 아니하는 자는 나에게 맞서는 자이다."[27]

게릴라 연극

벤저민은 필라델피아의 친우들에게 노예제에 관한 도덕심 결여를 일깨울 수 있도록 충격을 주기 위한 공개 시위를 무대에 올리기 시작했다. 담배와 설탕처럼 겉보기에는 멀쩡한 상품을 생산하는 데 들어간 고된 착취 노동에 대한 의식을 얻은 벤저민은 "세 개의 큰 담배 파이프를 품속에 찔러 넣고" 퀘이커 연례회의에 나타났다. 그는 남녀 원로와 성직자들의 회랑 사이에 앉았다. 회의가 끝나자 그는 분개한 침묵 속에 일어나서 "파이프 하나는 남자 성직자들에게, 다른 하나는 여자 성직자들에게, 세 번째 파이프는 모여 있는 신도들 사이에 던졌다." 한 번씩 맹렬하게 팔을 휘둘러 던질 때마다 벤저민은 노예 노동과 사치 그리고 역겨운 담배 연기로 인한 건강 악화에 대해 항의했다. 그는 형제자매들이 가장 작고 겉보기에 가장 하찮은 선택의 정치를 깨우치도록 하는 길을 찾았다.[28]

겨울이 시작되자 벤저민은 퀘이커교의 노예 소유자들을 지적하는 데 바로 얼마 전에 내린 눈을 활용하기도 했다. 그는 일요일 아침에 모든 친우가 지나갈 길목인 퀘이커 예배당 입구에 서 있었다. 그는 "오른쪽 다리와 발을 완전히 보이지 않게" 눈 속에 묻어두었다. 눈밭을 맨발로 걸었던 고대 철학자 디오게네스와 마찬가지로 그는 동시대 사람들이 깨달음을 얻도록 충격을 줄 방법을 계속 찾았다. 퀘이커교도가 한 명씩 지나갈 때마다 그들은 주의와 염려를 표하며 벤저민에게 얼어붙는 추위에 그대로 있으면 안 된다고 재촉했다. 그도 분명 아팠을 것이다. 벤저민은 그들의 말을 주의 깊게 듣고 답했다. "아, 나에게 연민을 가장해보지만, 당신의 밭에서 옷은 절반만 걸치고 일하는 저 가엾은 노예에게는 아무것도 느끼지 못하는구나." 그는 두 가지 요점을 지적했다. 첫째, 추위에 마땅한 옷을 걸치지 않은 이는 동정을 받아 마땅하다. 둘째, 퀘이커교도들은 마태복음 7장 12절에 나타난 그들 신앙의 핵심이 되는 금언을 실천하지 않는다. "그러니 무엇이든 남에게 대접받고자 하는 대로 너희도 남을 대하라. 이것이 율법이며 선지자의 뜻이니라." 그러니 벤저민이 선지자였다.[29]

또 다른 때에 벤저민은 한 이름이 알려지지 않은 "저명한 인사"인 신사로부터 정중하게 가족과 함께하는 아침 식사에 초대하는 초청을 받았다. 벤저민이 식탁에 자리를 잡자 곧 식당 문으로 음식을 나르러 나타난 아프리카 출신의 남자를 보았다. 벤저민은 언짢은 기색으로 지인을 돌아보며 "당신의 가족은 흑인 노예를 두고 있는가?"라고 물었다. 신사는 그렇다고 대답했고 실제로 그는 노예를 두고 있었기에 벤저민은 식탁을 뒤로 밀며 일어섰다. 그는 "그렇다면 나는 불의의 열매로 이루어진 이 자리에 함께하지 않겠다"라고 선언했다. 벤저민은 노예를 소유한 사람들과 교제하지 않았다. 그는 그 집을 나가버

렸다.[30]

또한, 벤저민은 필라델피아와 그 주변의 퀘이커 회의를 방해하기 시작했다. 19세기 퀘이커 급진주의자 아이작 호퍼는 어린 시절에 동료 폐지론자 리디아 마리아 차일드에게 들었던 다음과 같은 이야기를 전했다.

친우회의 월례회의에 〔벤저민은〕 부지런히 참석했다. 당시 공동체의 구성원 대부분이 노예를 소유하고 있었다. 벤저민은 그러한 이들을 편안히 두지 않았다. 누구든 회의 사안에 관해 말을 꺼내려고 하면 그는 언제나 일어서서 "또 다른 흑인 노예 주인이다!"라고 소리쳤다.

벤저민은 손가락질받는 것을 전혀 부끄러워하지 않으면서 노예를 두는 것과 퀘이커 교리는 완전히 상충한다고 주장했다. "정의가 없으면 평화도 없다"는 것이 그의 전갈이었다.[31]

벤저민은 런던과 콜체스터에서와 마찬가지로 도시 전역으로 무대를 옮겨 다니며 여러 교회를 찾아가서 자신이 혐오하는 성직자들에게 호통쳤다. 로버츠 보우에 따르면 그는 "회합의 종교 서약을 가리지 않고 모든 장소의 공공 예배에 참석했고" 때로는 하나님 앞에 자신의 겸손함을 강조하기 위해 삼베옷을 입기도 했다. 그는 설교를 듣고 이를 판가름했으며 보통은 호된 평가였다. 그의 반응은 "때로는 너무나 길고 맹렬하여 그를 예배당에서 끌어내야 할 필요가 있을 때도 있었다. 지금껏 그의 행동을 제지할 수 없었기에 어쩔 수 없는 처사였다." 부정한 성직자가 노예를 소유하고 있는 경우는 필라델피아에서 드문 일은 아니었으며 이때 벤저민은 두 배나 많은 분노를 보여주었다.[32]

이러한 호통이 항상 성공하지는 않았다. 성직자들은 대체로 낯선 자의 장광설을 환영하지 않았고 특히 그들 회합 중에 이런 일이 일어나는 것은 더욱 환영하지 않았다. 필라델피아의 전도사가 설교 중에 "하나님의 목소리"를 들었다고 선언했을 때 벤저민은 불쑥 끼어들며 "당신의 삶과 설교를 보고 있자니 당신이 평생 하나님의 목소리를 들어본 적이 있는지 의심스러우며, 만약 들었다고 한들 나는 당신이 그 목소리를 따르지 않고 있다고 확신한다"라고 말했다. 분노한 성직자는 가죽 채찍을 들고 이 비난자를 교회에서 쫓아냈다. 그러나 모든 회중이 벤저민의 간섭을 심각하게 받아들이지는 않았다. 한 번은 벤저민이 필라델피아의 (국교회) 그리스도 교회에 가서 심판의 날에 관한 목사 로버트 제니의 설교를 들은 적이 있다. 신도들이 교회를 가득 메우자 벤저민은 문 앞에 서서 한 사람 한 사람을 붙잡고 물어보았다. "당신은 저런 설교를 듣고 나서 어떻게 염소들 가운데 양을 구분해냅니까?" 한 신사가 벤저민의 덥수룩한 수염을 붙잡고 세게 당기면서 유쾌하게 말했다. "수염을 보면 알지, 벤저민, 수염 말이야."[33]

자격 논쟁

벤저민과 사라가 새로운 사람들과 환경을 알아가면서, 그리고 벤저민이 노예제에 관한 쟁점에 열을 올리면서 그들이 없는 사이에도 콜체스터에 남겨두고 왔던 소동은 다시 끓어올랐다. 1732년 3월에 〈콜체스터 격주회의〉(이하 CTWM)는, 〈에식스 분기회의〉(이하 EQM)에는 벤저민의 회원자격 승인에 관해, 〈콜체스터 월례회의〉(이하 CMM)에는 증명서 발급에 관해 공식적인 항의를 전했다. 그들은 CMM이 벤저민을 인정하고 그에게 허가를 내어 줄 권리가 없다고 주장했다. CMM은 시간을 끌면서 힘겨루기로 응수했다. 그들은 결국 제기된 문제에 답해야 했고 1732년 6월에 그들이 답을 내어놓자 EQM은 이들에게 불리한 판결을 제시했다. EQM의 "유력한 퀘이커교도들"은 벤저민이 "합당한 회의 구성원이 아니며" CMM은 벤서빈과 사라의 결혼 증명서를 발급해주지 않았어야 한다고 했다. 그러나 CMM의 저항은 끝나지 않았다. EQM의 판결 이후에도 CMM은 결혼 증명서의 사본을 요청한 〈필라델피아 여성회의〉에 그 서류를 보내주었다. CTWM의 복수도 끝이 아니었다. 콜체스터의 오랜 갈등은 머지않아 대서양 건너편에 있는 필라델피아의 레이를 따라갔다.[34]

비록 CTWM의 지도자들이 반복해서 벤저민이 그들 회의의 구성원이 아니며 그의 자격을 복원하는 문제는 처음 벤저민의 자격을 박탈한 〈데번셔 하우스 월례회의〉(이하 DHMM)에 전적으로 달려있다는 점을 밝혔지만, 그들은 잔인한 결심으로 이 이민자 퀘이커교도를 쫓기 시작했다. 그들은 "필라델피아와 아메리카 전역의 친우들에게, 〈콜체스터 월례회의〉가 발급한 벤지 레이의 잘못된 자격 증명에 관한 우려를 전하며, 같은 내용을 다루었던 월례회의 회의록과 벤저민이 그들에게 보인 행동을 상세하게 기록한" 편지를 썼다. 벤저민이 도피하는 방식으로 저항하는 경향이 있다는 점을 알고 있었던 그들은 그를 모든 퀘이커 회합으로부터 몰아내려는 열망으로 두 달 후에 필라델피아의 친우회에 두 번째 편지를 보내서 "벤저민이 정착하려는 아메리카의 다른 어느 곳이든 이 편지를 보내도록" 요구했다. 콜체스터의 적들이 보낸 편지가 필라델피아의 새로운 적 로버트 조던 주니어의 손에 떨어진 것은 벤저민의 불운이었다. 이미 그는 필라델피아로 새로 유입

된 벤저민에게 공공연한 비판을 받는 인물이었다.[35]

조던은 레이가 CTWM에서 공격했던 사람들처럼 "탐욕적"이었을 수도 있지만, 적어도 한 가지 점에서 그들과 달랐다. 그는 노예 소유자였다. 실제로 조던은 남부 버지니아의 담배 경작지의 퀘이커교 주인들의 먼 후손이었다. 조던과 레이는 서로 적수가 되었다. 이는 조던이 필라델피아 회의에서 레이의 자격을 반대했기 때문이기도 하지만, 또한 조던이 『모든 노예 소유자 … 배교자들』에서 레이가 밝힌 바와 같이 세상에서 가장 악질인 죄를 범하고 있었기 때문이기도 하다. 벤저민은 자신이 펜실베이니아에 머무르는 동안 자신을 괴롭혔던 몇몇 악질 "노예 소유자" 필라델피아 퀘이커교도들의 머리글자를 열거했다. 그중에 하나가 "R- J- n"이었다.[36]

1734년 3월 말, 아마도 조던과 다른 "유명인들"과의 갈등이 부각되었기에 벤저민과 사라는 필라델피아를 떠나 북쪽으로 8마일 떨어진 애빙턴으로 이사했다. 사라의 친한 친우인 비범한 여성 수산나 모리스가 애빙턴에 살고 있었기에 그곳을 새로운 안식처로 선택했을 수도 있다. 그녀는 열세 명의 아이를 돌보면서 방랑사역을 해낸 기적과 같은 인물이었다. 그녀와 사라는 1720년대에 함께 수개월을 여행하며 영국과 웨일스 전역의 퀘이커 회합에서 주로 "가장 가난한" 하나님의 사람들을 대상으로 설교했다. 암스테르담으로 향하는 항해에서 그들이 탄 배가 엥크하위젠 인근의 모래톱에 여러 번 부딪혔을 때도 그들은 서로를 부드럽게 밤새 끌어안았다. 그들은 죽음을 준비했다. 배는 "완전히 부서져" 난파되었지만, 수산나와 사라는 살아남았고, 후에 수산나가 설명하기를 그들은 "모든 시련으로 도움을 주시는" 하나님에 대한 믿음을 배울 수 있었다.[37]

다시 만난 레이와 모리스의 가족들은 1741년 수산나와 그의 남편이 펜실베이니아 리치랜드로 이사 간 후에도 여러 해를 함께 교류하며 지냈다. 벤저민은 그들의 아들 중 하나인 조슈아 모리스와 각별히 가깝게 지냈다. 토지 소유자이자 제재소를 운영했던 그는 벤저민의 영향으로 신념 있는 폐지론자가 되었다. 애빙턴으로 이사하면서 이제 벤저민과 사라는 새로운 안식처의 지역 퀘이커 모임에 참석할 합당한 자격을 갖춘 구성원임을 증명하는 PMM의 증명서가 필요했다.[38]

사라의 죽음

1735년 후반에 벤저민의 사랑 사라가 알 수 없는 이유로 갑작스럽고 예기치 않게 사망하면서 비극이 불어닥쳤다. 벤저민 자신도 몇 년 동안 건강이 좋지 않았지만(그는 1731년에 이미 유언을 남겼다), 사라는 활기차며 건강해 보였고 순회 사역으로 다닌 엄청난 여행 기록만 보더라도 충분히 그녀의 건강을 짐작할 수 있었다. 콜체스터에서 시작해서 필라델피아와 애빙턴으로 이어지는 몇 년 동안 그녀는 수산나 모리스, 엘리자베스 켄달 같은 다른 여성들과 함께 사역하며 영국, 아일랜드, 스코틀랜드, 웨일스, 네덜란드 그리고 북아메리카 전역에서 멀고 넓은 지역의 충실한 퀘이커 신도를 방문하여 이야기를 나눴다.[39]

그녀의 죽음에 〈애빙턴 월례회의〉는 다음과 같은 추도문을 발표했다.

1735년 후반 애빙턴에 사는 벤저민 레이의 아내 사라 레이가 작고했다. 그녀는 1677년경 옛 영국 켄트주의 로체스터에서 태어났고 어린 나이에 신앙의 도리를 깨달았다. 그녀는 자신에게 주어진 사역의 선물을 받았고 친우와 협력하여 고향과 스코틀랜드, 아일랜드 그리고 이 대륙에 인접한 일부 지역을 다니며 자신의 쓸모를 찾아 여행을 다니고 주어진 일을 행했다. 그녀의 섬김에 따라 그녀는 58세의 나이로 이미 23년의 사역을 행했다. 그녀는 애빙턴에 묻혔다.

로버츠 보우가 19세기 초에 면담한 퀘이커 원로들은 사라를 "총명하고 경건한 여성"으로 "진심으로 남편과 화합하여 함께 노예제를 거부했으며…관습의 비인간성과 불의에 관하여 대중 정서의 변화를 가져오려고 노력하였다"라고 기억했다. 그들은 벤저민이 마음의 "시련"을 겪고 있을 때 그녀는 그를 위안했다고 덧붙였다.[40]

사라의 죽음은 벤저민에게 상당한 영향을 미쳤다. 그는 『모든 노예 소유자…배교자들』에서 그녀를 "따뜻한 마음"으로 노예들에게 깊게 공감한 사람으로 기억했다. 그는 그녀의 친절한 행동과 노예사회의 섬뜩한 형벌에 대한 그녀의 공포를 떠올렸다. 그는 "작은 박카라르[백인] 남자"와 "작은 박카라르 여자"의 쉽지 않은 결합에서 만나게 된 바베이도스의 아프리카인 노예들과 가졌던 떠들썩한 명랑함과 즐거움을 애정 어리게 기억했다. 벤저민은 『모든 노예 소유자…배교자들』에서 그녀를 자주 사랑스럽게 언급했다. 실제로 벤저민은 그녀가 죽고 6개월 후에 책을 쓰기 시작한 것으로 보아 그녀의 죽음이 그의 집필을 부추겼을 수도 있다. 늦은 나이에 결혼한 부부(벤저민은 36세, 사라는 41세)는, 남아 있는 모든 자료를 근거로 보았을 때, 17년간 함께 독실하고 헌신적이며 행복한 삶을 살았다.[41]

되돌아온 싸움꾼

PMM은 존 브링허스트와 앤서니 모리스 주니어, 두 명의 친우를 선임해서 벤저민이 영국에서 가져온 이전의 증명서를 조사하여 그의 증명서 승인 과정을 살펴보도록 했다. 브링허스트와 모리스는 모두 노예 소유주였기에 벤저민과 그의 자격에 관해 중립을 유지하기는 힘들었다. 실제로 모리스는 어쩌면 당시 생존해있는 다른 어떤 퀘이커교도보다 노예제의 확립에 커다란 공헌을 했을 것이다. 그는 1726년 통과된 펜실베이니아 노예 법안 〈지역 흑인에 대한 더 나은 통제를 위한 법안〉의 주요 주창자였다. 모리스와 그의 입법 동료들은 바베이도스와 버지니아의 예시를 잘 따라서 노예 소유자가 처형한 반란자 남녀 노예의 가치에 해당하는 금액을 주 정부 자금으로 충당하여 노예 재산을 보존하도록 했다. 또한, 이 법안은 "자유 흑인은 게으르고 나태한" 자들로서 "다른 흑인들에게 나쁜 본보기가 될 수 있다"라는 말로 자유 흑인 공동체를 제한하고 통제하고자 했다. 법은 노예 해방을 더욱더 까다롭게 바꾸었고 인종 간 결혼도 불법으로 규정했다. 또한, 다양한 계급 및 인종 법안의 위반을 명목으로 벌금과 태형, 심지어 다시 노예로 삼기까지 하면서 자유 흑인 노동자들의 자유로운 이동을 제한하기도 했다. (이 법안은 분명 몇 년 후에 모리스의 노예인 "마이클이라는 이름의 혼혈 소년"이 도망쳤을 때는 그에게 큰 도움이 되지 않았다.) 퀘이커 평화주의자 모리스는 노예와 자유 유색인에 대해 국가 폭력을 가하는 데 주저함이 없었다. 이미 벤저민은 1734년부터 식민지 제일가는 노예제 비판자였고 모리스를 아는 사람은 누구나 그가 벤저민을 어떻게 생각하는지 알고 있었을 것이다.[42]

그러나 사실 브링허스트와 모리스가 벤저민의 자격에 반대 의견을 내는 데는 많은 편견을 가질 필요도 없었을 것이다. CTWM은 CMM이 제공한 증명서가 "비정상적으로 발급되었으며 합당하게 [벤저민이] 소속된 회의를 통해 발급되지 않았다"라고 편지를 썼다. 그러면서도 CTWM은 반복해서 벤저민이 그들 회의의 구성원이었던 적이 없고 다른 곳에서의 그 자격은 자기네 소관이 아니라고 말했다. 그런데도 EQM은 그들의 불평을 인정하고 CMM이 증명서를 발급하지 않았어야 한다고 선언했다. 필라델피아 위원회는 이러한 부정적 언급을 "방해 행동"으로 간주했고 전체 회의는 비로소 벤저민의 회원 자격을 박탈했다.[43]

벤저민은 과연 그답게 맞서 싸웠다. 필라델피아와 애빙턴 양쪽에서 그는 계속 회의에 참석하며 자신의 자격 거부에 관한 심정과 부정한 성직자와 노예 소유자에 의한 퀘이커교 타락에 대한 의견을 말했다. 벤저민은 후에 로버트 조던의 필라델피아 거처에서 그와 대립한 장면을 설명하면서, 거인 골리앗에 관한 "유명한 설교"를 논하는 것으로 이야기를 시작했다. "살아계신 하나님의 작은 군대에 불복하여 흑인 또는 노예를 소유한 지 수년이 흘렀고 여전히 계속되고 있다." 벤저민의 회상에 따르면 아마도 "흑인 소년"을 데리고 나왔던 것으로 보이는 조던은 벤저민의 말에 화내며 "자신은 친우들보다 흑인들을 더 사랑한다"라고 말했다. 조던이 제기한 이의에 벤저민이 어떤 반응을 보였는지 기록을 남기지 않았지만, 아마도 벤저민은 "모든 피부색과 국가에 대한 편견 없이 모든 사람을 보편적으로 사랑하시는 하나님"이라는 퀘이커교도의 덕목을 이야기했을 것이다. 이 대립은 아마도 다른 경우와 마찬가지로 조던을 괴롭혔고 그는 1736년 6월에 퀘이커 원로 토머스 스토리에게 편지를 보내서 PMM 내의 갈등을 우려하며 틀림없이 벤저민의 자격과 노예제에 관한 사상을 둘러싼 소동을 언급했을 것이다. 조던의 관점에서 이 문제는 "개인과 집단 모두에 퍼져있는 문제"였다. 전자는 아마도 벤저민의 맹렬한 성미였고 후자는 회중을 분열하는 그의 영향력이었다.[44]

PMM은 1737년 6월에 벤저민의 설교는 "큰 골칫거리"라고 보고했다. 필라델피아의 수많은 퀘이커 성직자와 원로들이 노예를 소유하고 있다는 사실에 반감을 품은 벤저민은 여러 회의를 다니며 그러한 자들은 신앙의 배교자들이며 그들이 연설이나 말을 하도록 내버려 두어서는 안 된다고 주장하며 투쟁의 깃대를 높였다. 이후 그는 더 나아가 이들은 모두 더는 퀘이커교도가 될 자격이 없고 모두 자격을 박탈해야 한다고 주장했다. 그는 직접적이며 생생하게 그러한 퀘이커교 성직자들을 비난했다.

친우여, 연단에 서 있든 회랑에 서 있든 모두 적敵그리스도의 수하로다. 너희는 탐욕자의 왕손이자 왕이며 끝없는 구덩이에서 기어 나오니, 너희가 인류에 끼칠 수 있는 해악이 무엇이며 너희의 왕 루시퍼를 위해 할 수 있는 일이 무엇인지 보라. 그는 여명의 자식이었고 이제 너에게도 그러하다. 너희가 이롭게 하는 것이 너희의 하나님인지 너희 뱃속인지 보라.

이 탐욕스러운 성직자들은 로버트 조던과 마찬가지로 항상 "번듯한 말씀"이 충만했지만, 벤저민은 이들에게 속아서는 안 된다는 전갈을 신도들에게 전했다. 이러한 자들은 악마가 악을 전하는 가장 효과적

인 도구였다. 그들은 악마를 섬기고 진실한 교회를 망치기 위해 깊은 지옥을 뛰쳐나온 자들이었다.[45]

벤저민이 회의에서 이런 말을 하면 성직자들과 원로들이 분노하며 그를 집회 하나하나에서 쫓아내 버린 것은, 벤저민에게나 다른 누구에게도 그렇게 놀라운 일은 아니었다. 실제로 그들은 필라델피아 지역 전체의 회의에서 벤저민을 쫓아내기 위해 "치안관"을 선임했다. PMM은 레이에 맞설 마지막 조치로 두 명의 가장 강력한 권력을 가진 구성원을 선정해서 "다음 회의에 데려와 벤저민에 반대하는 간증을 끌어내도록" 했다. 첫 번째 인물은 PMM의 서기로 사실상 스스로 이 역할을 맡도록 지명한 이스라엘 펨버턴 시니어였다. 그가 선택한 한패는 다름 아닌 PYM의 서기 존 킨제이였다. 틀림없는 펜실베이니아 최강 권력의 퀘이커교도 두 명인 펨버턴과 킨제이를 선정하여 보고를 끌어내고자 함은 바꾸어 말하면 벤저민에 대한 칭찬이며 그의 주장이 갖는 힘을 인정한다는 뜻이었다. 또한, 이는 동시에 PMM이 시끄럽고 겁 없는 이 도전자를 무너뜨리겠다는 결심의 표시였다.[46]

1737년 8월 26일 PMM이 제기하고 확인한 성명서는 벤저민이 자신의 "방해 행위"와 영국에서의 자격 박탈에 대해 사죄하지 않았으며, 따라서 CMM의 증명서는 무효라고 주장했다. 이는 완전히 날조였다. 회의는 이후 레이에게 자신의 증명서 효력을 다시 얻기 위해 화해를 하게끔 충고했다. 물론 그는 데번셔 하우스가 이미 자신을 용서했고 자격 박탈을 철회했고 이에 따라 CMM은 합당하게 그를 인정했다는 사실을 알고 있었기에, 이러한 충고를 거부했다. PMM은 다음과 같이 결론 내렸다.

따라서 우리는 벤저민 레이가 우리의 종교 공동체의 일원이 아니며, 단지 풍기를 문란하게 하는 고집스러운 자임을 공식적으로 알리는 데 전적으로 동의한다. 그는 친우의 조언을 경시하고 자신의 설교를 강요하며 교회의 평화를 조금도 생각하지 않는 자이다.

PMM의 도움으로 CTWM은 결국 최소한 짧게나마 벤저민과 싸움에서 승리했다. 그들은 벤저민의 자격 박탈이 철회되었으며 적법하게 CMM의 구성원이 되었다는 점을 알고 있으면서도 그를 끊임없이 괴롭히며 결국 꼬투리를 잡아냈다. 동시에 PMM은 의도적으로 "사라 레이는 이곳에 머무르는 동안 준수한 생활 양식을 보여주었기에" 그녀가 회원 자격을 잘 유지하고 있지만, 벤저민은 그렇지 않다고 말함으로써 효과적으로 아메리카 퀘이커 회의에서 벤저민 부부의 관계를 갈라놓았다. 이러한 분리는 벤저민에게 평생의 쓰라림을 안겨주었고, 특히 1735년 사라를 잃고 난 후에는 이러한 감정이 더욱더 깊어졌다. 벤저민은 자신의 감정을 조던에게 전하는 데 거리낌이 없었고 후에 "사랑하는 아내의 죽음"을 매개한 자라고 그를 비난했다.[47]

존 킨제이는 벤저민을 적대하는 PMM의 판결을 내렸고 이스라엘 펨버턴 시니어는 직접 이 내용을 〈애빙턴 월례회의〉(이하 AMM)에 전했다. 이 지역은 벤저민이 예배를 드리면서 지역에서 이름난 모리스와 핍스 가족과 강한 연대를 나누던 곳이었다. 그러나 벤저민은 이 회합에서도 적을 만들었다. 그들 중 한 명은 1695년 뉴잉글랜드 출생인 "공인 성직자" 니콜라스 오스틴이었다. PQM과 PYM에서 활동한 오스틴은 권위자 중 한 사람이었다. 그러나 벤저민은 오스틴의 사역을 용납하지 않았다. 이에 따라 오스틴은 분노하며 벤저민을 "몇 번의 사역 중에 소동을 일으키고 또 다른 경우에는 사역 자체를 못 하게 한 일"로 고발했다. 벤저민은 자신이 결코 참된 사역을 망친 적은 없으며, 또한 자신은 잘못된 사역을 절대 용납할 수 없다고 답하며 오스틴은 스스로 어느 쪽인지 잘 알고 있을 것이라 말했다. 벤저민은 자신이 지나치게 잣대를 들이댄다는 말을 들었을 때 "진심으로 만약 우리가 행하고 있는 일에 대한 잣대가 없다면 우리는 그저 가혹한 어둠에 들어 있다고 할 수밖에 없다"라고 답했다. 벤저민은 "잣대"가 없다면 니콜라스 오스틴과 다른 "유명인"과 같은 거짓된 성직자들이 승리할 것으로 보았다.[48]

결국 오스틴과 그의 일당들이 득세했고 벤저민은 다시 한번 거부되었다. AMM의 기록자는 다음과 같이 기록했다. "벤저민 레이는 모든 실무회의에서 제외되며 그는 이제 회의 구성원이 아닌 상습 회의 방해꾼일 뿐이라는 명령이 전달되었다." 이것으로 사실상 런던, 콜체스터, 필라델피아에 이어 이제 애빙턴까지, 네 번째로 겪은 자격 박탈이었다. 아마도 18세기의 그 어떤 퀘이커교도도 벤저민보다 더한 자격 박탈을 겪은 사람은 없을 것이다. "싸움꾼 투쟁가"는 그에게 걸맞게 순수하면서도 동시에 그를 포용할 만한 관용을 가진 공동체를 결코 찾을 수 없었다. 그러나 그는 여전히 거짓된 성직자와 노예를 소유한 퀘이커교도들과 볼일이 끝난 것은 아니었다. 가장 큰 대립은 아직 오지 않았다.[49]

THE
FEARLESS
BENJAMIN
LAY

사라가 죽고 6개월 동안, 그리고 그 이후로도 2년간 벤저민은 많은 시간을 1738년 벤저민 프랭클린에 의해 출판된『무고한 이를 속박해두는 모든 노예 소유자, 배교자들』을 쓰는 데 보냈다. 이 책은 폐지론 사상의 중요한 진보를 대표했다. 노예제가 정상인 것으로 여겨지고 실제로 세계 여러 장소에서 변할 수 없는 사회적 토대가 되던 시기에 벤저민은 압제받는 상황을 헤쳐나가며, 즉각적이고 무조건적인 노예제 폐지를 요구했다. 그는 노예를 소유한 부자들에게 결코 타협하지 않는 통렬한 글을 썼다. 그의 목소리는 작았지만, 퀘이커 회의와 전체 사회에서 반노예제 움직임은 커졌다. 인간에 대한 노예 속박에 종말을 고하면서 그는 이사야서와 예레미야서 그리고 에스겔서의 성경을 바탕으로 자기 의식적 선지자의 모습을 보였다.[1]

벤저민은 노예제 폐지를 요구한 최초의 사람 중 한 명이었지만, 그의 책은 놀랄 만큼 학자들의 주목을 거의 받지 못했다. 실제로 브라이칸 캐리가 지적했듯이 이 책에 관해 들어보지 못한 사람이 대부분이었고 전문가 사이에서도 이 책을 읽은 이가 드물었다.『모든 노예 소유자…배교자들』이 읽기 쉬운 책은 아니었다. 오히려 이상하고 관습을 벗어나며 어려운 책이었지만, 동시에 깊이 감춰진 부분을 밝히는 책이었다. 이 책은 벤저민이 어떻게 노예제 쟁점에 관해 타협하지 않는 입장에 도달했는지 보여준다. 그리고 바로 그 이유로 인해서 그는 조롱과 저항 그리고 제지의 대상이 되었다. 그가 반노예제 주장을 논하고 진전시키며 자신 앞에 정렬한 압도적인 권력을 마주하고 버틸 용기를 찾은 이야기도 이 책에 나타난다.『모든 노예 소유자…배교자들』은 왜 벤저민이 다른 어떤 이도 나서기 전에 기꺼이 자신의 삶을 반노예제라는 큰 목적에 바치려고 했는지 보여준다.[2]

ALL
SLAVE-KEEPERS
That keep the Innocent in Bondage,
APOSTATES

Pretending to lay Claim to the Pure
& Holy ChriftianReligion ; of whatCongregation
fo ever ; but efpecially in theirMinifters,by whofe
example the filthy Leprofy and Apoftacy is
fpread far and near ; it is a notorious Sin, which
many of the true Friends of Chrift, and his pure
Truth, called *Quakers*, has been for many Years,
and ftill are concern'd to write and bear Teftimo-
ny againft ; as a Practice fo grofs & hurtful to Re-
ligion, and d ftructive to Government, beyond
what Words can fet forth, or can be declared of
by Men or Angels, and yet lived in by Minifters
and Magiftrates in *America*.

The Leaders of the People caufe them to Err.

Written for a General Service, by
him that truly and fincerely defires the prefent
and eternal Welfare and Happinefs of all Man-
kind, all the World over, of all Colours, and
Nations, as his own Soul ;

BENJAMIN LAY.

PHILADELPHIA:
Printed for the AUTHOR. 1737.

인쇄업자 벤저민 프랭클린의 도움으로 레이는 1738년에 노예제에 대한 맹렬하고 급진적인 책 『무고한 이를 속박해두는 모든 노예 소유자, 배교자들』을 출판했다.

기원

벤저민이 자신의 책을 출판하던 시기에도 그는 이미 논란의 대상이었다. 그는 자신의 기록에서처럼 "필라델피아, 벌링턴, 콘코드 등" 여러 퀘이커 모임에서 게릴라 연극을 열었다가 밖으로 내팽개쳐졌다. 여기서 "등"은 열거하기에 너무 많은 장소를 의미했다. 그의 악명은 점점 높아져서 1737년 4월 10일 펜실베이니아 호르섬의 퀘이커 회합에 참석했을 당시엔 그를 만나지 않은 사람도 그에 관해 알고 있을 정도였다. 그가 회의에 나타나자 "엄청난 소동"이 일어났다. "말 한마디" 하지 않고 "가만히 앉아" 있었음에도 그는 붙잡혀서 회의장 밖으로 거칠게 내몰렸다. 벤저민은 비 오는 날에 거리로 내던져진 후 예배당의 정문으로 돌아가 진흙에 누운 다음 모임을 떠나려는 자는 누구든 누워있는 자기 몸을 밟고 가라고 요구한 적도 있다. 친우회는 만약 벤저민이 예배당 정문을 걸어들어왔다면 노예 소유자들을 만나면서 소동이 일어날 것을 알고 있었다. 개리 B. 내쉬는 벤저민을 "살아있는 다이너마이트 막대"라는 꼭 맞는 별칭으로 불렀다.[3]

자신을 회의에서 내쫓은 "유명인들"은 자기 책에 반대할 것을 알았기에 벤저민은 퀘이커 동료들에 대한 사랑을 먼저 선언하며 "무관한 독자"에게 호소했다. 그는 표제지에 이 책은 "누구에게나 유익한" 내용이라고 언급했지만, 이 책의 독자 대부분이 퀘이커교도라는 점을 알고 있었으며 실제로 그가 의도한 독자층이 그들이기도 했다. 아마도 솔직한 심정은 아니었겠지만, 그는 자신의 책이 "진정 참되고 상냥한 친우들"의 기분을 상하게 하거나 슬픔을 주지는 않을 것이며, 오히려 "그들의 요구와 소망에 따라" 자신의 사상이 출판되었다고 주장했다.

그러나 그는 이 책이 혼란을 일으키리라는 점을 잘 알고 있었고 이러한 소동이 반노예제라는 큰 목적을 손상할 수도 있다는 점에서 "다소 두려움과 떨림"을 느끼고 있었다. 그는 몇몇 독자가 자신의 전언에 동정할 것이며, 이미 공공연한 적이 된 다른 독자들은 완강하게 반대할 것을 알고 있었다. 그는 악의적이면서도 끈질긴 공격을 예상했다.4

책을 처음 써본 벤저민은 자신의 책에 결점이 있다는 사실을 알았고 이는 특히 책의 구성과 진술에서 잘 드러났다. 그래서 그는 인쇄업자 벤저민 프랭클린에게 "당신이 좋아하는 부분을 먼저 인쇄하라고" 말해두었다. 책은 퀘이커교도들이 정신의 "열림들"이라고 부르는, 의식의 흐름을 따르는 말과 사고로 전달되었다. 그는 책 내용이 곁가지로 빠진 점을 사과했으며 후기에는 일부 발췌문이 "원래 의도만큼 잘 배치되지 않았다"고 덧붙이기도 했다. 이는 과소평가였다. 그는 "예의 바르고 친절한 독자"들이 이 책은 "부족한 평선원"이 썼다는 사실을 상기해 주기를 부탁했다. 프랭클린은 레이로부터 마음을 다한 도움을 요청받고 책을 편집한 것으로 보이는데, 왜냐하면 기록일자가 적힌 부분들로 보아 글이 작성된 시간의 순서와는 다르게 편집되어 있었기 때문이다.5

벤저민은 이 책을 쓰기에 자신의 가치가 부족하다는 고민에 빠져 있었다. "나는 역량이 뒤떨어지고 배움이 부족한" 사람으로 "스스로 보기에도 거의 모든 면에서 부족한 존재다." 이러한 역량 부족에 관한 감정은 그가 거대하고 위급한 과제를 당면하면서 신 앞에 겸손하고자 한 것이기도 하지만, 또 다른 부분으로는 다소 소박하다고 할 수 있는 배경에도 기인한다. 벤저민의 부모는 그를 학교에 보낼 여력이 거의 없었다. 그의 배움 대부분은 독학이었고, 그마저도 배움이 있는 선원들이 배에서 여유시간에 종종 교육을 덜 받은 동료들을 가르치던, 바다에서 얻은 배움이었다. 벤저민은 책을 사랑하게 되었고 시간이 지나면서 더 넓은 분야를 능숙하게 읽었지만, 그는 언제나 자신의 계급 배경과 교육의 부족을 의식했다. 실제로 그는 『모든 노예 소유자…배교자들』을 쓰면서 그 광범위한 독서를 바탕으로 주석이 가득한 책을 쓴 후에도 자신을 "무학자"로 불렀다! 또한, 그의 자기 의심은 저신장 장애인으로서 경험한 차별과 비하도 반영했다. "나는 모든 면에서 나 자신이 사람들의 눈에 매우 부족하고 멸시받고 있다는 사실을 알고 있다."[6]

이러한 이유로 벤저민은 하나님께서 "훌륭한 친우나 사람들 사이에 더 좋은 명성과 평가를 받는 사람을 일으켜" 세상에서 제일 큰 죄악을 정죄하고자 하는 이 책을 쓰는 데 관여하도록 해주시기를 바랐다. 그는 "여러 낮과 밤을 크게 염려하며" 이러한 소망을 간절하게 기도했지만, 하나님은 응답하지 않으셨다. 벤저민은 마침내 자신이 모임에 나가 발언하는 것을 의무로 여겼듯이, 책을 쓰는 것이 역시 하나님과 동료 퀘이커교도들 그리고 심지어는 기독교 정신에 대한 자신의 의무라고 결심했다. 다른 모든 퀘이커교도와 마찬가지로 그는 신앙을 하나님의 진리라고 보았다. 그들은 모든 이들에게 굽히지 않고 그 진리를 전해야 한다는 명을 받았다. 벤저민은 노예제에 대한 "진리의 심판을 매듭짓는 일"을 자신의 과업으로 삼았다. 그는 "우리의 신앙을 충만하게 하소서…우리의 신앙을 충만하게 하소서…우리의 신앙을 충만하게 하소서"라고 기록했다. 비록 그가 하나님과 사람들 앞에 자신을 낮추었음에도 노예제에 관한 교훈을 줄 극적 무대에서 자신의 역할을 숭고한 의미로 보았다. "작은 다윗"처럼 그는 인간을 노예로 삼은 골리앗을 죽였다. 모세나 기드온이 이스라엘의 선택받은 이들을 구했듯이 그는 자신의 퀘이커교도들을 구하고자 했다. 벤저민은 "하나님의 백성을 속박에서 구원하고자" 했다.[7]

벤저민은 책의 여러 내용에 날짜를 적었고 가장 이른 시기는 1736년 3월이었다. 그는 왜 그 시기에 책을 시작했을까? 그는 당시 펜실베이니아에 거의 4년을 머무르면서 노예제를 목격하는 동안 바베이도스에서 1718년부터 1720년 사이에 느꼈던 노예제에 대한 혐오가 다시 불타올랐다. 그는 노예제에 대한 뚜렷한 고뇌를 드러내며 "오! 내 영혼은 그때〔바베이도스에서〕내 눈에 담겼던 그들의 가엾고 불쌍하며 버림받은 처지와 상황을 바라보며 슬퍼하니 이제 와 같은 모습을 다시 보는구나"라고 기록했다. 트라우마가 더 강력한 경험으로 돌아왔다. 게다가 그의 사랑 사라가 죽은 지는 6개월밖에 되지 않았다. 그녀와의 애정 어린 관계를 상실하고 〈필라델피아 월례회의〉와 〈애빙턴 월례회의〉의 자격 박탈이 이어지면서 그는 더 넓은 집단의 사람들과 기록된 글로 대화할 방법을 찾고자 했을 수도 있다. 그는 예배 모임에 계속 참석했지만, 아마도 더 커지는 고립감을 느끼고 있었을 것이며 이는 대부분 그의 극단적인 사상과 전략의 결과였다. 1738년 7월에 원고를 탈고하면서 그의 반노예제 사역은 퀘이커 공동체 사이에 전에 없던 긴장을 고조했다. 6주 후에 프랭클린은 책을 출판했고 한 달도 채 되지 않아 벤저민은 뉴저지 벌링턴에서 머리 위로 "방광 피주머니"를 높이 들고 거기에 칼을 꽂아 넣고 있었다. 『모든 노예 소유자 … 배교자들』은 이렇게 퀘이커 지도자들에 맞선 노예제 쟁점 대립의 정점이 되었다.[8]

벤저민은 이 책의 대부분을 200여 권의 장서가 있는 애빙턴의 자기 동굴에서 썼다. 그는 석실 입구에 늘어선 돌멩이 줄을 넘어가면 바로 있는 정원에서 일하는 동안 마음에 떠오른 생각에 관해 기록했다. 그는 몇몇 내용을 필라델피아에서 쓰기도 했다. 늦은 아침, 초저녁 "오늘 아침 3시에서 4시 사이" 또는 "동트기 전 오늘 아침"과 같은 기록을 바탕으로 그는 선량한 퀘이커의 방식에 따라 낮과 밤 언제든 영혼이 그를 움직이면 글을 썼다. 그는 가지고 있던 수많은 책과 소책자를 참조했다. 그의 저술은 신학, 역사 그리고 특히 철학에 관한 진지한 독서와 연구의 산물이었다. 벤저민은 독학자이며 지식인이었다. 그는 여느 퀘이커교도들과 마찬가지로 "오만"을 경계했지만, 어렵게 얻은 자신의 사상에 크게 만족하고 있었다는 점은 의심의 여지가 없다.[9]

벤저민은 책을 쓰면서 장르에는 관심을 크게 기울이지 않았다. 그가 염두에 두는 유일한 양식은 확고하고 참된 초기 근대의 비망록이었다. 이러한 책은 개인적이고 대중적이며 일지나 일기와는 다른 출판되지 않은 형태의 글이었다. 비망록은 본질적으로 다양한 목적의 스크랩북으로 책을 펴내는 사람의 흥미에 따라 모든 종류의 사실, 진술, 관찰 그리고 사상을 담아 보존할 수 있다. 세상을 살아가는 사람들은 누구나 비망록을 가지고 있었다. 요리법을 남기는 가난한 여성부터 미래에 출판할 사상을 기록한 존 밀턴과 존 로크와 같은 시인과 철학자도 있었다. 비망록은 민주적인 표현 양식이었기에 벤저민에게 잘 맞았다.[10]

벤저민의 책에서 277쪽에 달하는 내용은 매우 절충적이었다. 그는 성경 구절, 자서전 단편, 개인적 성찰, 친구에게 쓴 편지, 이력 기록, 독서 요약과 서평 그리고 가장 중요한 내용으로 그릇된 성직자와 노예제에 대한 논쟁을 담았으며, 특히 마지막 두 주제는 퀘이커 공동체

내에서 그의 투쟁을 반영했다. 이러한 항목을 쓴 벤저민의 자료 출처는 내용 자체만큼 광범위했다. 이러한 내용은 다양한 사람들과의 대화, 바다에서 들은 허풍, 십수 권의 책(특히 성경), 구전 역사 그리고 대중적 기억을 바탕으로 했다.

『모든 노예 소유자 … 배교자들』은 서사의 복소리뿐만 아니라 소란한 불협화음의 연극과 항변을 결합한 하나님, 천사, 악마, 십수 명의 저자들, 동료 퀘이커교도들 그리고 아프리카인 노예들의 목소리를 제시하며 극도로 다양한 목소리를 담았다. 벤저민이 작가로서 자신의 한계를 공공연하게 고하기도 했지만, 그는 자신의 주장에서 수사학적 기술을 보여주었다. 그는 진심에서 우러나온 마음의 소리로 가까운 지인과 동료 퀘이커교도에게 직접 말하듯이 책을 썼다. 따라서 이 책은 대화식 구성을 취한다. 이 책은 마치 구어를 그대로 옮겨 적어 놓은 것처럼 읽힌다. 에식스의 시골에서 자란 벤저민처럼 구술 문화에서 자란 독학자의 글에서는 이러한 특성이 드물지 않았다. 그의 책 구절은 눈만큼이나 귀에도 호소한다. 이 책을 보고 있으면 그의 목소리가 생생하게 들리는 듯하다. 책 전체에서 그는 진심과 절박함을 담았으며 분노도 빼놓지 않았다.

벤저민은 종종 다음과 같이 매우 개인적인 권유를 담은 소견을 내면서 독자들에게 직접적으로 말을 건넨다. 그는 "친애하는 친우들이여, 모든 진지한 마음을 담아 몸과 영혼의 무릎을 굽히고 겸손하게 간청하고 탄원한다"라고 전하며, 책에서 전한 이런저런 내용을 고려해주기 바랐다. 또한, 그는 날카롭고 개인적인 심문의 기술을 활용하여 자신의 적들에게 직접 말하기도 했다. 노예무역으로 인한 수천 명의 죽음을 논의한 후에 그는 "이 일에 관해 용감한 복음 성직자인 당신은 어떻게 생각하십니까?"라고 물었다. 그는 그들이 자신의 독자가 될 것이며 그들의 침묵은 그저 위선일 뿐이라는 사실을 알고 있었다.[11]

이 책은 기도와 환희를 친숙하게 담기도 했다. 레이는 "오 전능하신 하나님께서" 노예제를 종식하시기를 호소했다. "가장 높으신 주님, 저는 당신께서 이 관행을 멈추고 종식하면 기뻐하시리라 믿습니다. 단언컨대 이 관행은 천국보다는 지옥에 가깝습니다." 벤저민은 종종 고양감을 느끼기도 했다. "찬양하라. 그분 성전의 영광스럽고 순결한 임재presence 안에서 그 순결한 이름을 칭송하라!" 그는 영국과 뉴잉글랜드의 퀘이커 박해와 같은 주제에 관해 스스로 자문자답할 때는, 마치 현재 퀘이커교도들이 감히 노예제에 반대하는 말을 한 벤저민과 그의 "억압받는 친우들"을 똑같이 박해하고 있다는 암시를 담아 보다 형식적인 태도를 취했다.[12]

이토록 근엄하고 진지한 사람이 때로는 자신의 요점을 전하기 위해 유머와 풍자를 활용하는 모습은 놀랍지 않을 수 없을 것이다. 그는 "주님 집의 최고 지도자들인 회합의 유명인들"이 "너무 오래 권력과 평판을 손에 쥐고 있으면서" 너무도 분명하게 반박당하는 것을 좋아하지 않는다고 말했다. 누구든 감히 그들에게 도전하면 그들은 도전자들에게 "형틀을 채워서 … 그들의 형제 벤저민과 함께 묶어버릴 것이다." 벤저민은 이미 그리고 언제나 끊임없는 문제를 일으키며 족쇄에 묶여 있었지만, 그들과 연대할 준비가 되어 있었다. 반면, 벤저민은 고위층들이 "벤저민의 고위 재판정"에 서게 될 것이며 분명 부정한 믿음을 심판받아 『모든 노예 소유자 … 배교자들』의 내용을 낭독하게 될 것이라고 확신했다. "키 작은Little 벤저민"이 높은 곳에서 다스렸다. 그는 이러한 영리한 반전에 관한 성경의 근거를 충분히 가지고 있었다. "누구든 자신을 높이는 자는 낮아지고 자신을 낮추는 자는 높아지리라"(마태복음 23장 12절). 벤저민은 유머마저도 체제를 뒤집는 모습을 구사했다.[13]

몇몇 경우에 벤저민은 바베이도스의 피진어[14]로 아프리카 노예들의 목소리를 그대로 옮기는 일종의 복화술을 보여주기도 한다. "내 주인 패럿 진짜 나쁜 사람이다. 불쌍한 흑인. 월요일 아침마다 아무 이유 없이 채찍질한다! 나 더 못 참는다." 이러한 글쓰기는 18세기 후반과 19세기의 인종주의와 반인종주의 글쓰기에서 꽤 흔한 기법이었지만, 1738년에 아프리카 디아스포라[15]의 소리를 그대로 옮길 만큼 가까이서 그들의 말을 들은 작가는 거의 없었다. 또한, 레이는 위선적인 퀘이커 노예 소유주의 말도 담았다. "흑인아, 내가 말을 타고 모임에 나가서 복음의 소식을 모두에게 전하며 속박된 이들에게 자유를 주고 그 감옥 문을 열게 하는 설교를 할 수 있도록, 가서 내 최고의 거세마를 데려오너라. 하지만 너의 자유는 내가 속박하고 있을 테니, 네 살길은 네가 알아서 찾거라." 벤저민은 여기에서 "모든 땅에 자유를" 약속하며 레위기(25장 8절에서 55절)와 이사야서(61장 1절에서 11절)의 유명한 성경의 희년을 언급했다. 거만하고 위선적인 퀘이커교도 주인들은 자유를 설교하고도 노예제를 실천했다.[16]

『모든 노예 소유자 … 배교자들』은 벤저민이 성경 독서와 자신의 개인 경험을 조합하여 얻어낸 은유가 넘친다. 진정한 신앙은 종종 "어린 양"으로 상징되며 예수는 다정한 양치기로 기억된다. 이는 특히 초기 퀘이커교도에게 큰 의미였으며 당연하게도 벤저민에게 이 단어에는 특별한 의미가 있었다. ("어린 양"은 우리가 이어질 내용에서 보게 될 또 다른 특별한 신학적 의미를 가진다.) 벤저민은 그릇된 선지자의 설교를 지적하기 위해 또 다른 농장 동물을 도입했다. "사실 돼지라는 말은 걸맞지 않으니, 감히 말하건대 돼지도 좋아하지 않을 만큼 너무나 유해하다." 레이가 불경한 성직자들의 조악한 설교를 비판할 때 그는 그들이 "수소와 당나귀가 힘을 합쳐" 성령의 밭을 일구는 모습을 묘사했다. "매우 어울리지 않는 짐승과 조악한 쟁기질은 그들의 본성과 능력과 맞지 않고 하나하나 제각각이었다. 그러면 땅에 심어지는 씨앗은 좋은 것은 별로 없고 대부분 나쁜 씨앗밖에 찾을 수 없었다." 벤저민이 선택한 말과 개념은 여러모로 그의 시골 배경을 담고 있었고 의심의 여지 없이 농민의 삶을 살았던 독자들에게 호소하고 있었다. 평민[공통인] 벤저민은 본능적으로 자연계에 바탕을 둔 은유를 담았다.[17]

움직임

벤저민이 자신의 책에서 맡은 여러 역할 중 하나는 반노예제 활동의 발단에 대한 연대기 기록자였다. 그는 자신의 독자들이 대부분 이 문제에 관한 기본적 사실과 종교적 가르침 모두에 대해 무지하다고 여겼고 이들을 교육하고자 기록과 주석, 민간전승, 성경 주석 그리고 개인 경험의 일화까지 동원했다. 벤저민은 특히 고대의 노예제도가 "계몽" 시대까지 살아남을 수 있었다는 점을 우려했다.

그리스도께서 거대한 어둠과 무지의 시대에 행하시어 큰 사랑으로 우리 죄를 용서하셨으나, 우리가 이제 복음의 빛이 분명한 아래에서 커다란 악행을 계속하고 이를 옹호한다면 … 천벌이 곧 닥치리라.

이에 따라 그는 세상에서 가장 큰 죄에 대한 일련의 논쟁을 전개했다. 이제부터는 누구도 그가 알지 못한다고 주장할 수 없었다. 특히, 죄가 있건 없건 항상 빛 속에서 살고자 열망했던 퀘이커교도들은 더욱 그럴 수 없었다.[18]

벤저민은 노예제에 관한 글을 쓰는 데 누 가지 모순된 방식을 사용했다. 그가 퀘이커교도와 일부 비╫퀘이커교도까지 포함하여 그들 사이에서 노예제에 반대한 지역의 역사를 이야기할 때 그는 자신이 악의 제도를 폐지하기 위한 작지만 성장하는 움직임에 속한 듯이 글을 썼다. 그러나 그가 노예제의 기원과 도덕성을 다룰 때 그는 진실의 힘을 말하는 외롭고 용기 있는 한 사람으로서 거대한 악의 힘과 싸우는 어떤 선지자처럼 말했다.

『모든 노예 소유자…배교자들』은 롱아일랜드의 퀘이커교도 윌리엄 벌링이 쓴 문서로 시작한다. 벤저민은 아마도 여행 중에 그를 만났을 것이다. 그 문서는 다르게 출판된 적이 없기에, 이러한 가정은 벤저민이 어떻게 그의 글을 소지하게 되었는지에 대한 가장 적절한 설명이다. 벤저민이 이 문서를 넣은 이유를 알아내기는 어렵지 않다. 이 문서가 작성된 날짜는 1718년이었고, 이는 벤저민이 "이 시기에 바베이도스에 살면서 똑같은 섬뜩한 관행을 보았다고 확신한다"고 기록했던 중요한 시기였다. 벌링은 퀘이커교도들 사이에서 "원로 형제단"에 비판적인 사람이었다. 원로 형제단은 노예를 소유했을 뿐만 아니라 이 주제에 관한 도덕적 논쟁까지 억압하고 있었기에 "이 사안에 관해 도를 넘는 자"들이었다. 벤저민은 자신이 가장 애정을 가졌던 선지자인 이사야를 인용하여 자신의 책 표제지에 "사람들을 인도하는 자가 그들을 그르치게 한다"라고 적었고 이러한 관점에서 벌링을 동맹으로 보았다.

벌링도 마찬가지로 노예제와 퀘이커 교리의 논쟁을 명확한 대척점으로 보았다. "이 문제에 중도는 없다." 벤저민은 더한 마음을 표현할 수 없을 만큼 동의했다.[19]

벤저민은 벌링을 단지 인용의 근거로 보지 않고 논의의 대상으로 삼으며 그와의 논의에 들어가면서 글자체를 바꾸는 방법을 활용했다. 벌링이 퀘이커 성직자들에 대해 너무 유순한 비판을 제기하자 레이는 굳건한 신앙에 관해서 "이 문제에서 최악의 적"은 성직자라는 말을 글에 삽입하여 원문을 수정했다. 갑자기 성직자를 정죄하는 자신의 태도가 너무나 급진적으로 들린다는 점을 의식한 벤저민은 짧고 유머러스한 자신과의 대화를 삽입했다. "꼬집힌 느낌이구나, B. L.이여. 너는 너의 주장을 증명할 수 있느냐? 만약 그렇지 않다면 네가 무엇이 되느냐?" 그는 다음과 같이 덧붙이며 자신을 위안했다. "두려워하지 말라 친우여, 두려움은 우리가 아는 누군가를 덮쳐 버린다. 그러나 진실은 지옥의 모든 권력보다 강하다." 그가 진실을 말하는 한 모두 잘 될 것이다.[20]

벤저민은 펜실베이니아, 뉴저지, 뉴욕 그리고 뉴잉글랜드 전역의 퀘이커 회의를 위해 두루 여행했으며 벌링과 같은 여러 사람과 대화를 나누었다. 이러한 대화를 통해 벤저민은 노예제 쟁점에 대한 태도를 바탕으로 퀘이커교도들을 네 집단으로 나누었다. 노예 소유를 세차고 거리낌 없이 반대하는 소수의, 그러나 그 수가 늘어가던 집단, 이 관행에 반대하지만, 침묵을 지키는 더 큰 집단, 다양한 이유로 노예제를 묵인하거나 적극적으로 지지하는 세 번째 집단, 마지막으로 노예를 소유한 부유한 상인, 기술공 및 농장주로 이 관행을 영속할 말과 모범을 보이는 집단. 책과 직접 행동에 담긴 그의 전략은 첫 집단을 단합하고, 두 번째 집단은 말하게 하며, 세 번째 집단을 전향시키고, 네 번째 집단에 승리를 쟁취하거나 이들을 몰아내는 것이었다. 노예제를 폐지하는 동시에 퀘이커 교리의 성스러운 원칙을 다시 일깨우면 성공이었다.[21]

벤저민의 책은 1730년대 동안 노예 소유에 관해 퀘이커교도들 사이에 있었던 세대에 걸친 투쟁에 통찰을 주었고 이는 이 두드러진 제도에 대한 퀘이커교의 태도가 이 시기에 전환점을 맞이했다고 강조한 역사가 진 쇠더룬드와 브라이칸 캐리의 관점을 지지한다. 벤저민은 자신의 가장 확고한 적은 "원로들"이라고 반복해서 말했고 여기서 말하는 원로는 그들의 연령과 회의 내의 영향력 모두를 의미했다. 앤서니 모리스, 이스라엘 펨버턴 그리고 존 킨제이처럼 많은 원로가 부유했고 로버트 조던과 같은 성직자들도 마찬가지였다. 어느 시점에 격분한 벤저민은 "이처럼 오래된 촛대를 밖으로 내어놓을 시기가 되었다!"고 말했다. 벤저민도 이들만큼 또는 이들보다 더 늙었지만, 그는 사상의 젊음과 힘을 가지고 있었다. 1738년에 자신의 책을 출판한 후에 그는 이 책을 앤서니 베네제와 존 울먼이 이끄는 젊은 세대의 활동가들에게 배포할 것을 강조했다.[22]

벤저민은 조지 폭스, 제임스 네일러, 에드워드 버로 그리고 다른 창립 세대의 "예전의 훌륭한 친우들"은 노예제에 반대했을 것으로 확신했다. 그들은 인종으로 구분되기 전부터 강제 징용, 종속, 구금 그리고 공통장[공유지]의 상실에 뒤따른 잔혹한 빈곤과 일부 임금노동에 반대하며 노예제를 비판했다. 비록 신앙을 나눈 동료들이 바베이도스와 펜실베이니아와 같은 지역에서 최근 "이득을 위해 사람을 죽이고 훔치는" 노예무역상과 함께하기는 했지만, 적지만 "신실한 소수"는 "이

제도와 다른 모든 부정에 반대하는 열정을 지녔기에, 영원한 사랑의 숭고함에 영혼이 하나의 정신으로 화합하고 주 하나님의 은총을 받았다." 이들은 의로운 목적을 따르는 벤저민의 형제자매였다.[23]

벤저민은 많은 퀘이커교도들이 노예제에 반대하지만, 형제들의 반감을 사고 단결을 망치며 소동을 일으켜서 평화와 조화라는 퀘이커 사상을 벗어날까 하는 두려움에 입을 다물고 있다는 점을 알고 있었다. 그는 "나는 어떤 이득이 있더라도 감히 이를 받아들이지 않는 친우들이 많이 있다는 점을 알고 또 믿고 있다"라고 기록했다. 여기에서 그는 많은 퀘이커교도가 노예를 소유하고 고용하여 물질적 이득을 얻을 수 있음에도 노예를 사들이기는 거부했다는 뜻으로 말했다. 이는 마치 벤저민이 바베이도스에서 여러 퀘이커교도로부터 노예 구매를 권유받고도 제안을 거부한 것과 같았다. 그는 "이 바알Baal[이교도 신]에 무릎 꿇지 않고 안락과 이득을 위해 거기에 입 맞추지 않는 사람들이 수천은 된다"라는 자신의 희망을 덧붙였다. 벤저민은 여기에서 가장 낙관적인 태도를 보였다. 그는 북아메리카에 사는 퀘이커교도 중 실질적 소수인 2만 5천 명 정도는 원칙적으로 노예제를 반대한다고 생각했다.[24]

퀘이커교도의 수는 줄어들고 있었지만, 점점 더 많은 수가 다양한 이유로 암암리에 노예제를 지지했다. 일부는 언젠가 그들도 노예를 살 수 있게 되기를 바랐다. 또 다른 일부는 부유한 퀘이커 노예 소유자와 결혼으로 제휴할 길을 찾고자 했다. 이러한 야심을 품지 않은 사람들조차도 노예를 소유한 친우들부터 떨어지는 혜택으로 이득을 얻었다. 벤저민은 여러 모임에서 분명하게 들었던 변명을 조롱하듯 떠올렸다. "우리는 종종 친우들의 집에 가서 잘 먹고 마시기도 하며 그들이 소유한 흑인이 우리와 우리 말, 아내 그리고 아이의 시중을 들기도 하니, 우리 친우들을 너무 탈 잡아서는 안 된다." 벤저민은 노예를 소유하지 않으면서도 이를 지지하는 퀘이커교도들이 체제의 토대가 된다고 보았다.[25]

벤저민의 언급으로 이 주제에 대한 논쟁이 서의 기록 또는 출판되지 않았던 당시의 논의를 재구성해볼 수 있게 되었다. 역사가 로즈메리 무어는 퀘이커 교리에 관한 하나의 보편적인 진리를 제시한 적이 있다. 그것은 1660년 이후 원로들이 내용을 상세히 조사하고 주기적으로 설교와 글을 검열하여 율법 폐기론자의 급진주의와 폭스를 따르는 정교 신봉에서의 또 다른 일탈을 감시했기 때문에 이들의 구전 문화는 인쇄 문화보다 항상 더 급진적이었다는 점이다. 1709년에 〈관리감독 위원회〉가 설립되면서 감시가 공식화되었고 이들은 거의 모든 반노예제 논의의 인쇄를 중지했다. 구전 문화의 상당 부분은 『모든 노예 소유자…배교자들』에 비쳐 보존되었다.[26]

노예제를 반대하는 공통된 사람들에게 제기된, 그리고 벤저민을 특히 겨냥한 가장 심각한 비판 중 하나는 그들이 반노예제 파벌의 "당파"를 형성하여 퀘이커 회의에서 "편"을 가르려고 했다는 점이었다. 벤저민은 이러한 시도의 지도자로 여겨졌다. 일부는 "마치 벤저민이 당파 형성을 바라고 있다고 믿으면서 그가 자신의 편에 얼마나 많은 숫자를 모을 수 있는지 보고자 했다." 벤저민은 자신이 관심 있는 당은 오직 하나님의 당뿐이라고 말하며 자신 또는 다른 이들이 이러한 의도를 가지지 않았다고 부인했다. 이는 물론 하나님의 당은 본래부터 노예제에 반대한다는 관점을 가진 벤저민의 영특한 책임 회피 전략이었다. 또한, 아무리 그 수가 적다고 한들 그곳이 벤저민의 당이었다. "나는 불의와 부정의 신앙을 가진 500보다는 5에 불과한 숫자를 좇을 것임을 고한다." 벤저민은 여전히 노예 소유의 불의를 끊임없이 경계하면서 여러 회의에서 극적인 동요를 일으키고 이들을 양극화하며 퀘이커교도들을 이 문제에서 편을 정하도록 하기 위해 할 수 있는 모든 일을 다 했다. 로버트 조던과 다른 이들은 그의 행동을 "당파" 형성 시도로 보았고, 실로 이 같은 짐작이 틀리지는 않았다.[27]

벤저민은 실제로 그가 어떻게 "당파" 형성을 하려고 했는지 설명했다. 그는 분명 필라델피아와 그 주변에서 폐지론 운동을 펼치며 이를 확장할 전략을 고안한 지도를 머리에 그리고 있었다. 그는 퀘이커교 방랑 성직자들에게 말하기를 "우리가 당신에게" "섬뜩한 관행"에 반대하는 "하늘의 당파" 구성원임을 증명하는 "지위와 신분의 작은 각서를 주겠다"라고 했다. 이 각서는 성직자들이 노예제에 반대하는 사람들을 찾도록 도왔고 아마도 1738년 이후 벤저민의 책과 같은 폐지론 요소를 퍼트리는 데 일조했을 것이다. 또한, 그는 그들이 하늘의 감화를 받아 퀘이커 회의에서 연설할 때 어떻게 말해야 할지 가르쳐주기도 했다. 이러한 연설은 원로의 통제를 받지 않을 수 있었다. 그는 회합에서 노예를 소유한 구성원들에게 연설하게 되면 "계속해서 닦달하고 용서하지 말라"고 조언했다. 벤저민은 성직자들에게 회의 후에 노예제에 찬성하는 퀘이커교도로부터 반노예제 전언을 포함한 설교의 정당성을 의심받게 된다면 "코트가 맞으면 그저 입게 되니, 나는 여기서 특정한 누군가를 지목하여 말하는 것이 아니다"라고 말하도록 조언했다. 그는 이러한 실천이 이미 열매를 맺고 있다고 덧붙였다. "훌륭한 여러 친우가 이 실천을 행해왔고 또 행하고 있다. 그들은 보이지 않으면서도 우리의 당파를 대단히 강화한다." 벤저민은 아마도 방랑 사역을 해왔던 자신의 친구 존 캐드월레이더와 같은 성직자를 언급했던 것으로 보이며, 물론 그 자신도, 비록 방랑 사역의 인가를 받지는 못했지만, 비슷한 일을 해왔을 것이다. 두 "훌륭한 친우"는 함께 퀘이커 회의 안과 밖에서 반노예제 종교 "당파"를 형성했다.[28]

벤저민은 자신의 독자들에게 노예세와 폐지론이 모두 1680년대로 돌아가 펜실베이니아에 깊은 뿌리를 둔다고 설명했다. 1738년에 그는 "친우들이 50년 이상을" 노예 소유의 "이 관행에 엮여 들었고" 같은 기간에 "우리 사회의 소중하고 상냥한 영혼들이 … 이 죄악에 반하는 간증을 쓰고 전했다"라고 기록했다. 벤저민은 (기억력이 좋고 역사 감각이 날카로웠기에) 1680년대 노예제의 도입과 함께 퀘이커교도들이 처음으로 스스로 "인간 거래에 반대하는" 선언을 하며 황금률을 반대 주장의 원리로 세 번이나 내세웠던 1688년의 노예제에 반대한 필라델피아 북서부 지역Germantown 청원을 간접적이지만 아주 명확하게 언급했다. 벤저민 자신도 『모든 노예 소유자 … 배교자들』에서 같은 원리를 여섯 번이나 언급하며 논쟁을 일으켰다. 문제는 단지 퀘이커교도가 노예를 소유했다는 사실이 아니라 이 관행을 축소하고 합리화하려는 태도를 가진 그들의 부정직함이었다.[29]

1732년이 되자마자 벤저민은 필라델피아의 반노예제 투쟁에 관해 가능한 한 많이 배우는 것을 자기 일로 삼았고, 그래서 랠프 샌디퍼드를 곧바로 찾아갔다. 브라이칸 캐리가 퀘이커교 반노예제 웅변에 관한 자신의 뛰어난 연구에서 증명했듯이, 1730년대에 작고 포위되어서도 끈질긴 퀘이커교도 집단이 반노예제 주장의 핵심 흐름을 잡았다. 이 주제에서 퀘이커교도들 사이의 논쟁은 항상 문서로 기록되지는 않았지만, 진지하고 오래된 것이었다. 벤저민은 1670년대에 처음으로 노예제에 반대하는 연설을 한 사람 중 한 명인 윌리엄 에드먼드슨과 1693년에 『흑인 구매와 소유에 관해 친우들에게 보내는 권고와 주의』를 출판한 조지 케이스와 그의 지지자들과 같은 여러 사람과 이야기를 나눴다. 벤저민은 퀘이커 위계에 눌려 침묵하게 된 랠프 사우스비와 존 파머의 항변을 알고 있었던 것으로 보인다. 파머는 벤저민처럼 에식스 출신이었기에 특히 흥미로운 인물이었다. 벤저민의 여정은 롱아일랜드의 윌리엄 벌링과도 맞닿아 있었고 분명 펜실베이니아 체스터 카운티에서 노예제도에 반대하는 퀘이커교도들도 만났을 것이다. 이 지역에서는 1711년에서 1730년 사이에 여러 차례 노예제 반대 청원이 있었다. 또한, 물론 그는 샌디퍼드와 그의 책을 자세히 알고 있었다. 벤저민은 1718년에서 1720년 사이에 바베이도스에서 노예들로부터 많은 것을 배웠다. 이제 그는 펜실베이니아에서의 경험을 흡수했고 이를 퍼트리기로 맹세했다.[30]

벤저민은 노예에 관해 세 가지 주요 주장을 반복하며 새로운 내용을 추가했다. 그전에 있었던 이들과 마찬가지로 벤저민은 모든 퀘이커교도가 "그들이 남에게 대접받기를 바라는 대로 다른 모든 이를 대해야 한다"고 말하며 황금률을 강조했다. 그러나 그는 세상을 뒤집어서 노예를 소유한 자들에게 "매우 힘든 고역을 쥐어주고 다른 이들의 입장에서 그들의 심정을 느낄 수 있도록" 그들을 노예의 신분에 두자고 주장하며 자신만의 급진적인 주장을 문구에 담았다. 또한, 그는 노예무역이 퀘이커교 정체성의 핵심인 평화 원칙을 완전히 해친다고 주장했다. "우리는 세속의 무기로 다투지도 않고 품에 칼을 숨기지도 않은 체하지만, 마음속에는 더 나쁜 것을 품고 있다." 벤저민의 관점은 다음과 같았다.

무기를 소지하거나 구입할 비용을 대는 것은 거부하면서도 약탈물이자 포로인 노예를 엄청난 가격에 사들이면서 노예 거래는 물론, 과거에 이들을 데려오는 데 일조했고 현재까지 이들을 데려오고 있는, 전쟁까지 정당화하는 우리의 모습보다 더 큰 위선과 뚜렷한 모순은 없다.

마지막으로 그는 어떻게 퀘이커교가 아프리카에 "남편 없는 아내와 아버지 없는 아이를 뽑어내도록" 고안된 악마의 "엔진"을 지지할 수 있는지 물었다. 예전에 선원으로 일하며 대서양 노예 체제를 알고 있던 그에게 이 모습은 노예무역과 같았다.[31]

　　벤저민은 이미 있던 논쟁의 범위를 넘어갔다. 그의 독창성은 노예제에 전혀 타협하지 않는 태도에 있었다. 노예 소유는 단순한 죄악이 아니었다. "더럽고", "추잡하며", "사악하고", "섬뜩한" 죄악이었다. 이는 "영혼의 죄"였다. 실제로 "세상에서 가장 큰 죄악이었다." 그는 "남녀노소 누구도 이 〔노예 소유의〕 관행 속에 살도록 묵인하거나 우리의 회의에서 진실을 설교하는 척해서는 안 되며, 이 모든 것이 거짓이다"라고 주장했다. 그는 위선을 참을 수 없었다. 노예 소유자들이 "짐승의 표식"을 지니고 사탄을 지상에서 체현하고자 했다면 그들은 교회에서 쫓겨나야 했다. 그들은 원로나 성직자가 되어서는 안 되며 어떤 종류로도 교회에 참여도 해서는 안 되었다. 신실하지 않은 사람들이 교회에서 무언가를 하게 둘 수는 없었다. 노예무역상과 소유자들이 마귀의 새끼이며 가장 순수한 형태의 악이었다는 주장으로, 벤저민은 그 자신과 다른 이들이 이 쟁점에서 타협하지 못하도록 만들었다.[32]

　　또한, 벤저민은 자신의 고발을 끝까지 밀어붙였다고 보였던 순간에 다시 한발 더 나아갔다. 벤저민은 1738년 8월 24일 『아메리칸 위클리 머큐리』에 낸 자신의 책 광고로 읽거나 들을 수 있는 모든 이들에게 설명하기를, 노예를 두는 일이 단순한 죄악이 아니라 노예제에 반대하는 사람들이 오랫동안 주장한 바와 같이, 이는 "잔혹 범죄"에 해당하는 범죄 행위라고 말했다. 그는 노예무역상들은 철저한 살인자들이라고 주장했다. 노예를 소유한 성직자들은 노예에 대해서도, 그들 회중에 대해서도 죄를 짓고 있었기에 "이중범죄"를 저지르고 있었다. 이어지는 주장에서는 노예무역상과 소유자들이 단순히 하나님을 거스르는 자들이 아니라 사회 질서를 어지럽히는 범죄자이며, 따라서 기소 대상이 되어야 한다고 보았다. 다시 말해 벤저민은 노예제를 단순한 도덕성의 문제가 아닌 정의의 문제로 만드는 데 도움을 주었다.[33]

또한, 벤저민의 반노예제 연대기에는 보스턴의 청교도 판사 사무엘 시월이 쓰고 1700년에 처음 출판한 『매매된 조지프 : 연대기』의 소책자 전체가 실려 있었다. 이 소책자는 북아메리카 최초의 반노예제 출판물로 널리 여겨지고 있었다. 벤저민은 왜 그가 소책자를 자신의 책에서 재출판했는지 말하지 않았지만, 우리는 그가 시월의 주장을 좋아했다고 생각할 수 있다. 시월은 지구상 모든 사람이 "하나의 혈통"이며, 따라서 노예무역은 성경에 나타난 범죄인 "유괴"에 해당한다고 주장했고 이 모두는 벤저민도 주장한 내용이었다. 벤저민은 퀘이커교도들이 노예제에 관한 논쟁이 수십 년간 계속되고 있으며 다른 아메리카 식민지에서도 마찬가지라는 점을 알기 원했다.[34]

또한, 벤저민은 회의에서 벌어진 노예제에 관한 구두 논쟁의 본질과, 특히 사람들이 그와 그의 대립 방법을 어떻게 이야기하고 있는지 알 수 있게 해주었다. 일부는 그가 "노예 거래에 관해 탈 잡기를 너무 좋아한다"라거나 "노예 거래자와 소유자들에게" 너무 가혹하다고 말했다. 벤저민은 노예 소유를 가장 큰 죄악으로 여겼으며, 그가 너무 극단적이고 완고한 관점을 가지고 있다는 것이었다. 다른 이들은 "그가 골치 아픈 동료로 벌써 몇 년째 행동하고 있다"고 덧붙였다. (벤저민 역시 자신을 "싸움꾼 투쟁가"라고 인정했기에 이 주장은 틀림없는 사실이었다.) 결론은 대부분 "그를 쫓아내라, 그를 쫓아내라, 그를 쫓아내라"였다. 그러나 벤저민은 필요하면 "날카로운 독설"을 날리기도 했다. "저들의 마음에", 마귀를 뜻하는 "짐승"이 들어가서 "그렇게 행동하도록 한다." 그는 엄숙하게 "나는 내 영혼을 믿는다"라고 말했다.[35]

샌디퍼드의 인도에 따라 벤저민은 이러한 주장을 펜실베이니아의 다른 교회 성직자와 치안판사 그리고 선출 공직자들에게까지 확대했다. 그는 "마귀의 편에 선 자가 아니라면, 하나님의 계율에 따라 누구도 하나님의 왕국인 하나님의 교회 안에서 지배와 통치를 내버려 두거나 여기에 소속될 권리가 없고, 또한 이를 행해서는 안 된다"라고 덧붙였다. 이 주장의 급진주의는 그 기세가 놀랄 만했다. 벤저민은 노예제에 어떤 식으로든 관여한 모든 이들이 종교 및 정치의 권력 모두를 내놓아야 한다고 요구했다. 이스라엘 펨버턴과 존 킨제이와 같은 많은 부유한 퀘이커교도들은 펜실베이니아 의회를 위해 일했을 뿐만 아니라 이를 이끌었기에 벤저민은 지배계급 권력을 직접 공격했다.[36]

벤저민은 교회와 국가 모두를 이끌며 노예를 소유하는 자들을 특별히 "유명인"이라고 불렀다. 그들은 "불같이 화내며" 벤저민과 "가엾은 노예의 감금과 비참한 속박"에 대한 그의 사역을 지지하는 모든 이들을 공격했다. 다른 때에 그들은 벤저민과 다른 "가엾은 이들"이 단지 노예를 살 돈이 없기에 노예 소유를 "양심"의 문제인 "척"한다고 말하며 벤저민과 그의 동기를 모욕하기도 했다. 아마도 가장 흔한 반응은 조소였을 것이다. 그들은 "마을의 여느 아이들처럼 자리 잡고 가볍고 경쾌하게 웃어 재꼈다." 그들은 벤저민의 주장만을 비웃은 것이 아니라 그가 저신장 장애인이라는 이유를 부분적으로 포함하여 그의 인격 자체를 조롱했다. 존 킨제이는 그를 "작은 별종 친구"라고 불렀다. 이 말에는 키 작고 전투적인 도전자를 눌러버리려는 킨제이의 확고한 노력이 담겨있었다. 공교롭게도 벤저민은 노예 소유자들과 "유명인들"이 생겨난 방식에 관한 이론을 갖고 있었고 킨제이가 여기에서 가장 주도적인 역할을 담당했다.[37]

예언

『모든 노예 소유자…배교자들』은 수년간 성경을 연구한 사람이 조밀한 암시와 심오한 종교적 의미를 담아 쓴 작품이었다. 성경을 직접적으로 인용하지 않은 쪽이 거의 없었다. 대부분 여러 인용이 있었고 일부는 20개 이상의 인용이 있었다. 벤저민은 성경(특히, 이사야와 예레미야의 예언서)을 장황하게 인용했다. 그는 성경의 글과 비유를 모두 활용했고 독자들이 특정 페이지를 읽어보도록 가르쳤다. 성경은 그의 책에서 강령이었으며, 또한 추가적인 의미의 층을 가지고 있었다. 그는 자신의 독자들이 성경을 알고 있을 뿐만 아니라 그들이 읽은 다른 내용을 밝히는 수단으로 삼기 위해 항상 가까이 두고 있다고 생각했다. 때때로 벤저민은 말하고자 하는 자신의 견해를 굳이 밝히지 않기도 했다. 그는 독자들에게 가르침을 전하기 위해 단지 특정 구절을 언급만 하기도 했다. 그는 독자들이 공통된 성경 지식을 가지고 있을 것으로 가정했다.

벤저민은 『모든 노예 소유자 … 배교자들』을 쓰면서 신약과 구약 모두를 아울렀지만, 가장 중요한 주장은 계시록에 집중되어 있었다. 그는 책을 쓰기 시작하고 얼마 되지 않은 1736년 9월에 계시록에 관한 "자은 사색"을 집필했다. 이 신비롭고 생생하고 초현실적이고 혼란스럽고, 또 일부는 이해하기 어려운 성경이 벤저민의 책과 그 광범위한 정치철학의 토대를 형성했다. 그는 1650년대 초에 요한계시록에 주로 바탕을 두고 퀘이커교 운동의 기원을 그려나간 "원시 퀘이커교도" 제임스 네일러와 조지 폭스로 다시 돌아갔다. 벤저민은 『모든 노예 소유자 … 배교자들』에서 요한계시록에 관한 주석을 열여섯 쪽 반이나 작성했으며 자신만의 해석을 제시하고 계시록이 "그릇된 성직자"와 노예제의 주제와 밀접한 관련이 있는지 보여주면서 반복해서 계시록의 내용으로 돌아갔다. 또한, 그는 자신의 친구 퀘이커 성직자 존 캐드월레이더와 서신을 교환하면서도 계시록을 논의했고 이 편지를 자신의 책에 실었다. 이 책에 실린 성경에 관한 벤저민의 묵상은 그의 예언적 사고의 핵심을 보여준다.[38]

학자들은 계시록이 기독 신앙으로 인해 로마 제국에 의해 팻머스에 수감되었다가 돌아온 요한이 처음 기록한 것으로 믿고 있다. 이 기록은 제국 권력에 관한 통렬한 비판과 1세기 후반 예수 그리스도의 추종자들이 박해와 억압을 이겨내리라는 신비로운 확약을 제시했다. 계시록은 선과 악 사이에서 각각의 사자를 이끌었던 대천사 미카엘과 거대한 붉은 용 사이의 광대한 투쟁을 그렸다. 선과 악의 전쟁은 벤저민의 성미와 세계관 그리고 펜실베이니아에서 권리를 침해당한 것으로 여겨진 그의 상황에 적합했다. 또한, 모든 묵시록 기록과 마찬가지로 계시록도 예언의 적절한 해석을 위한 선지자를 필요로 했다. 벤저민이 적임자였다. 또한, 요한계시록은 벤저민이 같은 비유로, 그의 경험에서는 종종 동일한 사람으로 나타났던 노예 소유주와 그릇된 성직자의 기원을 동시해 설명할 수 있도록 했다.[39]

레이는 요한계시록의 12장과 13장에 특히 관심이 있었다. 그가 여기에서 떠올린 사상과 상상 그리고 주장은 매우 중요하다. 그의 해석을 밝히기 위해 우선 킹 제임스 역 성경에서 해당 장의 전체 내용을 그대로 옮기고, 레이의 주석을 바탕으로 한 요약을 이어서 제시하고자 한다.

요한계시록 12장

1. 하늘에 큰 이적이 보이니 해를 옷으로 입은 한 여자가 있는데 그 발아래에는 달이 있고 그 머리에는 열두 별의 관을 썼더라.

2. 이 여자가 아이를 배어 해산하게 되매 아파서 애를 쓰며 부르짖더라.

3. 하늘에 또 다른 이적이 보이니, 보라, 한 큰 붉은 용이 있어 머리가 일곱이요 뿔이 열이라 그 여러 머리에 일곱 왕관이 있는데,

4. 그 꼬리가 하늘의 별 삼 분의 일을 끌어다가 땅에 던지더라, 용이 해산하려는 여자 앞에서 그가 해산하면 그 아이를 삼키고자 하더니,

5. 여자가 아들을 낳으니 이는 장차 철장으로 만국을 다스릴 남자라 그 아이를 하나님 앞과 그 보좌 앞으로 올려 가더라.

6. 그 여자가 광야로 도망하매 거기서 천이백육십 일 동안 그를 양육하기 위하여 하나님께서 예비하신 곳이 있더라.

7. 하늘에 전쟁이 있으니 미가엘과 그의 사자들이 용과 더불어 싸울 새 용과 그의 사자들도 싸우나,

8. 이기지 못하여 다시 하늘에서 그들이 있을 곳을 얻지 못한지라,

9. 큰 용이 내쫓기니 옛 뱀 곧 마귀라고도 하고 사탄이라고도 하며 온 천하를 꾀는 자라 그가 땅으로 내쫓기니 그의 사자들도 그와 함께 내쫓기니라.

10. 내가 또 들으니 하늘에 큰 음성이 있어 이르되, 이제 우리 하나님의 구원과 능력과 나라와 또 그의 그리스도의 권세가 나타났으니 우리 형제들을 참소하던 자 곧 우리 하나님 앞에서 밤낮 참소하던 자가 쫓겨났고,

11. 또 우리 형제들이 어린양의 피와 자기들[성도들]이 증언하는 말씀으로써 그를 이겼으니 그들은 죽기까지 자기들의 생명을 아끼지 아니하였도다.

12. 그러므로 하늘과 그 가운데에 거하는 자들은 즐거워하라, 그러나 땅과 바다는 화 있을진저 이는 마귀가 자기의 때가 얼마 남지 않은 줄을 알므로 크게 분내어 너희에게 내려갔음이라 하더라.

13. 용이 자기가 땅으로 내쫓긴 것을 보고 남자를 낳은 여자를 박해하는지라,

14. 그 여자가 큰 독수리의 두 날개를 받아 광야 자기 곳[40]으로 날아가 거기서 그 뱀의 낯을 피하여 한 때와 두 때와 반 때를 양육 받으매,

15. 여자의 뒤에서 뱀이 그 입으로 물을 강같이 토하여 여자를 물에 떠내려가게 하려 하되,

16. 땅이 여자를 도와 그 입을 벌려 용의 입에서 토한 강물을 삼키니,

17. 용이 여자에게 분노하여 돌아가서 그 여자의 남은 자손 곧 하나님의 계명을 지키며 예수의 증거를 가진 자들과 더불어 싸우려고 바다 모래 위에 서 있더라.

벤저민에 따르면 해를 옷으로 입은 여자는 "참된 교회"를 낳지만, "분노한 짐승이자 잔인한 괴물"인 사악한 붉은 용은 이를 삼켜버릴 준비를 하고 있었다. 용은 꼬리로 하늘의 별 삼 분의 일을 끌어다가 땅으로 던져버린다. 이렇게 떨어진 별이 악에서 태어난 "빛을 가린 자"를 만들어내기에 벤저민에게는 이 구절이 결정적이었다. 노예 소유자와 그릇된 성직자들은 별들이 내쳐진 땅에서 싹을 틔운다. 벤저민에게 이들은 "거대한 적그리스도이자 최악의 악마였다." 그들은 탐욕으로 동기를 얻고 "이득을 위해 신앙을 등진다." 그들은 부자, 주인, 원로, 성직자 그리고 치안판사와 같은 "높은 자리를 차지한 사악한 영혼"이 된다. 벤저민은 이렇게 단지 노예 소유자들뿐만 아니라 일반적인 사악하고 탐욕스러운 지배계급의 형성까지 설명하기 위해 요한계시록을 활용한다.[41]

여자가 "진리로 생겨나고 태어난 아이"를 출산하고 곧 하늘에서 전쟁이 일어난다. 대천사 미카엘과 그의 천사들이 거대한 붉은 용과 그 어둠의 무리와 전투를 벌이고, 벤저민에 따르면 후자의 무리는 "이득을 위해 인간의 몸과 영혼을 노예로 삼는다." 영적 노예와 육체적 노예 모두가 한 데서 만난다. 이 묵시록 전투에서는 선한 무리가 승리한다. "세속적이고 탐욕적인 정신"을 가진 용은 기쁨이 충만한 하늘에서 내쳐진다. 그러나 이제 고뇌가 땅에 남겨진다. 벤저민은 기독교인들에게 "이제 때가 얼마 남지 않았다는 점을 알고 있는 악마가 거대한 분노로 당신들에게 당도하리라"는 전언을 주고자 했다. 마귀는 악의 주된 대리인인 자신의 혈통, 노예 소유자와 그릇된 성직자들을 통해 활동한다. 한편 아이를 낳은 여자에게는 독수리의 날개가 주어지고 광야에 숨어들게 되지만, 마치 벤저민이 노예 소유자와 그릇된 성직자들에게 박해받았듯이 마귀와 그 무리에게 쫓겨 괴롭힘 받는다. 마귀는 하나님의 충실한 신자들에 맞선 전면전을 시작하고 신자들은 네일러가 익히 "양들의 전쟁"으로 칭했던 싸움으로 맞서야 한다. 벤저민은 "노예를 소유한 우리 설교자들은 이 성경 구절을 어떻게 생각하는가?"라고 물으며 요한계시록 12장의 주석을 마무리한다.[42]

요한계시록 13장

1. 내가 보니 바다에서 한 짐승이 나오는데 뿔이 열이요 머리가 일곱이라 그 뿔에는 열 면류관이 있고 그 머리들에는 불경한 이름들이 있더라.

2. 내가 본 짐승은 표범과 비슷하고 그 발은 곰의 발 같고 그 입은 사자의 입 같은데 용이 자기의 능력과 보좌와 큰 권세를 그에게 주었더라.

3. 그의 머리 하나가 상하여 죽게 된 것 같더니 그 죽게 되었던 상처가 나으매 온 땅이 이상히 여겨 짐승을 따르고,

4. 용이 짐승에게 권세를 주므로 용에게 경배하듯 짐승에게 경배하여 가로되 누가 이 짐승과 같고 누가 능히 이로 더불어 싸우리요 하더라.

5. 또 짐승이 거대하고 불경한 말하는 입을 받고 또 마흔두 달 일할 권세를 받느니라.

6. 짐승이 입을 벌려 하나님을 향하여 훼방하되 그의 이름과 그의 장막 곧 하늘에 거하는 자들을 훼방하더라.

7. 또 권세를 받아 성도들과 싸워 이기게 되고 각 족속과 백성과 방언과 나라를 다스리는 권세를 받으니,

8. 죽임을 당한 어린 양의 생명책에 창세 이후로 녹명鑠名되지 못하고 이 땅에 사는 자들은 다 짐승에게 경배하리라.

9. 누구든지 귀가 있거든 들을지어다.

10. 사로잡는 자는 사로잡힐 것이요 칼로 죽이는 자는 자기도 마땅히 칼에 죽으리니 성도들의 인내와 믿음이 여기 있느니라.

11. 내가 보매 또 다른 짐승이 땅에서 올라오니 새끼 양 같이 두 뿔이 있고 용처럼 말하더라.

12. 그가 먼저 나온 짐승의 모든 권세를 그 앞에서 행하고 땅과 땅에 사는 자들을 처음 짐승에게 경배하게 하니 곧 죽게 되었던 상처가 나은 자니라.

13. 큰 이적을 행하되 심지어 사람들 앞에서 불이 하늘로부터 땅에 내려오게 하고,

14. 짐승 앞에서 받은바 이적을 행함으로 땅에 거하는 자들을 미혹하며 땅에 거하는 자들에게 이르기를 칼에 상하였다가 살아난 짐승을 위하여 우상을 만들라 하더라.

15. 그가 권세를 받아 그 짐승의 우상에게 생기를 주어 그 짐승의 우상으로 말하게 하고 또 짐승의 우상에게 경배하지 아니하는 자는 몇이든지 다 죽이게 하더라.

16. 그가 모든 자 곧 작은 자나 큰 자나 부자나 빈궁한 자나 자유한 자나 종들로 그 오른손에나 이마에 표를 받게 하고,

17. 누구든지 이 표를 가진 자 외에는 매매를 못 하게 하니 이 표는 곧 짐승의 이름이나 그 이름의 수라.

18. 지혜가 여기 있으니 총명 있는 자는 그 짐승의 수를 세어 보라, 그 수는 사람의 수니 육백육십육이니라.

요한계시록 13장에서는 표범과 곰 그리고 사자의 야성적 모습을 결합한 새로운 여러 머리를 가진 짐승이 바다에서 나타난다. 벤저민은 분노한 늙은 용이 "음험한" 새 짐승을 "아메리카의 거의 모든 회중을 지배할 거대한 권력을 가진 최고 심판자의 권좌에 앉혔다"라 말한다. 여기서 회중은 모든 정착민을 말하며 특히 그중 퀘이커교도를 가리킨다. 새로운 괴물은 "거대한 이야기를 하는 입"을 가졌다. 벤저민은 이 점을 강조한다. 이 괴물은 "노예 소유를 합당하게 보이도록 할 수 있을 만큼 멋들어진 연설을 할 수 있다." 미혹된 자들이 용과 짐승을 숭배하기 시작하고 벤저민은 이들이 "성도들과 싸워 이기는 자로서, 바로 신실하지 않은 자들"이라고 말한다. 짐승은 "각 족속과 백성과 방언과 나라를 다스리는" 권력을 얻었고, 노예 소유의 관행에 반대하는 간증을 한 벤저민과 같은 이들을 괴롭히고 이들의 자격을 빼앗는 데 그 권력을 활용했다. 벤저민은 요한계시록 13장 10절 "사로잡는 자는 사로잡힐 것이요 칼로 죽이는 자는 자기도 마땅히 칼에 죽으리니"라는 구절을 특히 강조한다. 퀘이커교도들은 어느새 "최악의 악당, 최악의 약탈자이자 살인자"가 된다. 그들은 폭력을 받아들였고 이로 인해 멸망할 것이다.[43]

다음으로 중요한 구절은 11절 "내가 보매 또 다른 짐승이 땅에서 올라오니 새끼 양 같이 두 뿔이 있고 용처럼 말하더라"였다. 이 세 번째 짐승은 "매우 불가사의한 일을 일으켜" 모든 "세속적 마음을 가진 영혼들"을 현혹하고 보기에 예수(새끼 양)와 같은 모습으로 나타나 사탄의 일을 행한다. 영악한 새로운 짐승은 이제 "작고 크고, 부유하고 빈곤하고, 자유롭고 속박된 모든 이들의 오른손이나 이마에 표식을 받게 하여" 충절을 표시하도록 한다. 이 표식을 가진 자만이 "매매할 수 있으니" 레이는 이 구절이 "인간 노예와 그 영혼의 매매"를 뜻한다고 확신했다. 마귀의 표시인 "짐승의 표식"은 "노예 소유"의 모습으로 회중에 깊이 새겨졌다.[44]

벤저민은 요한계시록에서 노예제, 그릇된 성직자, 자신에 대한 박해 그리고 퀘이커 신앙의 위태로운 미래에 관한 자신의 염려를 극적으로 담아낸 이야기를 발견했다. 이 이야기는 왜 대부분 사람이 그들 앞에 드러난 악을 감지하지 못하는지도 설명했고, 벤저민은 이를 두고 양의 모습을 한 짐승은 너무나 "달콤한 유혹"이었다고 말했다. 또한, 요한계시록은 벤저민이 퀘이커교도들에게 노예를 소유하는 것만으로도 그들 자신을 속박의 상태로 영락하게 할 수 있으며 폭력적인 방식으로 노예를 사들이면 반란에 목숨을 잃을 위험이 있다는 경고를 줄 수 있게 했다. 요한계시록에 달린 벤저민의 훌륭한 주석은 자신의 사람들을 구하려는 선지자 역할을 하는 그의 중요성을 보여주기도 했다.[45]

구약의 모든 선지자와 마찬가지로 벤저민은 정죄의 호통으로 파멸을 예견했고 엄정한 태도로 타협을 거부했으며 자신의 길과 노예제 폐지를 따르는 모든 이들에게 젖과 꿀이 흐르는 땅에 관한 선견을 제시했다. 그는 요한계시록뿐만 아니라 선지자 이사야와 예레미야 그리고 에스겔의 명료하고 격렬하며 시적인 통렬한 비난의 언어를 인용했다. 벤저민의 예언적 언어 사용은 이 책의 구별되는 특징 중 하나였다. 자신의 급진적 관점을 지지할 사회적 운동도 없이 시대를 앞서 살았던 그는 지배 권력에 도전하는 반체제 개인의 힘을 행사했다. 벤저민은 예언적 목소리가 자신의 엄정하고 불같은 성미에 잘 맞았기 때문에 이러한 언어를 좋아했다. 퀘이커교 모임에서는 분노할 여지가 없었

기에 예언은 그가 다른 방식으로는 표현할 수 없었던 사상과 생각의 중요한 배출구였다.[46]

벤저민이 1738년 9월에 자신의 책을 출판하고 단 3주 후에 〈필라델피아 연례회의〉에서 붉은 미국자리공 열매의 즙을 방광 주머니에 담고 칼을 찔러 넣어 모든 노예 소유자들에게 "피"를 흩뿌렸던 가장 장엄한 예언적 무대는 특별한 성경적 선례와 의미를 지닌다. 벤저민 자신도 『모든 노예 소유자 … 배교자들』에서 "하나님께서 신앙을 설교하는 척하면서 세상에서 가장 큰 거짓을 실천하는 이 적들에게 번득이는 칼을 갈아 앙갚음하시지 않겠는가?"라고 물으며 그 의도의 실마리를 남겼다. 그는 하나님이 모세와 이스라엘 백성들에게 다음과 같이 말씀하셨던 신명기 32장 41절에서 43절을 언급했다. "내가 번쩍이는 칼을 갈며 내 손이 정의를 붙들고 내 대적들에게 앙갚음하며 나를 미워하는 자들에게 보응할 것이라." 세상에서 가장 죄악을 실천하는 노예 소유자들이 자신과 하나님에 대한 필멸의 적이라고 확신한 벤저민은 성스러운 피의 앙갚음으로 그들을 위협했다. "내 칼이 그 고기를 삼키게 하리니, 곧 피살자와 포로된 자의 피요, 곧 대적을 향한 앙갚음의 시작이로다." 여기에는 1656년에 당나귀를 타고 예루살렘에 입성하는 예수의 모습을 재연한 제임스 네일러의 율법 폐기론 정신이 깃들어 있다. 벤저민은 하나님의 역할로 말하며 흥분하여 고조된 목소리로 말했다. 전능하신 하나님은 벤저민을 통해 "너희 민족들에게" 당신께서 "그 종들의 피를 갚으시고 대적들에게 복수하시지만", 성스럽고 정의로운 자들에게는 자비를 베푸신다고 일렀다. 율법 폐기론에 따른 벤저민과 하나님의 직접적인 연결은 그를 천사의 앙갚음 외에는 두려운 것이 없는 전령으로 만들었다.[47]

벤저민은 계시록의 이야기를 모호한 비유 수준으로 두지 않았고, 특히 이 땅과 퀘이커 신앙을 파괴하는 악마 같은 짐승에 관해 글을 쓰면서는 더욱 명료하게 활용했다.

내가 본 점무늬로 뒤덮인 표범과 비슷한 짐승은 이사야서를 먼저 떠오르게 한다. 곰 같은 발과 사자 같은 입은 반대하는 무리를 잡아채고 부수며 그들을 향해 포효한다. 용은 자기 권세와 보좌를 음험한 짐승에게 주어 아메리카의 거의 모든 회중을 지배할 거대한 권력을 가진 최고 심판자의 자리에 앉게 했다.

벤저민은 여기에서 『모든 노예 소유자…배교자들』을 출판하던 시기에 〈필라델피아 연례회의〉의 서기를 맡고 있었을 뿐 아니라 곧 펜실베이니아 법무장관이자 펜실베이니아 대법원의 대법관이 될 예정이었던 존 킨제이를 특히 암시했다. 이는 종교와 정치 그리고 법, 세 분야에서 "최고 심판자이자 거대한 권력"을 가지게 될 사람에 대한 벤저민의 예언이었다. 킨제이는 두말할 나위 없이 "아메리카 거의 모든 회중"의 지배자였다. "정치적인 이중 언어"의 달인인 그는 "거대한 이야기를 하는 입"을 가지고 있었다.[48]

1738년 8월 벤저민의 책이 출판되고 이 "최고 심판자"는 자신의 권력을 행사했다. 공교롭게도 1736년에 그는 이스라엘 펨버턴 시니어를 대신하여 〈관리감독 위원회〉의 수장이 되었고 퀘이커교의 모든 출판물의 통과 여부를 결정할 수 있었다. 이에 따라 킨제이는 〈필라델피아 연례회의〉를 대표하여 『펜실베이니아 가제트』에 벤저민의 책에 관한 공식적 통지를 보냈고 누구든 이 전언을 놓치지 않도록 1738년 10

월 26일, 1738년 11월 2일 그리고 1738년 11월 16일에 이를 인쇄하도록 했다. 이 내용은 벤저민과 그의 사상에 대한 최종적인 공식 반론이었다.

이 도시에 『모든 노예 소유자 … 배교자들』이라는 제목의 책 한 권이 출판된 지 몇 달이 되었다. 이 책의 서문에서 다음과 같이 말한다. "여기에서 말하고자 하는 바는 무엇보다 진리를 사랑하며 퀘이커라 불리는 나의 친애하고 참되며 상냥한 친우들을 공격하거나 슬프게 하고자 함은 결코 아니다. 이는 모두 이 내용을 공개하고자 했던 그들의 요청과 요구에 따라 작성되었다." 이 단락만 보더라도 이 저자가 퀘이커교의 사람이라 믿어 넘어갈 독자는 없을 법하며, 특히 그의 책이 퀘이커교의 요구에 따라 출판되었다고 하지만, 누구도 이 사안에 입을 열지 않고 있다. 이에 따라 퀘이커교는 앞서 언급한 이 책이 퀘이커교 특정 구성원들에게 뿐만 아니라 전체 사회에 대한 심각한 패악을 담고 있다고 보아야 할 것이며 이를 여기에서 공개적으로 통지한다. 저자는 퀘이커 공동체에 속한 자가 아니며 그의 행실과 저작을 인정하지 않으며 책의 인쇄를 불허한다. 따라서 그 내용에 관해 어떠한 책임도 지지 않는다.

지난 일곱 번째 월의 두 번째 날 뉴저지와 펜실베이니아가 '벌링턴'에 모여 개최한 연례회의의 명에 의해,

서기관 존 킨제이

『모든 노예 소유자 … 배교자들』에서 언급한 "특정" 구성원 중 한 명인 킨제이는 독단적으로 이 책을 비난하고 벤저민을 영원히 내쫓았

다. 벤저민이 마귀의 현신인 "음험한 짐승"의 손에 작성되고 서명된 거부 통지를 보았을 때 어떤 생각을 했을지 궁금할 따름이다.[49]

5장

책과 새로운 삶

1738년에 벤저민이 퀘이커교 노예 소유주들에게 하나님의 앙갚음이 담긴 피를 흩뿌리고 한 달도 채 되지 않아 그들에 대한 통렬한 예언적 비판을 담은 책을 출판하여 두 번의 폭발을 일으킨 후에 그의 삶은 새로운 국면에 접어들었다. 비록 그는 자격을 잃고 비난받았지만, 그는 여전히 퀘이커 공동체에 관여하며 예배에 참석했고 노예제의 사악함을 말과 행실을 통해 주장했다. 동시에 그는 자신의 반노예제 원칙과 실천을 더 넓게 아우르며 인간의 가능성에 대한 급진적인 선견을 가져다줄 새로운 혁명적인 삶의 방식을 구축하는 데 관심을 돌렸다. 그는 작은 규모의 새로운 예루살렘을 짓고 거기에 살았다. 그는 미래에 대한 자신의 희망을 구체화했다. 56세의 나이에 벤저민은 나이가 들수록 더욱 위험한 사람이 되기로 했다.

벤저민은 독학자들이 주로 그러하듯 책을 좋아했다. 그는 만족을 모르고 책을 모으며 읽었다. 독서와 반추는 그가 가장 좋아하는 취미였다. 1732년에 그는 단연코 가장 중요한 재산이었던 책을 필라델피아로 가지고 왔다. 잠시 쉬기도 했지만, 일생에서 그는 상당한 기간을 서적상으로 일했다. 그는 『펜실베이니아 가제트』를 구독하며 자신이 감복한 책의 출판을 위한 구독 기금을 모으고 신문 토론을 함께하며 도시의 출판문화에 참여했다. 이백 권의 장서를 보유한 벤저민은 개인 서재를 자랑스럽게 지었고 그중 일부를 친구들에게 빌려주기도 했다. 그의 서재에는 펜실베이니아뿐만 아니라 아마도 아메리카 전역에서 찾을 수 있었던 초기 퀘이커교 기록이 모두 소장되어 있었다. 그의 책 사랑은 아이 사랑과 연관이 있었다. "그는 학교를 방문하는 데 큰 즐거움을 느꼈고 거기에서 청소년들에게 종종 설교하기도 했다. 벤저민은 자주 종교 서적을 한 바구니 가지고 가서 학생들에게 책을 상으로 나눠주기도 했다." 그와 같은 계급의 사람 중에 그처럼 책을 쓰고 출판하는 일을 할 수 있는 사람은 거의 없었다. 그의 삶이 끝날 무렵에 데버라와 벤저민 프랭클린이 그의 초상화를 의뢰했을 때, 화가는 그가 가장 좋아하는 책을 든 모습을 그렸다. 책은 아마도 그가 관심을 둔 유일한 "속세의 물건"이었을 것이다. 비록 그는 스스로 "무학자"라 칭했지만, 벤저민 레이는 완연한 책쟁이의 모습이었다.[1]

마침 우리는 네 종류의 출처를 통해 벤저민의 책과 책에 대한 벤저민의 생각을 상당 부분 알 수 있다. 첫째, 그는 1732년 사라와 함께 이민 오면서 펜실베이니아에 가져와야 한다고 생각한 책 목록을 출판했다. 둘째, 그는 1738년 출판된 『모든 노예 소유자 … 배교자들』에서 자신의 많은 책에 주석을 달아 30페이지에 달하는 분량을 작성하여 그 내용을 포함했다. 셋째, 벤저민이 사망한 1759년에 작성된 목록과 1815년 로버츠 보우가 출판한 그의 삶에 관한 회고록과 같은 다른 문서에는 그가 읽은 다양한 책이 나타난다. 마지막으로, 벤저민의 개인 장서 중 몇 권이 여전히 남아있다. 이를 종합하면 스스로 이룩한 지식인이자 선지자의 독서와 사고를 조명할 수 있다.

벤저민은 새로운 삶을 상상하면서 1640년대와 1650년대의 영국 혁명가에서부터 고대 그리스와 로마의 철학가와 인도나 바베이도스와 같은 다양한 장소에서 태동한 사상을 가진, 자신과도 닮은 관습을 벗어난 사상가에 이르기까지 광범위한 시간과 장소에 걸쳐 수많은 작가로부터 아이디어와 영감을 얻었다. 벤저민은 책에서 취한 사상을 행동과 구체적이고 실용적인 삶의 방식으로 변안했다. 이 장은 평범한 사람이 독서를 통해 인간 생활의 윤리 기초를 재고하는 과정을 담았다.

율법 폐기론

벤저민은 〈신형군〉의 군종 목사로 영국 혁명 동안 콜체스터 점령군에 속해 있었던 윌리엄 델의 작품을 읽고 연구했다. 델은 퀘이커교도는 아니었지만, "계몽"된 사람이었다. 우리는 벤저민이 『모든 노예 소유자 … 배교자들』에서 이미 델에 대한 존경을 말했기에 벤저민이 그를 어떻게 생각하는지 알 수 있다. 벤저민은 델의 소론 「학습과 학교 그리고 대학을 비추는 복음과 진리의 빛에 따른 올바른 개혁」에 찬동하여 이를 언급했다. 이 소론은 1709년에 런던의 퀘이커교도 인쇄업자 J. 소울J. Sowle이 출판한 650쪽 분량의 모음집 『복음 강론자 윌리엄 델의 설교와 담론집』에 나타나 있다. 1732년에 벤저민이 필라델피아에 도착했을 때 그는 "윌리엄 델의 작품들"을 팔려고 추천하거나 제안했다. 이 작품들이 『설교와 담론집』이었을 수도 있고 개별 책과 소책자 였을 수도 있지만, 어느 경우라도 벤저민은 델의 글에 관해 완전히 잘 알고 있었고 실제로 그는 델의 글에 상당한 영향을 받았다.[2]

벤저민이 가장 좋아한 델의 작품은 1653년에 런던에서 처음 출판된 『이 나라의 세속적이고 반기독교적인 성직자에 대한 명백한 폭로와 몰락의 공표, 가르치는 자와 청중 모두에게 주어진 영혼의 시련, 케임브리지의 대학 회중에게 전하는 하나님의 말씀 간증』이었다. 벤저민은 이를 두고 "빼어난 책"이라고 칭했고 너무도 빼어났기에 "짐승의 표식"에 관한 상당수의 구절을 자신의 책으로 옮겨왔다. 또한, 우리는 벤저민이 1699년 런던에서 퀘이커교도 인쇄업자 토머스 소울이 출판한 판형을 소장하고 다소 구부정한 그만의 손글씨로 쓴 주석을 가득 메워놓은 모습으로 보아 그가 이 책을 읽었으며 거의 구절구절마다 그가 어떤 생각을 가졌는지도 분명하게 알 수 있다. 이 책은 현재 1688년에 반노예제 퀘이커 저항이 시작되었던 펜실베이니아 〈필라델피아 북서부 지역 역사협회〉의 소장품으로 보관되어 있다. 델의 책은 어찌어찌하여 벤저민의 동굴 서재 밖으로 반출되었고, 이후 2세기 반이 넘는 동인 최소한 세 명의 이후 소유자를 거쳐 현재의 자리를 찾게 되었다. 벤저민이 델과 가진 대화는 두 세대에 걸쳐 대서양을 오가며 이루어졌다.[3]

윌리엄 델은 청교도의 통제를 받던 케임브리지 에마뉘엘 대학에서 공부했으며 거기에서 1628년에 문학사 학위를, 1631년에 문학석사 학위를 받았고 이후 대학평의원이 되었다. 1640년대에 급진적인 태도를 취하며 형식적인 종교 조직을 거부하고 "순수" 교회를 향한 영적인 길을 택했기에 일부는 그를 "구도자"라 부르기도 했다. 델은 수평파가 융성하던 바로 그 시기에 혁명적인 〈신형군〉의 군종 목사가 되었다. 그와 그의 동료 군종 목사 존 솔트마쉬 모두 수평파 조직의 정식 구성원은 아니었지만, 그들은 일치하는 급진적인 사상을 가지고 있었으며 델은 1646년 11월 25일 하원 의회에서 전한 짧은 설교에서 이를 표현하기도 했다. 이 군종 목사는 "전환과 동요의 시기"와 "흔들리는" 세상을 연설했다. 그는 예수께서 제자들에게 "가서 모든 민족을 제자로 삼으라"라고 말씀하시며 "가난한 자, 무학자 그리고 직공들"을 보내 "세상을 뒤집어 놓으셨던" "원시 기독교"의 시대를 회상하며 이는 마치 당시 〈신형군〉이 하는 일과 같다고 연설했다. 델은 바로 얼마 전에 군인들에게도 "힘은 바로 여러분 안에 있으니, 모여 있으면서 나뉘지 말라"고 설교했다.[4]

1640년대와 1650년대의 "율법 폐기론 종파 발달의 핵심 인물"이었던 그는 위원회 구성원들에게 자신의 설교는 "하나님이 여러분께 직접 전하는 목소리"라고 말했다. 델은 법보다 "정신"이 위에 있음을 강조하고 개인의 양심과 상충하는 모든 "물질적 의례"를 폐지하도록 요구했다. 그는 대단한 사람들을 모아 놓고 대부분은 그저 하나님의 왕국에 관해 이야기할 뿐이었지만, 영국의 왕국에 관해서는 하나의 요구를 남겼고 이는 거의 위협이라고 부를 수 있을 정도였다.

가난한 자들에 대한 압제와 궁곤한 자의 한숨을 헤아려야 한다. 지금껏 이 나라에 이처럼 불의와 압제가 퍼진 적은 없었다. 나는 압제 되고 억눌리며 전혀 도움을 받지 못하는 자들을 여럿 보았다. 당신들에게서 뻗어 나가는 권력을 쥔 자 중 여럿이 대단한 압제자이기에 당신들이 이를 온 마음을 다해 헤아려주기를 간절히 바란다. 그러므로 나는 하나님의 이름으로 요구하니 하나님께서 여러분의 손에 쥐여주신 신앙의 의무를 다하여, 가난하고 고아인 자를 보호하고 곤란하고 빈궁한 자에게 정의를 베풀며 가난하고 궁곤한 자를 구원하여 악인들의 손에서 건질지니라. 이것이 당신들의 사업이요 이행해야 할 의무이다. 만약 그렇지 않으려거든 시편 1편 12장 5절의 주님 말씀을 들으라. 여호와의 말씀에 가난한 자들의 압제와 궁곤한 자들의 탄식으로 말미암아 내가 이제 일어나리라 하셨으니, 여기에 하나님이 일어나심은 곧 당신들의 몰락이다. 만약 당신들이 하나님께서 왕국에서 소명하여 주신 일을 하지 않으면 쓰인 대로 당신들 없이 스스로 이를 행하시리라. 그는 궁곤한 자가 부르짖을 때 이들을 구원하고 가난한 자와 도움받지 못하는 자도 건지시리라. 하나님께서 그들의 영혼을 이 시대의 흔한 악인 책략과 폭력에서 구원하시리니, 이는 내가 이 왕국을 위해 말해야 할 전부이다.

대단한 사람들은 대부분 델이 전한 확신에 차고 아찔한 가르침을 받아들이지 않았다. 공식적인 감사 인사와 설교 내용 배포를 위한 인쇄는 관습적인 절차였음에도 그들은 계급의식이 강한 델에게 감사 인사도 전하지 않았고 그 내용을 인쇄하지도 않았다. 델은 "가난한 자들에 대한 압제"를 솔직하게 연설했다. 1645년에 그는 "하나님을 두려워하는 자는 다른 모든 두려움에서 벗어난다. 그는 높은 자리에 앉은 사람을 두려워하지 않는다"라고 기록했다. 벤저민도 이 신조를 따르며 살았다.[5]

〈신형군〉의 힘이 정점에 달했던 1649년에 델은 간단한 정치적 임명으로 케임브리지 곤빌 앤 카이우스 칼리지에 선생으로 "들어가면서" 스스로 역설을 보여주었다. 델은 케임브리지와 옥스퍼드 대학교에서 당시의 주요 급진 비평가였다. 그는 "고전 문학" 분야를 고위층이 독점하는 모습을 비판했고 영국 교육 체제를 민주화하기 위한 계획을 명확히 설명했다. 벤저민 역시 교육에 큰 관심을 보였다. 그는 델의 접근을 "매우 뛰어난 방법"이라고 칭했다.[6]

델은 교회가 아닌 "시민의 권력 또는 통치자의 권력"에 의해 수행되는 청소년 교육을 위한 급진적인 계획을 제공했다. 그는 학교가 온 나라의 모든 도시와 도회지 그리고 마을에 지어지고 그처럼 "독실하고 학식 있는 사람"에 의해 운영되기를 바랐다. 그들은 문법, 수사, 논리, 수학 그리고 지리뿐만 아니라 모두가 성경의 말씀을 알 수 있도록 읽기도 가르칠 것이다. 델은 이 모든 과목이 "인간 사회와 현재 삶의 상황에 유용하다"고 보았다. 영국의 모든 거대 도회지와 도시에 대학교와 대학이 지어지면 자신의 형제들보다 개인적 이득을 더 사랑하는 사람들이 모여 있던 케임브리지와 옥스퍼드는 고전 문학의 독점이 무너지는 모습을 바라보게 될 것이다. 델의 선견에서 교육은 "이성의 활용"에서의 개선이라는 세속적 사상과 "민중의 공동 이익"이라는 공화주의 사상 모두에 맞게 조정되었다. 벤저민은 델의 계획에 구현된 대중적이고 민주적이며 평등한 가치를 지지했다.[7]

벤저민에게는 퀘이커의 율법 폐기론 사상에 큰 영향을 주었던 델의『영혼의 시련』이 훨씬 더 중요했다. 벤저민이 언제 이 책을 읽기 시작했는지 알 수는 없지만, 아마도 비교적 초기부터였을 것이다. 벤저민은 1720년에 런던에서 퀘이커 성직자를 비난하면서 이 책에 담긴 핵심 교리 중 일부를 행동으로 옮겼다. 그는 분명『모든 노예 소유자 … 배교자들』에 나타난 "그릇된 선지자"에 관한 주장을 펼치면서 델의 책을 크게 빌려왔다. 또한, 벤저민은 이 책의 뒤표지에 "1742년 5월의 21번째 날에 벤저민 레이가 이 책을 조스 포우스에게 대여했다"라고 적기도 했다. 그는 이 책을 다른 사람들에게 추천하고 빌려줄 만큼 중요하다고 생각했다.[8]

『영혼의 시련』은 두 부분으로 이루어져 있다. 첫 부분은 델이 아마도 1653년에 "케임브리지의 대학 회중"에게 전했던 것으로 보이는 설교의 인쇄 판형이었다. 두 번째 부분은 "대학 회중에 전달된 탐구자들의 여러 가지 추한 반기독교적 오류에 대한 명백하고 필연적인 논박"이라는 제목으로 같은 시기에 독립/회중교회 성직자인 시드락 심프슨이 했던 설교에 대한 델의 비판적 반응을 담았다. 심프슨은 케임브리지에 의회 임명으로 선생이 된 또 다른 사례였다. 벤저민이 여백에 남긴 의견의 수와 범위로 보아 그는 전자보다는 후자에 더 큰 관심이 있었다.[9]

벤저민은 케임브리지 대학 선생인 델의 지위뿐만 아니라 그의 배움도 존경했다. 델이 자신을 "비틀대는 갈대"라 부르며 반기독교 성직자들을 폭로하는 무거운 임무에 빈약한 토대를 가졌다고 말했을 때 벤저민은 여백에 "케임브리지 대학교의 대학 선생인 윌리엄 델처럼 위대한 사람이 자신을 비틀대는 갈대라 칭한다면 가난한 평선원 이상이 된 적이 없었던 나는 무엇이라 불러야 하는가?"라고 적었다. 벤저민은 델이 자신의 배움에 관해서 겸손하고 올곧으며 허세 부리지 않는 태도에 더 큰 존경을 표했다. 벤저민이 델의 책에 남긴 첫 번째 반응은 "살고자 한다면 스스로 겸손하라"였다.[10]

벤저민은 델과 율법 폐기론 신념을 공유했다. 두 사람 모두 문자와 말 그리고 법보다 정신이 우선한다고 주장했다. 델이 "물질적 문자와 말"을 사용하여 "오직 세속적 면과 이득만을" 섬기는 자들에 맞서 글을 썼을 때, 벤저민은 단지 여기에 "정신이 없으면 삶도 없다"라고 덧붙였다. 단락 끝에 그는 "만약 그의 말이 사실이라면 세상이 처한 상황이 너무도 슬프구나"라고 적었다. 델은 모든 신자를 교회와 국가의 권위 위에 올려두는 율법 폐기론 정신의 율법을 담은 문구인 "값없는 은혜"를 거리낌 없이 말하는 대변자였다. 벤저민은 "짐승의 표식", 즉 노예제를 극복하기 위해 델이 이야기한 은혜의 힘을 빌려왔다.[11]

두 저자는 모두 국교회 성직자를 비난하는 격한 교권 반대주의를 펼쳤고 실제로 반기독교 성직자를 뜻하는 "그릇된 선지자"는 『영혼의 시련』과 『모든 노예 소유자 … 배교자들』의 표제지에 모두 나타난다. 델과 레이는 모두 순결한 교회이자 새로운 예루살렘이자 하나님의 왕국을 지상에 세우는 데 이러한 성직자를 분간하고 내쫓는 것이 중요하다고 생각했다. 두 사람 모두 신실한 자들을 길목에서 기다리는 덫과 유혹 그리고 기만과 같은 "어두운 권력"에 대해 경고했다. 두 사람 모두 계급 권력의 타락을 강조했다. 델은 "값비싼 의복이나 부드러운 양탄자"를 깔고 "편안하게" 누운 개의 이야기를 전했다. 이 개들은 다른 "화난 개들이 덤벼들면 힘껏 짖어대며 정신이 들게 하고" 그들의 특권에 도전하여 소리 내지 않으면 그저 그대로 있을 뿐이었다. 벤저민은 출판된 책의 마지막 단락 아래에 "순결한 독서를 끝맺음했다"라고 적어서 델에게 최고의 칭찬을 보내며 그와의 영적인 끌림을 표현했다. 벤저민 역시 순결한 교회를 찾는 구도자였고 윌리엄 델에게서 같은 정신을 발견했다.[12]

견유犬儒 철학

벤저민을 아는 사람이 그를 "견유" 철학자로 묘사한 경우가 두 번 있었다. 이러한 언급은 그가 인간 본성에 관해 회의적인 관점을 가지고 있다기보다는 더 깊고 구체적인 다른 것을 의미하는 말이었다. 첫 번째 언급은 1742년 3월 25일 『펜실베이니아 가제트』에 실린 벤저민이 필라델피아 시장에서 보여준 "차 마시기의 허영"에 관한 항변을 다룬 기사에 나타났다. 이 기사의 저자는 십중팔구 3년 반 전에 레이의 책을 출판했고 그에 관해서도 잘 알고 있던 이 신문의 인쇄업자 벤저민 프랭클린이었을 것이다. 그는 벤저민을 "피타고라스를 신봉하는 견유 기독 철학자"라고 불렀다. 두 번째 언급은 존 스미스라는 이름의 펜실베이니아/뉴저지 퀘이커교도 정치인이 4년 후에 자신의 일지에 남긴 기록이었다. "웃긴Comi 견유 철학자 벤저민 레이와 함께 저녁 식사 자리를 가졌다." 앞에 붙은 "웃긴"이 의미하는 바는 명확하지 않지만, 아마도 벤저민이 대화에서 유머를 사용했거나, 아니면 저신장 장애인에게 보이던 흔한 태도처럼 그 역시 다소 "우스웠다"는 점을 짐짓 정중하게 표현한 것일 수도 있다. 어느 경우든 스미스가 저녁 식사 대화에서 견유 철학의 사상을 다루었다는 사실을 암시했다. 이러한 표현은 벤저민의 사상과 활동주의의 형성 그리고 그 특성에 견유 철학이 상당한 영향이 있었다는 점을 보여준다.[13]

벤저민은 고대 철학을 진지하게 읽었다. 그는 고대 그리스와 로마 사상에 관해 당시 영국에서 출판된 가장 큰 규모의 단일 조사서로 1655년에서 1661년 사이 세 권의 책으로 출판된 토머스 스탠리의 『철학의 역사 : 모든 분야 철학자의 생애, 견해, 실천 그리고 담론을 담다』를 읽었다. (벤저민은 아마도 1701년에 한 권으로 묶어 출판된 판형을 읽었을 것이다.) 여기에서 벤저민은 많은 사상가에 관해, 그중에서도 특히 "견유 철학자들"과 그 집단의 창시자라고 할 수 있는 시노페의 디오게네스에 관해 배웠다. 또한, 벤저민은 스토아 철학자 에픽테토스[14]의 작품도 읽었다. 그는 디오게네스를 존경했고 견유 사상을 "가장 고귀하고 고된 인간 소명"으로 여겼다. 벤저민이 런던에서 가져온 책 중에는 1702년에 출판된 『에픽테토스 윤리학, 의학 박사가 쓴 그리스 고유의 작품』도 있었다. 또한, 그는 로마의 스토아 철학자 세네카Seneca the Younger[15]의 작품도 가져왔다. 레이는 이 사상가들과 또 다른 이들의 사상을 활용하여 펜실베이니아에서 노예제와 사회질서에 대한 비판을 형성했다.[16]

학자들은 기원전 4세기 아테네에서 디오게네스(기원전 412년~323년)가 창시한 견유학파가 900년에 걸쳐 거의 일관된 철학적 사고의 선을 이어오며 기원후 5세기 로마까지 이어졌다는 데 동의한다. 견유학파의 기원이 된 디오게네스는 "미친 소크라테스"로 묘사되었다. 소크라테스와 마찬가지로 그는 철학적 사상이 공적인 행동으로 구체화하

레이는 고대 그리스 철학자들의 사상을 연구했고 디오게네스와 견유학파 사람들에게 특별한 관심을 두었다. 레이는 공공연한 대립에서도 자신의 급진적 사상을 실천하며 디오게네스의 본보기를 따랐다.

여야 한다고 믿었으며 그는 이 점을 극단적으로 실천했다. 충격과 자극을 불러일으키기 위해 디오게네스는 단출한 옷에 지팡이를 들고 아테네 거리를 다니며 만나는 모든 사람과 철학적 대화를 가졌다. 그는 당연시되던 모든 지식과 널리 행해지는 모든 관행 그리고 오래된 모든 금기를 공격했다. 그의 여러 금언 중 하나는 "통화通貨를 마멸磨滅하라"[17]였다. 그는 공공장소에서 자위와 배변을 했다고 전해진다. 디오게네스는 전복적 행위를 하나하나 이어가며 지위고하를 막론하고 모든 사람들에게 도전했다. 그는 바깥에서 생활했고 커다란 도자기 항아리에서 잠을 잤으며 모든 곳을 걸어 다녔다. 또한, 채소만 먹고 물만 마시며 모든 면에서 원칙적으로 단순한 삶을 지켰다. 그는 그리스 국적을 거부하고 새로운 종류의 시민권을 주장했다. 그는 스스로 천지만물에 속한 시민인 "세계 시민"cosmopolitan이라 선언하며 현재까지 지속한 새로운 단어를 만들어냈다.[18]

벤저민은 스탠리의 『철학의 역사』에서 읽은 디오게네스의 일화를 통해 그에 관해 많은 것을 배울 수 있었다. 이 철학자가 너무 유명해지자 알렉산더 대왕이 그와 교류하고자 했고 어느 날 그가 평안히 누워 햇볕을 쬐고 있을 때 그를 찾아왔다. 알렉산더는 디오게네스에게 어떤 소원이든 말하면 들어주겠다고 제안했다. "당신이 바라는 바를 청하라." 디오게네스는 위대한 자를 올려다보며 청할 수 있는 것이 단 하나 있다고 답했다. "거기 서서 해를 가리지 마시오." 이는 전에 노예였던 디오게네스가 부유한 명문가의 사람들에게 퍼부은 전설적인 냉소였다. 그는 재치, 개성, 상상력 그리고 진지한 도덕적 전갈을 결합하여 아래로부터의 철학을 실천했다.[19]

크라테스에서 루시안에 이르는 다른 철학자들은 일련의 근본 미덕과 가치 그리고 원리를 진전하여 견유 사상의 총체를 이어가고 확장했다. 이 사상의 핵심은 디오게네스가 알렉산더에게 말하듯이 자유롭고 솔직하며 단순하고 정직한 말로 속세의 권위에 무관심하게 말하는 파레시아라는 개념이었다. 견유학파는 무엇보다도 두려움 없이 말하는 것으로 잘 알려져 있었다. 두 번째 가치는 물질 상품의 간섭과 이로 인해 생겨나는 그릇된 요구 없이 자연의 선물을 즐길 자유를 갖는 이상적인 자족의 상태인 아우타르케이아autarkeia였다. 다음으로는 금욕주의와 인내 그리고 육체의 강인함에 대한 엄격한 훈련인 아스케시스askêsis와 도덕적 강인함을 향한 끈기 있는 자기 통제의 실천인 카르테리아karteria라는 유사한 미덕이 있었다. 다섯 번째이자 마지막 가치는 부, 명성, 외양, 사치 그리고 사회적 지위에 대한 무자비한 공격을 이행하는 투포스tuphos였다. 견유학파는 "자연과 합치하는 삶"을 추구했다. 그들은 동물과의 친화성을 포함하여 서로 연결된 삶에서 범신론적 선견을 가지고 "문명"의 인위성을 벗어나 이에 대비되는 단순하고 자연스러운 존재를 택했다. 이상적인 견유학파 사회는 율법폐기론의 사회였다. 여기에는 법도 없고 법정도 없으며 돈도 없고 전쟁과 노예제 역시 없었다. 친구, 시민, 외국인, 심지어 야만인에게도 자유롭게 주어지는 사랑이 만물의 바탕에 있었다.[20]

　예수를 기리고 따르며 신체와 도덕의 강인함을 기르는 엄격한 수행을 하는 아스케시스와 카르테리아를 지키려는 노력의 일환으로 벤저민은 마태복음 4장 1절의 본보기를 따라 1738년 2월에 40일간의 단식을 시작했다. 그는 하루에 샘물만을 몇 번 마시기로 다짐했다. 처음 며칠 동안 그는 동틀 녘에 일어나 정원을 돌보고 "평소처럼 이웃을 답사"하며 평상시의 일상을 지켰다. 단식 아홉째 날에 그가 말하기를,

나는 "펜실베이니아에 온 이후로 6년이 되는 이번 봄에 전에 없이 건강하다"라고 했다. 그가 필라델피아로 8마일을 걸어가던 어느 날 아침에 그는 벤저민 프랭클린을 만났다. 프랭클린은 훗날 벤저민의 "숨결에 너무 역한 냄새가 나서 눈에서 눈물이 쏟아지려고 할 만큼 극도로 고통스러웠다"라고 말했다. 난식 3주 차에 그의 활력에 문제가 생기기 시작했다. 그는 곧 동굴에 틀어박혔고 결국 침대에 신세를 지게 되었다. 그런데도 여전히 그는 포기하지 않았다. 그는 친구에게 가까운 식탁에 커다란 빵 한 덩이를 놓아달라고 요청했다. 유약한 목소리였지만, 그는 "벤저민 너는 저 빵을 보고 있지만, 먹지는 않을 것이다"라고 반복해서 말하며 자신의 의지를 계속해서 시험했다. 이 시점에서 그의 친구들은 그에게 먹지 않는다면 "분명 죽게 될 것이라고" 설명하며 벤저민의 안부를 걱정했다. 3주 후에는 그의 "정신 상태에 문제가 생기기 시작했고" 이로 인해 친구들은 그에게 음식을 먹이기 시작하면서 그도 천천히 활력을 찾아갔다. 그는 자신의 신체적 한계를 알게 되었지만, 그는 "굳건한 금욕"과 엄격하고 고결한 삶의 방식을 위한 강한 의지를 이어갔다.[21]

벤저민은 견유 사상을 급진적인 기독교 교령에 접목했지만, 이러한 접목의 일부는 그가 태어나기 수백 년 전에 이미 발생했다. 많은 학자가 견유학파는 초기 기독교가 금욕의 실천, 자발적 빈곤, 물질적 재화의 공유 그리고 보편적 사랑의 복음을 형성하는 데 상당한 영향을 주었다고 생각한다. 일부는 예수 자신이 견유 철학자라고 보았고, 특히 예수가 "나는 진리를 증언하고자 세상에 왔다"(요한복음 18장 37절)라고 말한 점은 이러한 주장을 더욱 부추겼다. "돈을 사랑함이 모든 악의 뿌리가 되나니"(디모데전서 6장 10절)라는 유명한 성경 구절은 견유 사상이 담겨있을 뿐만 아니라 이 철학자들이 사용했던 구체적인 역사의 구절이라는 점도 밝힐 필요가 있다. 벤저민은 책의 여백에 "마몬의 저주받은 사랑, 마몬이여, 마몬이 마음을 삼켜 타락시키고 깨달음을 흐리게 하니, 오 첫 기독교인의 축복받은 교리와 실천으로 사치와 오만 그리고 저주받은 탐욕을 내친다"라고 적었다. 벤저민은 사도행전에 기록된 견유 사상가와 "원시 기독교인" 모두를 존경했다.[22]

벤저민은 견유학파의 사상과 실천을 자신의 새로운 혁명적 삶에서 중요한 일부로 삼았다. 디오게네스와 마찬가지로 벤저민은 긴 수염을 기르고 단출한 옷을 입었으며 과일과 채소만 먹고 물만 마셨다. 또한, 지팡이를 쓰고 먼 거리를 걸어 다녔고 이는 1750년대 후반과 1760년대 초반에 그의 초상화를 그린 화가들이 강조했던 벤저민의 주된 특징이었다. 벤저민은 대중 사이에서 철학을 실천하고 자신의 행동에 대한 끊임없는 토론을 형성했다. 로버츠 보우는 집단 토론에서 "그가 자신이 대화하고 있는 이들 마음의 깊이를 재보려는 의도로 논쟁을 일으키기 위해 계산된 견해를 밝히는 언급을 자주 했고 이를 바탕으로 내린 판단은 놀랄 만큼 쉬우면서도 정확했다"라고 기록했다. 그는 폭군들과의 식사를 거부한 디오게네스를 모방하여 노예가 시중을 드는 아침을 대접한 지인과의 자리를 박차고 나왔을 수도 있다. 벤저민과 디오게네스는 모두 그들이 쓴 글보다는 그들의 행동과 그 주변에 형성된 거대한 구전 이야기로 잘 알려져 있었다. 벤저민은 1738년 이후의 삶에서 파레시아(두려움 없는 말), 아우타르케이아(자족), 아스케시스(신체적 강인함), 카르테리아(도덕적 강인함) 그리고 투포스(부와 지위를 향한 공격)를 실천했다. 그는 또 다른 책의 여백에 "돈을 밝히는 자여, 돈은 나라를 파괴하니 악의 샘과 같다"라고 기록했다.

그는 노예제의 죄악을 "익숙하고 편안하며 달콤하게까지" 만든 "관습"에 욕설을 퍼부었다. 심지어 그는 노예제가 노예 주인들을 "게으르고 거만하며 성마르게" 만들기에 이는 노예만이 아니라 주인들에게도 흉하고 끔찍한 제도라는, 견유 사상에 따른 노예제 비판을 일부 추가하기도 했다. 벤저민은 『모든 노예 소유자 … 배교자들』에서 이 주장을 되풀이하며 모든 주인은 "오만하고 까다롭고 게으르고 경멸하고 압제적"이라고 말했다. 마지막으로 벤저민은 다른 견유 사상가들처럼 그 사상과 삶의 방식을 조롱받았다. 척추장애인이었던 크라테스와 마찬가지로 벤저민도 외모로 비웃음을 샀다.[23]

디오게네스와 마찬가지로 벤저민은 재치와 공개적인 언쟁에 능했고 필라델피아 사략선 선장 존 맥퍼슨은 쓰라린 방식으로 이를 경험했다. 그는 벤저민을 발견하고 이 작은 남자와 재치 있는 입담을 나누면서 함께 다니는 동료들에게 "유흥"을 제공하려고 했다. 맥퍼슨은 벤저민에게 다가가서 신사다운 존경의 언어를 쓰며 자신을 "가장 비천한 종"이라고 선언했다. 군중이 모여들자 벤저민은 이에 답하여 "당신이 나의 종인가?"라고 물었다. 맥퍼슨은 "그렇다"고 답했다. 그러자 벤저민은 발을 들어 선장에게 향한 후 요구하기를 "그러면 내 신발이나 닦아라"라고 말했다. 군중은 언행이 맞지 않은 말을 하던 선장이 내뱉은 말에 마땅한 꼴을 당하자 조롱 섞인 웃음을 내질렀다. 체면을 되찾고자 하는 마음에 맥퍼슨 선장은 벤저민에게 천국에 이르는 진정한 길을 가르쳐 주기를 청했다. 벤저민은 "당신이 진정 가르침을 원하는가?"라고 물었다. 맥퍼슨은 그렇다고 단언했다. 그러자 벤저민은 사뭇 진지하게 선지자 미가Micah를 인용하여 답했다. "정의를 행하고 자비를 사랑하며 너의 하나님과 함께 겸손하게 걸어라." 당혹한 맥퍼슨은 자신의 친구들과 말에 올라타 재빨리 달아났고 모인 사람들의 떠들썩한 웃음의 대상은 벤저민이 아니라 그들이었다.[24]

프랭클린은 1742년 3월 필라델피아의 야외 시장에서 있었던 벤저민의 공공연한 행동을 보고 그를 "견유" 철학자라고 불렀다. 벤저민은 탁자를 차려두고 그 위에 좋은 도자기 찻잔과 받침 접시를 한 벌 놓았다. (이는 분명 7년 전에 죽은 사라의 물건이었을 것이다.) 군중이 모이자 벤저민은 망치를 꺼내 찻잔을 하나하나 박살 내며 아시아에서 차를 수확하는 사람들과 아메리카에서 차를 달게 하는 설탕을 생산하는 사람들에 대한 학대를 항의했다. 군중은 충격을 받았고 일부는 벤저민이 아름다운 찻잔을 부숴서는 안 된다며 "그 찻잔을 나에게 주시오!"라고 소리치기도 했다. 다른 이들은 찻잔을 사겠다고 제안하기도 했지만, 벤저민은 듣지 않았다. 박살! 사유재산에 대한 그의 인습 타파의 태도는 대혼란을 일으켰다. 점점 더 모인 무리가 결국 벤저민에게 달려들어 그를 바닥에 내동댕이쳤다. 그가 일어섰을 때 "한 건장한 사내"가 그의 뒤에서 다가왔고 "기민한 움직임으로 그의 머리를 벤저민 다리 사이에 밀어 넣더니 갑자기 일어나 그를 들어 올리고 그를 넘어트렸다." 그러자 이 젊은이의 친구들이 "남은 찻잔과 받침이 부서지지 않도록 지키고" "가져갈 수 있는 만큼 챙겨갔다." 그러나 벤저민은 자신의 주장을 밝혔다.[25]

다시 한번 디오게네스와 마찬가지로 벤저민은 권력자들의 관심을 끄는 요령을 알고 있었다. 그는 『모든 노예 소유자 … 배교자들』에서 영국 왕실과 두 번 만난 적이 있다고 기록했다. 첫 번째는 아마도 그가 런던에 살며 선원으로 일했을 때의 조지 1세 왕, 두 번째는 그가 영국을 떠나 필라델피아로 가기 전인 1720년대 후반 또는 1730년대의 조지 2세 왕과 왕비 캐롤라인이었을 것이다. 그가 어떻게 이러한 만남을 가졌는지는 알려지지 않았다. 그러나 만약 왕과 왕비가 귀족 같은 아첨과 복종만 할 줄 아는 "고상한 난쟁이"를 만나리라 생각하고 있었다면 그들은 곧 고정관념을 뜯어고치게 되었을 것이다. 두 번 모두 벤저민은 선물을 가져갔고 게다가 각각 모두 같은 선물로 1659년에 처음 출판된 존 밀턴의 소책자인 『교회에서 타산을 챙기는 자를 쫓아내기 위한 가장 유력한 수단에 관한 고찰, 십일조와 교회 요금 그리고 교회 수입을 논하고 성직자의 생계를 법으로 해결할 수 있는지 살피다』였다. 벤저민은 "왕과 왕비가 그들에게 파괴적인 해악이 되는 자들과 함께하고 있다는 점을 알 수 있기를" 바라며 그들에게 교권 반대 성향의 고전 문헌을 주었다고 기록했다. 밀턴과 마찬가지로 벤저민은 국교회 성직자들의 "세속적 이해관계"가 심각하게 타락했고 군주들이 이를 알 필요가 있다고 생각했다. 다시 말해 벤저민은 자신의 청중을 이용하여 왕을 "영국 국교회 최고 통치자"라는 이름뿐인 수장으로 삼은 바로 그 체제를 공격했다. 퀘이커교의 디오게네스는 권력에 대고 진실을 말했다.[26]

언론의 자유

벤저민은 책뿐만 아니라 인쇄 문화, 특히 신문과 같은 다른 영역에도 흥미를 느꼈다. 그는 벤저민 프랭클린과 앤드루 브래드퍼드의 인쇄소에서 상당한 시간을 보내며 거기에 자신의 책을 팔기도 하고 때때로 자신이 좋아하는 책을 재출판하기 위한 구독 기금을 모으기도 했다. 로버츠 보우가 1815년에 출판한 벤저민의 전기에서 지적한 바와 같이, 여기에서 그는 노예제에 관한 퀘이커교 논쟁을 넘어선 세계와 교류했다. "벤저민 레이의 마음은 오로지 인간을 거래하는 주체와 이에 따른 충격적인 악행만을 향해있지 않았다. 그는 시민 사회의 이익과 인간의 안녕에 연관된 다른 객체를 관찰하고 조사했다."[27]

이러한 점에서 1738년 4월 『펜실베이니아 가제트』에 실린 논쟁은 특히 흥미로웠다. 프랭클린은 3개월 전에 런던의 『크래프츠맨』에 실렸던 기사를 재출판했다. 이 기사는 뉴욕 주지사 윌리엄 코스비를 비평한 『뉴욕 위클리 저널』의 인쇄업자이자 기고가인 존 피터 젱거를 호소력 있게 옹호하는 기사였다. 주지사는 젱거를 명예 훼손으로 고발하고 1733년에서 1734년 사이에 8개월 동안 그를 감옥에 가두었다. 필라델피아의 뛰어난 변호사인 앤드루 해밀턴의 변호로 젱거는 사건에서 승리했고 독립된 언론에 관한 중요한 법적 이정표와 선례를 마련했다.[28]

최초 기사의 저자는 법정의 극적 사건을 강조하며 젱거의 사건을 "영국 사람의 권리와 특권"을 위한 투쟁으로 규정했다. 변호사 해밀턴은 왕실 재판장 제임스 딜랜시에게 간청했다. "이 사건에 제가 보이는 열정을 관대히 봐주시기를 바랍니다." 주지사 코스비는 "법외의 독단적인 방식으로" 이 인쇄업자를 괴롭히며 자신의 권위를 남용했다. 다른 모든 "사람들을 이끄는 사람"과 마찬가지로 그 역시 해명할 책임이 있었다. 해밀턴은 최종 변론에서 배심원들에게 다음과 같이 설명했다. "지도자들의 통치하에 사람들이 겪는 많은 해악과 압제로 부르짖음과 불평이 생겨나고 이러한 불평은 새로운 압제와 박해의 토대가 됩니다." 따라서 사람들은 "독단적 권력에… '진실'을 말하고 쓰면서" 맞서야 한다. 그는 이 사건은 "그 결과가 광대한 아메리카에서 영 제국 정부 통치하에 사는 모든 자유인에게 영향을 미칠 것이며 여기에는 최선의 대의인 자유에 관한 대의가 있다"라고 말하며 마무리했다. 해밀턴의 연설로 배심원은 짧은 심의 후에 무죄 평결을 내어놓았다. 평결이 발표되자 온 재판장에는 "만세삼창"이 울려 퍼졌다.

필라델피아의 한 무명 신사는 재간행된 기사에 조롱으로 반응하며, 해밀턴은 단지 인기 정치를 보여주며 "평민들의 존경"을 구하고자 하지만, "언론의 자유"에 대한 원칙 있는 약속은 부족하기에 그는 위선자라고 주장했다. 그는 이 위선자가 "모든 존재 중에 이 사회에서 가장 큰 혐오를 사는 파괴적인 자들이라는 사실은 보편적인 동의를 얻고 있다"고 말을 이었다. 그는 두 가지 편견을 담은 호소를 통해 자신의 요점을 다음과 같이 주장했다. 젱거 옹호 기사를 낸 자는 우리에게 "에티오피아 사람이 헬레네처럼 흰 살갗을 가졌다거나[29] 벤 레이가 아메리카 사람 중에 가장 키가 크고 올곧다고 설득하려고 하니," 부끄러움과 경멸을 얻을 만하다.

벤저민은 이 개인적인 모욕뿐만 아니라 여러모로 흥미를 느끼고 있던 더 큰 주장에 대해서도 즉시 반응을 보였다. 그 역시 퀘이커 〈관리감독 위원회〉가 노예제를 비판하는 모든 내용의 출판을 거부하는 데 분주한 모습을 보고, 검열과 표현의 자유에 대한 우려를 하고 있었다. 그들은 존 파머와 랠프 샌디퍼드의 작품 출판을 거절했고 당시 여전히 작업 중이던 벤저민의 책 출판 역시 거부할 것이 분명했다. 벤저민 역시 "사람들을 이끄는 사람들"과 이끄는 자의 "독단적 권력에… '진실'을 말하고 쓰면서" 맞섰다. 이것이 벤저민이 받아들이고 실천하며 따랐던 견유 철학자들의 신조 파레시아였다. 그는 『펜실베이니아 가제트』의 바로 다음 호에서 이 익명의 기고가에 대한 답을 남겼다.

일간에, 그 무익한 글에서 나를 언급한 자에게.

'그대는' 내 키가 크지도, 몸이 올곧지도 않다는 말을 세상에 출판할
자유를 가졌으나, 친우여, 우리가 우리 몸을 만들거나 고칠 수는 없
다. 그러나 우리의 그릇된 삶과 그 방식은 고칠 수 있다. 또한, 우리의
어리석고 무지한 품행과 행동은 고칠 수 있다. 그러니 내가 그대를 작게
타이르는 바에 기분 상하지 말라.

그 후 벤저민은 "이와 같은 자유를 옹호하느라 고충을 겪은" 변호사
해밀턴을 칭송했다. 그의 무명 비평가는 이러한 자유를 "그토록 과장
되고 부당하게 사용했다." 그는 이 신사가 "앞서 언급한 뉴욕 인쇄업자
의 재판에서 한 연설에 대해 언론의 자유와 그 수호자에 반하는 뜻을
담아 바베이도스에서나 떠돌던 이야기"를 퍼뜨리는 것은 잘못되었다고
덧붙였다. 또한, 벤저민은 해밀턴을 아는 사람이라면 누구든 그렇지
않다는 점을 알 수 있었던, 그의 성격에 대한 비난과 이솝 우화의 구절
을 베껴서 라틴어로 휘갈긴 글을 쓰면 "배운 자로 보일 것이라는 헛된
욕망"에도 반대를 표했다. 벤저민은 다음과 같이 말하며 마무리했다.

이제 내가 그대에게 식단을 조절하도록 권하니, 앞으로는 지상의 무
해한 양식을 먹으며 살라. 친우여, 깨끗한 음식은 몸을 깨끗하게 하
니 마음에도 같은 효과를 가지리라. 또한, 그대에게서 흘러나오는 여
러 불순함으로 보니 그대가 더럽게 먹음이로다. 실로 그대는 주변에
독이든 침을 뱉고 시샘으로 어둠에 잠겼으며 그대의 모든 글에는 저
급하게 굽실거리는 더러운 적의가 가득하니, 분명 최근 두꺼비라도
잡아먹었음이리라. 잘 가소서.

벤저민은 짧은 반응으로 자신의 저신장 장애를 가진 몸과 고위층의 학식 그리고 식민 정치와 같은 다양한 주제에 대한 자신의 태도를 보여주었다. 또한, 그는 상당한 수사 기술, 그리고 견유 철학자와 그가 가장 좋아하는 작가인 토머스 트라이온의 사상을 자유로이 구사하는 모습, 또 날카로운 유머 감각까지 보여주었다.

벤저민은 퀘이커교도들에게 익숙한 말투로 "그대"thee와 "당신"thou 이라 말하면서 자신의 키와 외형에 관해 다른 어느 때보다 짐짓 정중한 언급을 남겼다. 이는 현재까지 유일하게 남아있는 역사 자료에서 그가 자신의 목소리로 이 주제를 직접 언급한 유일한 경우였다. 물론 그는 평생 여러 차례 조롱을 겪었기에 그의 반응은 경험을 통해 확실히 선정되고 확인된 것들이었다. 그는 "내 키가 크지도, 올곧지도 않다"는 말을 받아들였고 이내 "우리가 우리 몸을 만들거나 고칠 수는 없다"고 말하며 자신이 이 문제는 통제할 수 없다고 덧붙였다. 그 뒤 그는 그가 더 중요하다고 여기고 있던 "삶과 방식" 그리고 "품행과 행동"이라는 통제할 수 있는 문제로 돌아섰다. 벤저민이 꼼꼼하게 보여주었듯이 그의 "친우"는 여기에 부족함이 있었다.

확실히 벤저민은 불쾌한 기사를 쓴 사람을 알고 있었다. 그는 "그대와 그대의 친우들", "그대의 최근 글" 게다가 아마도 『펜실베이니아 가제트』에도 출판된 것으로 보이는 "그대의 모든 글"이라는 말까지 언급했다. 그는 저자를 바베이도스에 연결했고, 따라서 아마도 노예제와도 연결되어 이 친우의 친구들이 노예 소유주였을 수도 있다. 또한, 벤저민은 젱거 사건에서 승소한 변호사인 앤드루 해밀턴을 알고 존경했음이 분명하다. 이 논쟁은 필라델피아, 바베이도스 그리고 런던으로, 즉 대서양 주변에서 이어지는 자유에 관한 지속적인 논쟁의 일부였다.

벤저민의 목적 중에는 화려하고 귀족적인 문체에 드러나는 저자의 허영심을 드러내고자 함도 있었다. 벤저민은 이솝 우화, 구체적으로 자신이 아닌 다른 무언가로 가장하는 "깃털 빌린 까마귀" 이야기에 관한 지식을 드러냈다. 심지어 벤저민은 "무지한 자들의 존경을 얻으려고 책에서 본 라틴어 기도"를 그대로 읽은 저자를 비난하며 고전적인 저교회파[30] 프로테스탄트의 일침을 슬그머니 끼워 넣기도 했다. 벤저민은 쓸모없다는 의미로 이 자가 "무익한 글"을 썼다고 말하며 최고의 모욕 중 하나를 선사했다.

벤저민은 "자연에 일치하는 삶"이라는 자신의 원칙에 전제를 둔 조언을 하면서 마무리했다. 그는 저자가 인간이나 동물 착취가 필요하지 않은 음식인 "지상의 무해한 양식"으로 살아가면서 몸과 마음을 정화하라고 촉구했다. 갑자기 논의의 방향은 벤저민의 몸만을 향해있지 않게 되었다! 그 상대의 몸은 짧거나 구부러지지 않았지만, 불순함으로 가득 차서 "더러웠다." 그의 방식은 "어리석고 무지했다." 벤저민은 실로 "최근 두꺼비라도 잡아먹었음이리라"라고 적었다. 이 영리하고 유머러스하며 과장된 표현 후 벤저민은 문자에 그대로 담긴 조언으로 말을 마쳤다. "잘 가소서."

행복에 이르는 길

벤저민은 윌리엄 델의 작품을 읽으며 "순결한 독서"라고 칭했고 견유 철학자들의 사상을 실천하며 살 만큼 이들을 높이 사고 있었다. 그러나 그가 더욱 사랑한 다른 작가도 있었다. 당시에는 유명했으나 현재는 잘 알려지지 않은 17세기 후반 영국 대서양 작가인 토머스 트라이온이었다. 공교롭게도 두 남자는 평행한 삶을 살았다. 트라이온도 영국의 급진 프로테스탄트 운동의 상황에서 양치기로 일한 적이 있었고 장인(모자장이)이 되었고 바베이도스에서 한동안 살기도 했다. 그 역시 노예제의 섬뜩함을 알고 있었고 여기에 반대했다. 1758년에서 1760년 사이에 벤저민의 모습을 그린 화가들은 『트라이온의 행복에 관하여』라고 뚜렷하게 적힌 책을 든 퀘이커교도의 모습을 그렸다.

이 책은 트라이온의 1683년 작 『건강과 장수 그리고 행복에 이르는 길, 또는 절제와 인간의 삶에 필요한 모든 사물의 특정 본질에 관한 담론』이었다. 전기 작가 벤저민 러쉬는 벤저민이 이 책을 너무나 사랑했으며 "집을 나서서 답사를 나갈 때에 자주 들고 다녔다"라고 기록했다.[31]

벤저민은 1684년에 출판된 또 다른 책 『동인도와 서인도의 신사 농장주들을 위한 친근한 조언』에 나타난 트라이온의 격한 노예제 고발에 끌렸을 수도 있다. 여기에서 트라이온은 "에티오피아인 또는 흑인 노예"와 그의 기독교인 주인 간의 대화를 상상하며 전자의 인물을 통해 바베이도스 지배계급의 잔인함과 테러에 대한 통렬한 비판을 제시했다. 그러나 벤저민은 트라이온에게 노예제 반대보다 더욱 좋아할 만한 점을 발견했다. 트라이온은 폭력에 반대했고 검소와 절제 같은 다른 퀘이커 사상을 받아들였다. (트라이온은 퀘이커교였던 적이 없었지만, 그의 책 중 많은 수가 퀘이커 인쇄업자에 의해 출판되었다.) 그리스 철학자 피타고라스와 마찬가지로 트라이온은 전쟁의 기원이 동물을 대상으로 행해진 인류의 잔인함에서 비롯되었다고 믿었다. 『모든 노예 소유자 … 배교자들』에서 벤저민은 다음과 같은 트라이온의 핵심 구절을 반복해서 언급했다. "자비로운 자는 짐승에게도 자비롭다." 젱거 논쟁에서 음식과 신체 그리고 마음에 관한 벤저민의 언급은 트라이온의 가장 근본적인 사상을 되풀이했다.[32]

트라이온은 인간의 "건강과 장수 그리고 행복"을 증진하는 채식주의 주장에 독일 신비주의(하인리히 코르넬리우스와 야콥 뵈메), 신플라톤주의(피타고라스) 그리고 인도 힌두교를 접목했다. 그는 "나는 하나님께서 인간과 짐승, 물고기와 날짐승 그리고 모든 신록을 포함한 모든 존재에 깃드셨다는 점을 안다"라는 기록을 남긴 감리교도 신발장이 제이콥 바우섬리를 따랐다. 트라이온은 토지의 수용을 "폭력의 효과"로 보았고 소와 다른 동물들이 산업용으로 생산되어 "제조품처럼 (다뤄지며) 대량 생산품"으로 변질해버렸다고 반복해서 주장했다. 트라이온은 동물들을 "이 세상의 동포 시민"이라고 부르며 그들 역시 자연의 권리를 가진다고 주장했다. 인도 브라만 철학자들에게 상당한 영향을 받은 그는 「말들이 가진 주인에 대한 불평」을 비롯한 여러 가지 아래로부터의 역사와 「하늘의 새와 날짐승이 그들의 창조자에게 가진 불평, 이 땅의 대부분 나라에서 그들에게 가해지는 압제와 폭력, 특히 최근 아메리카의 여러 지방에 정착한 기독교인이라 불리는 인간으로부터의 폭력에 관하여」를 비롯한 위로부터의 역사를 기록했다. 트라이온은 동물의 목소리로 이러한 불만을 설명했다. "우리〔말들〕은 그들〔주인〕의 수레와 짐마차에 든 짐과 전차나 마차에 든 그들의 비대하고 나태한 몸뚱이를 끄느라 큰 노고와 고역에 시달린다."[33]

트라이온과 레이는 모두 1640년대와 1650년대의 영국 혁명가들에게는 "시민"이라는 의미였다가 후에 프랑스에서는 같은 운동 안에서의 평등과 연대 그리고 화합을 표현하는 의미가 된 "동포"라는 문구를 좋아했다. 1660년에 왕정이 회복되고 오랜 시간이 흐른 후 "동포"

는 급진주의의 표식으로서 자리 잡았다. 이후 급진주의의 붉은 실은 겹겹이 두텁게 엮여 19세기에 노예제 폐지론이라는 헝겊으로 누벼지며 살아남았다. 벤저민은 동료 퀘이커교도, 계약하인, 노예 그리고 동물들 사이의 분리를 거부하고 가까운 관계를 표현하기 위해 이 문구를 반복해서 사용했다. 모든 존재가 동포였다. 트라이온은 "우리는 모두 위대한 창조주의 손으로 빚어진 작품이 아닌가?"라고 물었다. 그는 우리가 모두 같은 신성의 불꽃을 부여받은 것이 아닌지 궁금했다.[34]

벤저민은 트라이온을 통해 피타고라스(기원전 570년~495년)를 알게 되었지만, 직접 그에 관해 읽기도 하고 『모든 노예 소유자 … 배교자들』에서도 그를 인용했다. 17세기와 18세기에 피타고라스는 그 유명한 기하학 공식($a^2+b^2=c^2$)뿐만 아니라 채식주의와 동물 살해 반대자로도 유명했다. 피타고라스는 "인간이 열등한 생명체에 대한 무자비한 파괴를 이어가는 한 인간은 결코 건강과 평화를 알지 못할 것이다. 인간이 동물을 학살하는 한 그들은 서로를 죽일 것이다. 실로 살인과 고통의 씨앗을 뿌린 자라면 기쁨과 사랑을 거두지는 못할 것이다"라고 말했다. 벤저민이 소중히 여긴 사상의 고대 기원이 여기에 있었다.[35]

따라서 채식주의는 고전적인 뿌리를 가지고 있었지만, 영국 혁명으로 돋우어진 토양에서 새롭게 싹을 틔웠다. 트리스트람 스튜어트는 많은 급진주의자가 "사치스러운 주류에 대한 반대 의견을 형성하기 위해 채식주의를 활용하고 학살 없는 평등 사회를 만들기 위한 무혈 혁명을 요구했다"라고 기록했다.[36] 벤저민은 동굴에 살던 채식주의자 토머스 부쉘이나 감리교도풍의 채식주의 선지자 존 로빈스에게 영감을 받았을 수도 있다. 전에 군인이었다가 수평파 "선동꾼"으로 매

1650년대에 채식주의자로서 오직 "풀과 뿌리"만 먹었던 영국 혁명의 수평파 군인 로저 크랩은 레이에게 본보기가 되었을 것이다.

도된 로저 크랩의 삶은 가장 흥미로우면서도 많은 모습을 닮아 있었다. 그는 아마도 1649년 버퍼드의 수평파 대반란 이후에 크롬웰로부터 사형을 선고받았을 것이다. (몇몇은 형이 집행되었지만,) 일부의 형

집행이 연기되고 크랩은 시골로 물러가 생활을 하며 2세대 이후 레이가 그랬던 것과 같이 "기묘함이 가득 차서 견줄 데 없는 삶"을 살았다. 그는 『영국의 은둔자』라는 제목의 책에서 선언했듯이 자신을 "시대의 불가사의"라 생각했다. 크랩은 "어떤 종류의 고기나 생선 또는 생물을 먹든, 어떤 종류의 와인이나 에일 또는 맥주를 먹든 이는 몸과 영혼에 대한 죄악"이라고 생각했다. 벤저민과 마찬가지로 그는 대신에 "양배추, 순무, 당근, 소리쟁이풀 그리고 벼와 같은 뿌리와 풀"을 먹었고 "삼베옷"을 입었다. 그는 평화주의를 실천했고 "보편적 사랑"을 선포했으며 다른 훌륭한 율법 폐기론자와 마찬가지로 스스로가 "율법 위에 선 존재"라고 생각했다.[37]

벤저민은 견유 철학자들의 유사한 사상을 활용했을 때와 같은 방식으로 트라이온의 사상을 활용했다. 바로 사상을 따른 실천이었다. 트라이온은 여러 면에서 단지 "자연을 따르는 삶"이 아닌 상위법이라고 할 수 있는 "자연에서의 하나님 섭리"를 따르면서 사는 기독교적 방식의 견유 사상을 제시했다. 폭력 없이 "무해한" 삶을 사는 것이 목적이었고 트라이온은 이를 사람들에게 "압제와 고통을 주지 않는" 상태라고 기록했다. 동물을 죽이는 것은 황금률을 어기는 것이었다. 트라이온은 물이 가장 단순하면서도 "평등한 성질"을 부여받았기에 최적의 음료라고 기록했다. 벤저민은 트라이온이 제안했듯이 단출하게 염색하지 않은 옷을 입었다. 그는 금욕과 절제를 받아들였다. 벤저민 프랭클린과 마찬가지로 그 역시 "적음이 족함이다"라고 생각했다. 심지어 그는 트라이온이 "만물이 차분하고 고요하며 선한 영혼의 목소리처럼 상냥하고 꽃망울 터지듯 조용하여 나무가 울리는 황홀한 음악의 하모니와 순수한 소와 말의 울음과 어여쁜 양의 울음 외에는 아무 소음이 없는" 장소라고 묘사했던 시골로 물러갔다. 벤저민은 이 모든 일을 행하게 되면 "인류"가 "달콤하고 안락하며 행복한 삶"을 살 수 있게 될 것으로 기록했다.[38]

1738년 이후 벤저민은 새로운 삶의 방식을 구축하면서 윌리엄 델, 견유 철학자, 피타고라스 그리고 토머스 트라이온의 사상을 접목했으며, 이들 중 누구도 퀘이커교도가 아니었다는 점은 강조할 필요가 있다. 대부분은 심지어 기독교인도 아니었다. 자유사상가 벤저민은 새로운 무언가를 행해야 한다고 결심했다. 신선한 사상과 풍부한 세상 경험으로 무장한 그는 노예제와 폭력 그리고 자본주의의 문화 및 경제로부터 철수했다. 그는 1734년에 사라와 공통장(공유지)으로 돌아왔고 1735년에 그녀가 사망한 후에는 새로운 삶의 방식에 더욱 몰두했다.

땅으로 돌아가기

벤저민과 사라의 새로운 고향 애빙턴은 필라델피아에서 북쪽으로 8마일 떨어져 있었다. 레니 레나페 인디언과의 조약에 의해 1683년에는 동쪽 절반이, 1687년에는 서쪽 절반이 식민지의 소유로 넘어왔다. 언제나 역사에 흥미를 느꼈던 벤저민은 윌리엄 펜이 선주민 지도자 타마넨드로부터 땅을 얻어낸 비폭력적인 방식에 자부심을 가졌고, 아이들에게 최초의 조약이 성사된 장소로 여겨지던 샤카막슨의 유명한 느릅나무에 관해 가르쳤다. 후에 볼테르는 이 조약이 기독교인과 인디언 사이에 맺은 조약 중 유일하게 깨어지지 않은 조약이라고 언급했다. 벤저민 웨스트도 1771년에서 1772년 사이에 그린 유명한 그림으로 이 사건을 기념했다.[39]

벤저민과 사라는 1690년대 애빙턴 정착을 시작하던 퀘이커교에 합류했다. 토질은 우수했고 식민지는 1693년에 북동부의 뉴욕을 향한 상거래의 주요 노선인 "요크 로드" 건설을 시작했다. 벤저민과 사라가 그곳으로 이주했던 1734년의 애빙턴 토지 소유주 대장에는 42명의 이름이 포함되어 있었고 이들 중 38명은 50에이커에서 500에이커 사이의 땅을 각각 소유하고 있었다. 이들 수치의 중앙값은 100에이커였는데, 이는 이곳이 농경을 위해 천천히 토지를 개간한 소규모 자작농들의 정착지였다는 사실을 보여준다. 벤저민과 사라는 땅을 직접 사지 않고 대신 동료 퀘이커교도 존과 앤 핍스가 애빙턴의 친우회 예배당에서 4분의 1마일 떨어진 옛 요크 로드에 소유한 사유지의 작은 구획에서 살기로 했다.[40]

여기서 벤저민은 점점 더 커지는 세계 시장 경제 바깥에서 자신의 삶을 재구성하기로 했다. 그는 "깨끗한 샘물이 있는 곳 가까이" 머무를 곳을 선택하고 "땅에 난 자연 동굴에 널찍한 공간을 제공할" 작은 오두막을 세워서 자신의 거처를 직접 지었다. 그는 입구에 돌을 쌓아 안쪽으로 대어 놓고 상록수 잔가지로 지붕을 만들었다. 동굴의 내부는 언뜻 보기에도 방적기를 둘 공간이 있을 정도로 꽤 넓었다. 그는 동물을 포함해 다른 이들의 노동을 착취하지 않기 위해 옷을 스스로 해 입었다. "그는 심지어 옷에 양모도 사용하지 않았고 삼베로 만든 옷 외에는 결코 입지 않았다" 그의 거실은 "전적으로 벤저민 혼자 엮은 실타래로" 줄 장식이 되어 있었다. 또한, 동굴에는 큰 서재도 있었다. 이곳이 그가 "성찰과 독서 그리고 글쓰기"라는 마음의 삶을 사는 장소였다. 그는 가까운 곳에 사과와 복숭아 그리고 호두나무를 심었고 100피트 길이에 달하는 대규모 벌 식민지, 양봉장도 돌보았다. 꿀은 그의 식단에서 아주 중요했지만, 결코 벌을 죽이지는 않았다. 또한, 그는 토마토, 호박, 무 그리고 멜론도 재배했다. 그는 본질적으로 자신만의 공통장[공유지]을 만들었다.[41]

벤저민은 자신의 진화한 민주주의, 평등주의 그리고 율법 폐기론의 원칙을 온전히 지키는 삶을 살았다. 그는 퀘이커교의 방식이라고 할 수 있는 "수수한" 형식을 넘어서서 단순하고 검소하게 살았다. 그는 오직 과일과 채소만 먹었고 우유와 물만 마셨다. 그는 비건이라는 단어가 생겨나기 2세기 전에 거의 이러한 유형에 가까운 엄격한 채식주의자로 살았다. 성스러운 범신론으로 인해 그는 하나님이 모든 만물에 존재하신다고 믿었기에 "육류"를 먹지 않았다. 동물 역시 "하나님의 피조물"이었다. 그는 어떤 경우에라도 사형에는 반대했으며 심지어 동물들도 여기에 포함했다. 가장 두드러진 면으로, 벤저민은 의식적으로 노예 노동으로 생산된 모든 상품을 불매했다. 그는 시장의 어두운 비밀을 알고 있었다. 그는 설탕 상품이 생산되는 폭력적인 환경과 그 생산자들의 고통을 보았다. 그는 이 모든 광경을 "피가 밴 설탕을 만들던" 바베이도스에서 처음 파악했다. 벤저민은 자신의 불매를 사람들이 자신이 정원에서 기르는 "지상의 무해한 양식"과 같은 것으로 살아가는 방법을 배워야 한다는 긍정적인 사상으로 확장했다. 그는 새로운 생태계 지각을 구현하며 "자연과 합치하는 삶"을 살았다.[42]

벤저민의 특이한 삶의 방식은 그가 사상을 어떻게 실천으로 옮기는지 보고자 했던 사람들의 호기심을 끌었다. 그를 방문한 사람들이 말하고 글로 쓴 이야기는 광대한 민간전승을 낳았다. 주지사 리처드 펜과 벤저민 프랭클린 그리고 "다른 일부 신사들"이 그의 동굴에 들렀고 벤저민은 그들을 "일상의 예의"로 맞은 후 언제나 그들과 재치 있고 완고한 정직의 대화를 가졌다. 그 후 그는 탁자에 저녁을 준비하며 자신이 기른 풍성한 과일과 채소로 탁자를 채웠다. 그는 방문자들에게 "집에서 먹는 식사와 같지 않겠지만, 당신이나 나에게 충분히 좋은 식사이니, 대단하지는 않지만, 마음껏 드시오"라고 전했다. 그가 가장 좋아하는 식사는 "순무를 익힌 후 볶은 깃"이었다. 가장 좋아하는 음료는 "맑은 물"이었다. 그는 스스로 영양가 있는 음식을 생산했고 생계를 위해 금전 경제에 의존하지 않았다.[43]

벤저민은 철학적 뜻에 따라 고기 먹기를 거부하기도 했지만, 일부는 개인적이고 기질적인 이유도 있었다. 그는 예민한 마음을 가졌고 잔인함을 견딜 수 없었으며, 심지어 자신이 행한 잔인함도 마찬가지였다. 한때 그는 자신의 정원을 여러 번 망치는 땅다람쥐를 만났다. 그는 이 말썽꾸러기 동물을 잡아 죽였고 사체를 조각내 정원의 네 모퉁이에 못으로 박았다. 아마도 그는 영국 지배계급이 범죄자의 몸을 잡아 늘이고 네 조각으로 잘라 죽인 후 다른 사람들을 공포에 빠트리기 위해 사체 조각을 내다 걸었던 관행을 무의식적으로 따라 했을 것이다. 레이는 이내 잔인한 행동에 대한 후회에 시달렸고 얼마 지나지 않아 트라이온으로부터 감화받은 대로 동물을 죽이거나 먹지 않기로 하며 스스로 채식주의자라고 선언했다. 트라이온은 세상과의 "조화와 화합"을 바탕으로 한 조용하고 단순한 시골 생활의 미덕을 권고했다. 레이는 삶의 마지막 단계에서 인류가 자연과 맺은 가장 근본적인 관계를 재고하며 트라이온을 따랐다.[44]

새 예루살렘

벤저민의 "자연과 합치하는 삶"에서 마지막이자 실로 핵심이 되는 요소는 기독교 금욕주의였다. 그는 금욕과 겸손 그리고 은둔 생활을 통해 영적 강인함을 추구한 독실한 사람과 오래도록 같은 계통의 삶을 살았다. 선지자 예레미야도 수 세기에 걸쳐 여러 수도승이 그랬듯이 동굴에서 살았다. 1688년에 노예제에 반대하는 필라델피아 북서부 지역 청원의 초안을 작성한 프랜시스 대니얼 파스토리우스는 필라델피아 정착 초기에 프런트와 스프러스 스트리트의 동굴에서 살았다. 요하네스 켈피우스와 같은 독일의 경건주의자들은 벤저민의 동굴에서 멀지 않은 또 다른 동굴에서 살았다. 이들은 아담과 이브가 에덴동산에서 쫓겨나기 전에, 그러한 타락 전의 인간이 가졌던 잃어버린 순수함을 되찾고자 하는 공동의 노력을 기울였다. 벤저민은 이러한 희망을 공유하며 의식적으로 여기에 자연, 다른 인류, 동물 그리고 "지상의 무해한 양식"과의 윤리적인 관계를 포함할 수 있도록 이를 확장하고자 했다. 인류에 대한 벤저민의 가장 큰 도전과제는 단지 노예제를 폐지하는 것이 아니라 모든 형태의 착취와 압제를 뿌리 뽑는 것이었다. 그는 자기 삶의 방식으로 이에 관한 본보기를 보이고자 했다. 그는 내면의 자기 영혼과 외면의 작은 땅덩어리에 새 예루살렘을 지었다. 이는 미래를 구체화한 예언이었다.[45]

결국 벤저민의 이상 사회는 "유대인의 만나[46]가 원래 값을 치르지 않았듯이 돈이나 값을 치르지 않고도 매일 과일을 가져갈 합당한 권리를 가질 수 있는" 장소로 모든 이들이 "향기롭고 시원한 생명의 강에서 마실 것을 구하고 생명의 나무에서는 음식을 구하러" 다녀갈 수 있는 곳이었다. 생계는 돈으로 좌지우지되어서는 안 되며 이를 거머쥔 자들에 의해 제한되어서도 안 되었다. 벤저민은 환희를 담아 말을 이어갔다. "오! 참으로 기쁘도다. 이와 같은 음식을 먹고 이와 같은 음료를 마시니." 그의 가장 큰 희망이자 궁극적인 정치 목표는 "다른 몇몇 사람들에게 그러하듯이, 이 땅이 모든 사람들에게 다시 낙원이 되는 것"이었다.[47]

THE
FEARLESS
BENJAMIN
LAY

1757년에 70세가 된 벤저민은 건강이 악화하기 시작했다. 그는 몇 해 전부터 "유약해지는 몸"에 관해 하소연했지만, 결코 활기를 잃지는 않았다. 그의 마음은 깨끗했고 영혼은 전에 없이 열정적이었지만, 이제 먼 거리를 다녔던 그의 발걸음은 멈췄다. 그는 애빙턴 동굴에 있는 집에 머물렀고 여전히 나태를 유해한 것으로 여기며 정원을 돌보고 삼베를 짰으며 다른 "가사일"을 계속했다. 그는 자신의 벌들이 거대하고 분잡한 벌집 안에서 일하는 모습을 바라보는 데 특별한 즐거움을 얻었다. 그는 소중한 서재에서 책을 읽었다. 그는 아내 사라보다 20년을 더 살았다.[1]

벤저민은 동굴에서 여전히 방문객들을 맞이했다. 벤저민은 그들 중 한 사람에게 자신이 죽은 후에 부탁을 들어주면 100파운드를 주겠다며 놀라운 제안을 했다. "시신을 불태우고 그 재를 바다에 뿌려주시오." 화장은 19세기에나 관행으로 받아들여졌기에 아직은 이른 시기였고 당시 기독교인에게는 그저 야만적인 이교 신앙 행위에 불과했다. 벤저민은 놀란 방문객에게 이 부탁에 관해 아무 설명도 하지 않았지만, 그의 삶에 중요한 시기를 채운 바다에서 겪은 무언가가 이러한 행동을 하게 했다는 점은 의심의 여지가 없다. 벤저민의 전기 작가 로버츠 보우는 어쩌면 벤저민이 평등과 신체적 건강 그리고 금욕 생활과 같이 퀘이커교도들이 모두 소중히 여겼던 가치를 집약하여 보여주었던 고대 스파르타의 전설적인 지도자 리쿠르고스[2]의 본보기를 따르고자 했을 것으로 추측했다. 어찌 되었든, 방문객은 그 부탁을 거절했고 벤저민은 "이후에는 결코 이를 언급하지 않았던 것"으로 보인다.[3]

폐지론의 희망을 공유하던 친구이자 동료 퀘이커교도인 또 다른 방문객은 7년 전쟁이 한창이던 1758년에 벤저민의 동굴에 왔다. 7년 전쟁은 벤저민이 20년 전에 예언한 피의 재앙으로 볼 수 있었다. 1754년 이후 퀘이커 개혁가들은 더 단순한 생활 방식과 더 엄격한 교회 규율 그리고 점진적인 노예제 종언을 요구하는 내부 "정화" 운동을 감행했다. 이 모든 개혁은 하나님의 분노를 가라앉히고자 하는 목적을 가지고 있었다. 전쟁의 살육과 혼돈을 뚫고 방문객은 벤저민의 생애에서 가장 좋은 소식을 가져왔다. 1758년 〈필라델피아 연례회의〉는 여러 차례 아래로부터의 동요를 거친 후 노예를 거래한 퀘이커교도에게 징계를 부여하고 결국에는 자격을 박탈하는 절차를 시작했다. 노예 소유는 여전히 허용되었지만(이는 18년을 더 지속한다), 폐지를 향한 첫 번째 큰 발걸음이었다. 친구가 이 소식을 전하자 벤저민은 침묵에 빠졌다. "몇 분간의 성찰" 후에 그는 의자에서 일어나 "경건한 숭배의 태도"로 다음과 같이 말했다. "주 하나님께 감사와 찬양을 전합니다." 잠시 후 그는 "이제 평화롭게 안식에 들 수 있겠다"라고 덧붙였다. 그의 노고가 결실을 보았고 그의 예언도 부분적으로 실현되어 그는 "환희의 전망"을 얻을 수 있었다. 그는 이 땅에서의 시간을 "평온하게" 마무리할 수 있게 되었다. 그의 사랑하는 동료 퀘이커교도들이 마침내 빛을 보기 시작했다.[4]

이 만남이 끝나고 얼마 지나지 않아 벤저민의 건강은 심각하게 악화하였다. 구체적인 원인은 알려져 있지 않다. 조슈아 모리스를 필두로 한 그의 친구들이 그를 위해 할 수 있는 일을 논의하기 위해 모였다. 벤저민은 자신을 애빙턴에 있는 조슈아의 집에 데려가 달라고 요청했고 그들은 그를 데려갔다. 벤저민을 알던 몇몇 사람으로부터 그의 죽음에 관해 들었던 보우에 따르면 "이어지는 지독한 병은 그 주변의 사람들이 그의 삶이 마감되리라 생각하기에 충분했고, 레이도

스스로 자신의 위험을 온전히 알고 있었다." 그는 10일을 더 살았고 1759년 2월 3일에 "평화롭게 생명을 주신 이에게 자신의 생명을 바쳤다." 이렇게 41년 동안 이어진 "아프리카인 노예제에 맞선 열정의 간증도" 막을 내렸다.[5]

딩시 대부분의 퀘이커교도와 마찬가지로 벤저민은 사후에 계급 구분을 갖지 않기로 했다. 그는 애빙턴 근방의 퀘이커 매장지에 있는 소중한 인연 사라 가까운 곳의 표식 없는 무덤에 묻혔다. 1759년의 "애빙턴 매장식" 기록에는 다음과 같이 간단한 표기가 남아있다. "애빙턴의 벤저민 레이, 80세의 나이로 2월의 일곱째 날에 죽고 아홉째 날에 묻히다." 기록자는 그의 나이를 세 살 더 높이는 오류를 범했다. 퀘이커교도의 죽음에 관한 다른 기록 사항으로 여백에는 원로elder를 의미하는 "E"나 성직자minister를 의미하는 "M"과 함께 그 사람이 회중의 구성원이었는지 여부가 기록되어 있었다. 벤저민의 이름에는 나란히 적힌 내용이 전혀 없었고 이는 그에게 고통과 슬픔의 원천이었다. 그는 자신이 사랑했던 신앙에서 이방인으로 묻혔다.[6]

벤저민은 콜체스터를 떠나 필라델피아로 향하기 전인 1731년에 유언을 남겼다. 28년이 지났지만, 이 유언은 여전히 효력이 있었다. 원래 그는 "내 모든 물건, 가재도구, 금전 그리고 사유 부동산"을 오래전에 고인이 된 사라에게 상속했다. 그들에게는 아이가 없었다. 이제 대부분 부동산은 다른 가족 구성원에게 돌아갔고, 특히 작고한 이복형제 존의 아이들과 그의 어머니 쪽 친척 몇몇이 이를 상속받았다. 그러나 벤저민은 대부분의 돈을 "가난한 친구들"에게 남겼다. 여기에 지칭된 두 단어는 매우 중요했다. 그는 양모 생산자, 정원사, 톱장이, 도살자, 제분업자 그리고 직조공과 같은 동료 노동자들을 도왔다. 심지어 그는 콜체스터 퀘이커 매장지의 묘지기이자 모임에서 그를 내던져버렸던 경비 무리였던 사이러스 스콧에게도 돈을 남겼다! 벤저민은 악감정을 가지고 있지 않았다. 남편을 잃은 부인들은 그의 유언에서 가장 큰 상속 대상자 집단이었고 상속인 명단의 절반이 넘는 대상이 여성이었다. 그는 자신이 명단에 올린 모든 이들에게 유산을 보내주고도 남은 돈이 있다면 여분의 돈은 "모임에 속한 다음으로 가장 가난한 사람"에게 보내도록 하는 아래로부터의 상향식 접근을 보여주었다. 조건은 단지 그 사람이 "선한 삶과 행동을 보이며 건실한 원칙을 가진 자"인 경우였다. (많은 이들이 벤저민이 가진 원칙의 건실함을 의심했기에 이 조항이 모순된다고 생각했다. 벤저민 자신은 본인의 원칙을 의심하지 않았다.) 또한, 그는 자신의 돈이 회중으로부터 "헌금을 받지 않는", 다시 말해 다른 생계수단이 없는 "〈콜체스터 월례회의〉의 가난한 친우들에게 도움의 손길을" 주어야 한다고 명시했다. 그는 (100파운드에 달하는) 가장 큰 단일 금액을 "아메리카로 이주하기를" 원하는 가난한 퀘이커교도들에게 각각 5파운드씩 지급하도록 남겼다. 이는 가난한 사람들이 스스로 노역을 계약하지 않고도 이주할 수 있도록 했다.[7]

벤저민은 조슈아 모리스의 농장에서 임종하며 구두로 전한 유언에서 "가난한 자들을 위한 우선 사항"을 이어갔다. 속세의 물건에 거의 관심이 없던 이 남자는 자기 물건을 모두 처분하기로 했다. "멀쩡한 마음과 기억 그리고 분별"이 끝나갈 무렵 벤저민은 친구들에게 그를 마지막으로 자격 박탈했던 회의인 〈애빙턴 월례회의〉의 학교에 40파운드를 남겨 "이 사회에 속한 가난한 아이들을 위한 교육에 쓸 수 있도록" 하고자 했다. 그의 마지막 소원은 파괴적인 계급 권력에 대한 답

이었다.[8]

"작고한 벤저민 레이의 재산 목록"은 호기심 넘치는 소장품들로 가득 찼다. "원시 기독교인들"과 마찬가지로 속세의 물건을 경멸한 사람이 어떻게 사망했을 때 586파운드(2016년 달러 기준으로 117,000달러)에 달하는 재산을 가졌을까? 벤저민은 살아오는 동안 선원, 장갑장이 그리고 소규모 상인으로 돈을 벌었고 아마도 그의 간소한 삶의 방식으로 인해 결코 많은 돈을 쓰지 않았을 것이다. 퀘이커 교리는 신자들에게 "수수한" 생활방식을 요구했고 벤저민은 언제나 열정을 다해 이 점을 극단적으로 수행했다. 게다가 삶의 마지막 해에 그는 자신의 음식과 옷을 직접 생산했고 이는 그가 아마도 책을 제외하고는 생활비를 전혀 쓰지 않았다는 것을 의미했다. 벤저민은 자신의 방식으로, 절제하고 열심히 일하면서 돈을 벌지만, 결코 쓰지 않는 프로테스탄트가 결국은 예기치 않은 축적을 하게 된다는 막스 베버의 유명한 이론을 보여주었다.[9]

벤저민 재산의 80퍼센트는 그가 빌려준 돈의 채권과 어음이었다. 그는 "돈의 이자를 주고받는 것을 강탈이라고" 부르며 우려하기는 했지만, 여기에는 이자도 포함되어 있었다. 그는 "몸이 약해지고 해가 갈수록 더해지고 있었기에" 이로 인해 아마도 "손으로 하는 일 말고도 살아갈 다른 무언가가" 필요할 것이라고 말하며 이러한 행동에 정당성을 부여했다. 따라서 대출은 일종의 보장이었지만, 우리에게 그 또는 그의 재산의 상속을 집행한 사람이 이를 상환받으려고 했다는 근거는 없다. 아마도 벤저민에게 빌린 돈은 그가 유언으로 넘겨준 돈과 같이 수많은 가난한 이들에게 빌려준 적은 액수였을 것이다. 벤저민은 자선가로서 일상적으로 돈을 나누어주었다. 예를 들어 1757년에 그는 "가난한 이들을 무상으로 수용하고 치료하기 위해" 1751년에 처음 지어진 펜실베이니아 병원 증축을 지원하기 위해 20파운드를 기부했다. 한때 그는 제삼자를 통해 "이 돈을 그녀에게 주되 어디서 생겼는지는 알려주지 말라"라고 그에게 일러두고 이웃의 가난한 여자에게 은화 몇 개를 주기도 했다.[10]

벤저민이 남긴 여러 유품은 길고 변화무쌍한 삶의 잔재였고, 남은 물건을 한데 모아 아마도 벤저민이 살았던 땅의 소유자인 동료 퀘이커교도 존 핍스가 소유한 헛간이나 창고에 쌓아두었을 것이다. 거의 25년 전에 죽었던 사라의 유품도 몇몇 포함된 이 물건들 대부분은 "손상되어" 있었다. 유품의 목록을 보면 값어치가 거의 또는 전혀 없는 "고인이 된 아내 소유의 매우 낡고 잡다한 옷가지"도 있었다. 몇몇 "델프"(델프트) 접시와 사발 그리고 식기류뿐만 아니라 "도자기" 받침 접시와 찻잔 역시 목록에 올라 있었고 이로 보아 아마도 벤저민이 1742년에 차와 설탕에 대해 항의하면서 사라의 아름다운 식기들을 모두 박살 내지는 않았던 것으로 보인다. 은 숟가락과 백랍 접시와 같은 몇몇 값나가는 물건 역시 아마도 사라의 물건이었을 것이다.

가장 많은 수가 남겨진 품목은 아마도 그가 바베이도스에서 일반 상점을 운영하다가 남은 천(무명, 삼베, 비단), 손수건, 찻잔, 촛대, 칼, 나이프, 포크와 같은 생활용품들이었을 것이다. (벤저민이 필라델피아나 그 주변에서 서점 말고 다른 소매점을 운영했을 수도 있지만, 그에 관한 기록은 남아있지 않았다.) 비록 1730년대 동안 벤저민이 채식주의자와 동물 권리를 따르기 시작하면서 이와 같은 상품을 사용하거나 생산하지는 않았지만, 장갑, 가위 그리고 순록이나 양가죽으로 만든 물건은 장갑장이로 살았던 그 노동자로서의 삶에 걸맞았다. 그의 생애 후반을 더욱 잘 반영한 물건은 꿀이 가득 든 "토기"와 옷을 짜기 위해 직접 손으로 아마에서 짜낸 11야드 길이의 아마포였다. 이 물건들은 생산하는 데 어떤 동물에게도 해를 입히지 않았다.

아마도 가장 소중히 여겨졌던 벤저민의 재산은 두말할 나위 없이 많이 사용해서 낡은 "두 권의 큰 성경"과 20권의 2절판 책(가장 큰 크기), 19권의 4절판 책(조금 작은 크기), 59권의 8절판 책(더 작은 크기), 39권의 12절판 책(가장 작은 크기) 그리고 "잡다한 종이책"이었을 것이다. 여기에는 『플루타르크 영웅전』과 철학, 신학 및 역사에 관한 광범위하게 다양한 작품이 포함되었다. 또한, 그 나이의 독자들에게는 언제나 유용한 "돋보기"와 "독서대"도 가지고 있었다. 작가인 벤저민은 "두 첩의 종이"와 잉크를 만들기 위한 발로니아 껍질(도토리받침)도 수중에 두고 있었다. 그는 미간행 기록도 남겼지만, 우리는 그 글이 무엇에 관한 글이었는지 알 수 없다. 그의 글은 존 핍스에게 남겨졌지만, 1778년 말 아메리카 혁명 동안 애빙턴과 주변 지역을 점령한 영 제국 군대에 의해 파괴된 것으로 보인다.[11]

힘을 잃은 선지자

벤저민의 건강이 악화하던 1758년 봄에 데버라 프랭클린은, 당시 런던에서 머무르며 영 제국 정부에 아메리카 식민지를 대표하던 자신의 남편 벤저민 프랭클린에게 선물을 보내기로 했다. 그녀는 지역의 화가 윌리엄 윌리엄스에게 벤저민 레이의 초상화를 그리도록 의뢰했다. 두 벤저민의 관계는 1738년 『모든 노예 소유자 … 배교자들』을 출판했던 20년 전으로 거슬러 올라간다. 데버라는 이를 통해 잊지 못할 인물이자 아마도 역사적인 인물로 남을 사람의 죽음을 앞두고 그의 삶을 기념하기 위한 기분 좋은 유품을 남길 수 있으리라 생각했을 것이다. 벤저민 프랭클린은 이 초상화를 발견하고는 아내에게 편지를 써서 "당신이 어떻게 벤 레이의 그림을 가지게 되었는지 궁금하군요"라고 말했다. 화가는 후에 1791년 날짜로 자신의 작품 전체 목록을 정리하면서 그가 "벤저민 프랭클린 박사에게 주는 벤저민 레이의 작은 초상화"는 분명 데버라의 요청으로 그렸다고 분명하게 밝혔다.[12]

프랭클린은 벤저민이 초상화를 그리도록 앉아 있는데 결코 동의하지 않을 것을 알았기에 아내에게 그러한 질문을 했다. 레이는 검소하고 경건하며 수수한 삶을 살며 초상화를 격하게 거부했던 퀘이커교 창립 세대와 닮았기에 이러한 거절을 예상할 수 있었다. (조지 폭스나 제임스 네일러를 그린 믿음직한 초상화가 없는 것도 같은 이유였다.) 실제로 프랭클린 스스로 2년 후에 "원시 퀘이커교도들은 그림을 헛된 낭비로 치부했고 초상화를 그리도록 허락하는 행위는 오만으로 정죄했으며 이는 오늘날까지도 여전히 그들 사이에서는 거의 행해지고 있지 않다고 본다"라고 설명했다. 1806년에 세 권으로 구성된 『퀘이커교의 초상』을 출판한 폐지론자 토머스 클락슨은 "퀘이커교의 첫 세대에 해당하는 친우들은 그들의 초상이 그림으로 남겨지는 것을 끊임없이 거부했다"고 덧붙였다. "수수한 사람들"의 대항문화로서 초기 퀘이커교도들은 초상화 그림을 경솔하고 공허하며 사악한 상류층의 방종으로 보았다.[13]

물론 벤저민은 첫 세대에 포함되지는 않았지만, 그 역시 여기에 격하게 공감하며 허영과 오만에 호통을 퍼붓고 평생을 통해 그들의 창립 원칙과 생활 방식으로 돌아살 것을 촉구했다. 비록 18세기 중반에 아메리카의 퀘이커교도들 사이에서 초상화, 특히 실루엣 초상이 더 널리 퍼졌지만, 부유한 상인들은 이를 성공의 상징으로 삼기도 하는 상황이었기에 레이가 이러한 행위를 합당한 퀘이커 가치에 대한 배신으로 보리라는 점에는 의심의 여지가 거의 없었다. 실제로 바로 얼마 전이었던 1746년 〈필라델피아 연례회의〉는 퀘이커교도들에게 "본래의 수수함과 복음의 검소함"을 따라 살고 "겉치레투성이 세상의 헛된 정신에 맞서는 간증을 하도록" 촉구했다. 벤저민은 초상화를 이러한 겉치레 중 하나라고 보았을 것이다.[14]

레이가 거기에 앉아있지 않았다면 윌리엄스는 어떻게 그 초상화를 그릴 수 있었을까? 십중팔구 그는 필라델피아와 그 주변, 아마도 프랭클린의 인쇄소에서 여러 번 레이를 보았고 이를 통해 그 외모(얼굴과 몸)의 세부 사항을 알게 되었을 것이다. 또한, 그는 벤저민 이야기를 듣고, 특히 그의 동굴과 채식주의 습관을 알게 되고 그것에 맞게 초상화에 세부 사항을 추가했을 것이다. 그림의 배경이 되는 풍경은 일반적인 모습으로 상상해서 그린 것으로 보이며 이는 윌리엄스가 애빙턴의 벤저민을 실제로 방문한 적은 없다는 점을 암시했다. 그러나 우리는 화가가 그림의 전부를 꾸며내지는 않았다는 점을 알 수 있다. 필라델피아에서 자라고 젊은 시절에 벤저민을 알고 있었던 런던의 폐지론자 윌리엄 딜윈은 1815년에 로버츠 보우에게 편지를 써서 "흔히들 풍자로 그렸다고 하는 그림이 실은 그 남자와 꽤 정확하게 닮았습니다"라고 전했다.[15]

윌리엄스 혼자서 그림을 다 그리지도 않았던 것으로 보인다. 당시 윌리엄스의 도제로 일하던 사람은 세 번째 벤저민인 벤저민 웨스트였다. 그는 현재의 필라델피아 근방 스와드모어에서 퀘이커교도 아버지를 둔 가족과 함께 자랐고 곧 비범한 화가로 유명해질 인물이었다. "피주머니 방광"의 장관이 펼쳐진 해(1738년)에 태어난 웨스트는 악명 높은 레이에 관한 이야기를 듣고는 아마도 초상화에 특별한 관심을 가지게 되었을 것이다. 딜윈은 후에 "이 그림은 벤지 웨스트가 그렸던 것으로 기억한다"라고 언급했다.[16]

대략 14×15인치의 마호가니 화판에 그린 유화로 작은 크기의 초상화에는 날짜와 날인이 없었다. 이 그림은 18세기에 알려졌으며 이후 여러 차례 판화의 기초로 사용되었지만, 19세기에 종적을 감추어 골동품 판매상 에드윈 C. 힐드가 거의 훼손된 상태로 1977년 펜실베이니아 버킹엄의 경매에서 발견하여 4달러에 구매하기 전까지는 찾아볼 수 없었다. 빈터투어 박물관의 관리인 조이스 스토너와 머빈 마틴이 그림을 복원했고 마침내 현재 이 작품이 전시된 워싱턴 D.C.의 국립 초상화 미술관이 구매하게 되었다.[17]

직업만 제외하고 본다면 벤저민 레이와 윌리엄스는 아마도 잘 어울렸을 것이다. 비천한 환경에서 태어나 좋아하지 않는 계통의 일에서 도제 생활을 했던 그는 벤저민과 마찬가지로 젊은 시절 바다로 도망쳤다. 아메리카 최초의 소설 중 하나인 『펜로즈 씨, 선원 펜로즈의 일지』를 쓰면서 윌리엄스는 자신을 "무학자 선원"이라고 불렀다. 그 역시 세상을 여행했고 자랑스럽게 세계인으로서의 자기 경험을 퍼뜨렸다. 또한, 윌리엄스는 잡색 부대 사이에서 시간을 보내며 반노예제 사상을 키웠다. 만약 두 사람이 만났더라면 할 이야기가 많이 있었을 것이다.[18]

이 그림에서 벤저민은 돌을 쌓아 안쪽으로 대어 놓고 상록수 잔가지로 테를 두른 동굴 입구 앞에 서 있다. (삽화를 참조하라.) 바로 앞의 전경에 시내가 흐르고 초록이 우거진 언덕은 배경 왼쪽에 자리 잡는다. 전경 가까이 왼편에는 벤저민이 자족하는 채식주의자라는 표시로서 두 종류의 멜론 중 하나는 옆에 둔 칼로 잘라두고 과일과 채소가 든 바구니(배, 사과, 호박)도 놓여 있다. 바로 오른쪽 바닥에는 초록 포도 한 송이와 두 개의 순무가 있다. 후자는 벤저민이 가장 좋아하는 음식이었다. 붉은 점토 사발이 있었고 동굴 이귀에는 벤저민의 "맑은 물"이 담긴 항아리가 놓여있다.

벤저민의 외형은 깊게 파인 눈가에 갈색 눈동자로 그려졌고 왼쪽 눈은 살짝 초점을 잃은 모습이다. 그의 눈 아래로는 둥글게 늘어진 주름이 있고 갈색과 흰색의 수염은 중간 정도의 길이다. (수염은 당시 초상화에서 흔하지 않았다.) 작고 둥근 입은 놀라거나 어쩌면 불만을 표시하는 모습을 암시할 수도 있으며, 이는 모두 그가 초상화를 보았다면 나타냈을 법한 표현이었다. 크림 색깔의 느슨한 모자 아래로는 긴 머리카락이 늘어져 있다.

벤저민은 오른손에 지팡이와 자신이 가장 좋아하는 책을 들고 있다. 『트라이온의 행복에 관하여』(즉, 토머스 트라이온의 『건강과 장수 그리고 행복에 이르는 길』, 1683)는 벤저민의 단순한 삶의 방식에서 성경과도 같았다. (윌리엄스는 아마도 책에 제목을 쓰라는 지시를 받았지만, 저자 이름의 철자나 정확한 제목은 몰랐던 것으로 보인다.) 벤저민은 왼손을 허리 바로 위로 들고 마치 연설을 준비하고 있으니 주목하라고 하듯이 독특한 자세를 취하고 있다. 비록 그의 가슴이 앞으로 튀어나와 위로 휘어진 모습으로 그려져 그의 몸이 다소 이상하게 보이기는 했지만, 그림으로 그가 저신장 장애인이라거나 척추장애인이라는 점을 구별하기는 어려워 보인다. 그의 하체는 부자연스럽게 보여서 왜 보우가 후에 "그의 다리는 너무나 가늘어서 그의 몸을 지탱

하는 목적에는 거의 맞지 않아 보인다"고 했는지 이해할 수 있었다.[19]

벤저민은 당시 염색하지 않은 "밝은색의 수수한 의복"만을 스스로 만들고 자주 수선해 가면서 입었다고 알려져 있었기에 초상화의 그 옷은 의외다. 그를 알던 한 사람은 그가 "종종 맨발로 걸어 다녔고 여러 번 기워놓은 삼베 바지와 삼베 외투를 입었다"라고 말했다. (직조 지역 출신에 바다 항해 경험이 있는 벤저민은 바늘과 실을 쓸 줄 알았다.) 여기에서 그는 스스로 만든 옷이 아니라 잘 재단된 옷차림으로 친우들에게도 잘 알려진 검소한 의복인 "퀘이커교 흙색 의복"의 모양새를 잘 갖춘 모습이다. 외투와 조끼 모두 주머니가 없었는데, 이러한 옷이 당시 흔하지는 않았지만, 퀘이커교도들 사이에서는 일반적인 모습이었다. 의복의 양식은 18세기 중반의 통상적인 방식이었다. 조끼는 말을 탈 때 도움이 되기 위한 목적으로 뒤쪽이 갈라져 있었으나 벤저민이 말을 타지는 않았다. (윌리엄스는 아마도 이를 모르고 있었을 것이다.) 스타킹은 아마도 면이나 비단일 수도 있을 만큼 질 좋은 재료로 만들어진 것으로 보이는 밝은 흰색이다. 장화는 가죽인 것으로 보이며 벤저민이 동물을 죽이지 않는 태도를 지녔고 맨발로 다니기 좋아한다는 점에서 본다면 두 배로 의외이다. 장화에는 밑창이나 뒷굽이 보이지 않는다. 사실 장화는 사실적이지 않은 방식으로 표현되어 구체적인 묘사가 없다. 셔츠의 깨끗함 역시 천의 품질을 암시하지만, 크라바트[20]와 주름 소매는 보이지 않아 다른 복장과 마찬가지로 "수수함"을 보여준다. 초상화는 부자도 가난한 자도 아닌 사람의 모습으로 딱 중간 정도 지위를 가진 사람의 모습을 보여준다. 또한, 가장 모양새 좋은 모습으로 그려져 벤저민의 계급 인습 거부를 고려하면 오히려 너무도 단정한 치림이라고 볼 수도 있다. 참된 모습을 담은 물품은 모직이나 양모로 만들었을 테 넓은 모자로 이는 노동자의 옷차림이었다. 윌리엄스와 웨스트는 필라델피아 도시 주변의 부유한 퀘이커 상인들이 일상에서 입는 깨끗한 옷을 입은 벤저민을 상상했던 것으로 보인다.[21]

윌리엄스와 웨스트의 초상화에서 가장 주목할 만한 점은 아마도 무엇이 여기에 포함되지 않았느냐이다. 벤저민에게 있어 가장 잘 알려진 주장인 노예제에 맞선 굽히지 않은 반대는 전혀 찾아볼 수 없다. 이러한 생략은 벤저민의 사상과 방법을 둘러싼 논쟁으로 인해 발생했을 것이다. 역사가 데이비드 발트스트라이허는 벤저민 프랭클린이 평생 노예제에 대해 애매한 태도를 취했다고 분명히 밝혔다. 그는 『모든 노예 소유자 … 배교자들』의 표제지에 발행인으로 이름을 올렸으나, 이 책을 출판한 사실에 자부심을 가진 것은 반세기가 지난 후였다. 그전까지 벤저민 레이는 사망한 후에조차도 기념 초상화에서 그 삶의 핵심 사상을 가려야 할 위험한 인물이었다.[22]

1759년 2월에 벤저민이 사망한 후 앤서니 베네제를 포함한 그의 "친구들" 무리는 필라델피아의 판화가 헨리 도킨스에게 윌리엄스와 웨스트의 초상화를 바탕으로 판화를 제작해달라고 요청했다. (삽화를 참조하라.) 도킨스는 판화 왼쪽 아래에 "W 윌리엄스 작(作)"이라고 덧붙여서 원래 그림을 그린 화가의 공로를 인정했다. 이 판화는 유사한 옷을 입은 벤저민이 오른손에는 지팡이와 트라이온의 책을 들고 왼손에는 동일한 독특한 자세를 취한 모습으로 동굴 앞에 선 모습을 그리면서 윌리엄스와 웨스트의 그림을 면밀히 따른다. 벤저민 오른편의 나무는 더 두드러져 보이고 잎이 우거져 있으며 뒤쪽 배경은 덜 무성하게 표현된다. 왼쪽 아래 전경에는 두 개의 벌집이 적절하고도 정확하게 추가되어 있다. 과일 바구니와 칼은 시내 또는 샛강과 함께 전경 왼쪽에서 오른쪽으로 옮겨갔다.[23]

도킨스는 의미를 담아 벤저민의 그림에 변화를 주었다. 그의 수염은 더 길고 삐죽삐죽했으며 나이도 더 들어 보였다. 다른 변화로 그의 옷이 더 밝은색이 된 것으로 보였으며, 특히 판화를 손으로 채색한 판형에서는 이러한 특징이 두드러진다. 더는 퀘이커교의 어두운 흙색이 아니었다. 도킨스의 가장 큰 혁신은 그림 아래에 추가한 글귀였다.

벤저민 레이. 80세를 살아가며 삶의 후반에는 먹고 마시는 데서 대단한 절제를 보여주었다. 옷과 의복에서 독자적인 방식을 따랐기에 무지한 이들의 조롱 대상이 되기도 하였으나 그와 친밀한 친구들은 그를 진실한 종교인으로 보았다.

"친구들"에는 아마도 프랭클린 부부도 포함될 것이며 이들은 필라델피아의 기술공 및 인쇄 문화를 통해 도킨스를 알고 있었을 것이다. 체제에 반대하는 퀘이커교도였을 다른 친구들도 일부 여기에 포함되었을 것이다. 도킨스 역시 레이를 알고 있었을 것이다.

다시 말하건대 벤저민의 초상화는 노예제 폐지론에 관해 아무것도 직접적으로 말하고 있지 않으며 시기상으로 본다면 더욱더 특이하다고 할 수 있다. 그림이 판화로 만들어진 시기를 대략 레이 사망 직후인 1760년으로 본다면, 이는 〈필라델피아 연례회의〉가 퀘이커교도에게 노예무역 참여를 금지하는 큰 발걸음을 내디딘 직후였지만, 여전히 노예 소유 자체는 합법성이 의심되는 위반으로 정하지 않았던 시기였다. (마침내 노예 소유를 위반으로 정한 것은 몇 차례의 논쟁을 더 겪은 후 1776년이었다.) 벤저민의 "친구들"은 분명 그들의 추도로 벤저민 자신이 게릴라 연극의 대립을 통해 너무나 자주 겪었던 깊고 쓰라린 감정을 휘젓고 싶지는 않았을 것이다.

따라서 그들은 대신에 벤저민의 절제(마찬가지로 토머스 트라이온의 영향을 받은 프랭클린에게 소중한 주제)와 그의 "옷과 의복"에 나타난 "특색"(이라고 쓰고 버릇이라 읽는다)을 강조했다. 또한, 그들은 그가 "무지한 이들의 조롱 대상"이었다는 중요한 점을 추가했다. 불특정한 사람들이 노예제에 대한 벤저민의 믿음을 포함하여 그의 "옷과 의복"을 웃음거리로 삼았다. 노예 소유자들이 조롱의 합창과 벤저민의 자격을 박탈하는 노력을 성공적으로 이끌었다. 따라서 벤저민을 알고 있는 사람은 누구나 이해할 수 있듯이 반노예제 쟁점은 신중하게 다루어졌다. 또한, 이러한 조롱은 벤저민의 신체적 외모를 다루는 것으로, 작은 사람으로서 그가 겪는 편견이었다.

이 판화는 인기가 있었다. 이 판화는 몇 차례의 인쇄를 거쳤고 벤저민 러쉬가 1790년에 기록한 바에 따르면 이 그림들을 "필라델피아의 많은 가정에서 찾아볼 수 있었다." 폐지 운동이 일반적으로, 그리고 1775년에 설립한 (곧 〈펜실베이니아 노예제 폐지 협회〉가 되는) 〈불법적으로 속박된 흑인 해방을 위한 구호 협회〉를 통해 더욱 성장하면서 그림도 더 많이 복사되었다. 윌리엄 니스가 1815년에 출판된 로버츠 보우의 『벤저민 레이와 랠프 샌디퍼드의 생애에 관한 회고록』에 실릴 초상화 판형의 판화를 새기게 되었을 때 마침내 노예제 반대에서 벤저민의 역할이 드러나는 인정을 받게 되었다. 그의 손에 들린 책은 이제 『트라이온의 행복에 관하여』가 아니었다. 그 제목에는 『아프리카인 해방』이라고 적혀 있었다.[24]

레이에 관한 보우의 전기는 1815년에 출판되었다. 이 책에 실린 윌리엄 니스의 판화에서 레이는 손에 『아프리카인 해방』을 든 모습으로 그려졌다.

그림과 판화는 모두 벤저민 자신과 마찬가지로 대서양을 넘나드는 생애를 살았다. 그림과 판화는 모두 반세기가 넘도록 행방에 관한 기록이 없었으나 후에 윌리엄스와 웨스트의 그림은 영국 브리스틀에서 퀘이커교도 의사이자 사회 개혁가이며 아마추어 화가인 토머스 폴 Thomas Pole의 소유로 모습을 드러냈다. 그는 1817년에서 1818년에 이 그림의 모작을 만들기도 했다. 우리는 이 사실을 폴이 로버츠 보우에게 그림에 관해 쓴 네 개의 편지로 알 수 있다. 1817년 11월 8일 쓴 첫 편지에서 그는 다음과 같이 말했다.

제가 레이를 기억하거나 알고 있는 바는 없으나 … 저에게 그의 유화가 한 점 있어 아침 먹기 전 여가에 이 그림을 모사하여 당신에게 선물로 보내고자 합니다. 하지만 요즘은 아침에 눈을 떠도 여전히 어둡고, 또한 이 편지를 싣고 떠나는 발틱Baltic호가 이번 가을 마지막 떠나는 배이며 이 함선은 필라델피아로 향하지 않기에 이번 가을에는 선박에 실어 보낼 수는 없습니다. 필라델파Philadelpha호 선박이 아마도 봄에 떠나니 이때 당신이 사는 도시로 바로 보낼 수 있기를 바라지만, 부족한 화가의 손재주가 받아주실 실력이 되지 못할까 봐 걱정스럽습니다.

폴의 모작은 현재 영국 브리스틀에 있는 브리스틀 박물관에 있다. 원화는 이렇게 필라델피아에서 런던과 브리스틀을 거쳐 다시 필라델피아 지역으로 돌아와서 1977년에 모습을 드러낸다. 판화는 1816년에 출판된 보우의 『회고록』에 나타났다. 그림과 판화는 모두 대서양을 오가는 퀘이커교 연결망을 따라 이동했고 노예제 폐지의 시대에 벤저민 레이를 점점 더 중요한 인물로 만들었다. 벤저민이 죽은 후 반세기가 넘게 걸렸지만, 마침내 그의 초상화는 노예제에 맞선 평생의 투쟁을 분명히 담아냈다.[25]

"유명인들"과 다시 한번 맞붙다

"유명인들"과 벤저민의 싸움은 죽음 후에도 계속되었다. 성직자 로버트 조던은 1742년에 상대적으로 젊은 나이인 40세에 죽었다. 정치인이자 〈필라델피아 연례회의〉의 서기인 존 킨제이는 1750년 5월에 심각한 "중풍 발작"을 겪었다. 상인이자 PMM의 서기인 이스라엘 펨버턴 시니어는 1754년에 10년간 이어진 건강 악화 후에 마찬가지로 뇌졸중을 앓으며 사망했다. 벤저민이 사망한 1759년에는 상인이자 양조업자인 앤서니 모리스 주니어만 살아남아 있었고 이후 4년을 더 살았다. 이렇게 벤저민이, 퀘이커교도뿐만 아니라 크게는 펜실베이니아의 모든 이들이 "정의와 평등의 반대에 서서 계율과 통치에 대한 완전한 지배력"을 "서너 명이서 나누어" 가진 이들이라고 칭한 자들의 삶이 마감했다.[26]

벤저민은 『모든 노예 소유자…배교자들』에서 이들이 "짐승의 표식이자 노예 소유자의 이름 수를 이마에" 새기고 있다고 적었다. 벤저민은 그들의 죽음에서 무엇을 배교의 징후라고 보았을까? 노예 소유자 펨버턴과 모리스는 엄청난 부를 가지고 사망했다. 펨버턴의 광대한 재산은 25,000파운드 이상(2016년 달러 기준으로 490만 달러)의 가치였고 "너무도 세세하게 만든 유언"에 따라 아들들에게 분배되었다. 그는 카리브해 노예 소유자들과의 무역으로 가장 큰 부를 키웠다. 그는 이후 생애에 철저한 땅 투기로 축적한 부를 더 키웠다. 펨버턴이 남긴 유언 중에는 그의 노예 '베티'를 돌보는 것도 포함되었다. 모리스는 퀘이커교가 술과 술에 취함에 반대하는 결정을 내렸을 때 거대한 양조장과 몇 군데의 술집을 운영했기에 애매한 입장에 서게 되었다. 영향력 있는 원로가 그의 음주 시설을 그대로 둘 수 있게 허락해주었지만, 그가 1738년에 필라델피아 시장으로서 일요일에 공공연하게 술에 취해 다니지 못하도록 금지하고자 했을 때 스스로 어떤 느낌이었을지 궁금하기도 하다. 1725년에서 1726년에 그가 초안 작성을 도왔던 노예법은 그 땅의 법으로 남게 되었고 1760년 그의 유언에서도 그는 노예를 풀어주지 않았다. 그가 죽었을 때 그의 토지 재산만도 11,000파운드(2016년 달러 기준으로 2백만 달러)에 달했다. 펨버턴과 모리스 가문 모두 은퇴하고 시골로 내려갔고 개리 B. 내쉬에 따르면 "여기에 직계 비속들이 과두정 권력의 싹을 틔울 더 좋은 발아의 기틀을 마련했다."[27]

존 킨제이는 펜실베이니아 총회 대변인, 식민지 대법관, 지방 채권 부서 피신탁인이자 〈펜실베이니아 연례회의〉 서기로 일하며 펨버턴과 모리스보다 훨씬 큰 권력을 가졌다. 퀘이커교 위계에서 최상위의 고결한 지위를 가지고 있었음에도 킨제이는 수년간 타락의 길을 걸었다. 그는 "터무니없는 소비 생활 양식"으로 잘 알려지며 부를 과시했다. 그는 장엄한 저택을 하나도 아닌 두 채나 소유했다. 하나는 필라델피아 시내의 5번가와 중심가에 자리 잡고 있었고 다른 하나는 스쿨킬강을 따라 그가 지은 농원 저택이라는 이름의 우아한 벽돌 저택이었다. 그의 정적이었던 리처드 피터스에 따르면, 킨제이는 "명예와 영향력에 강한 욕망"을 가졌고 "유명세를 너무나 좇았다." 그는 퀘이커교가 아닌 사람들에게조차도 오만하고 허영심 있는 인물로 여겨졌다. 1747년 피터스는 "그의 품행은 분명 그 지위에 걸맞지 않으니 그는 젊은 무리와 자주 어울리며 방탕하게 다니며 끊임없이 여성에게 치근덕거리고 극도로 사치스러운 삶을 사니 그의 아이들, 특히 가장 맏이는 돈이 넘처나고 터무니없이 헤펐다"라고 기록했다. 퀘이커교의 검소함은 더는 킨제이에게 걸맞지 않았고 가족의 연속적인 죽음을 맞은 이후에 그는 술고래가 되었다. 퀘이커교도들은 그를 피하기 시작했다.[28]

킨제이의 호화로운 생활과 명망 높은 경력은 1750년 5월 11일에 벌링턴의 뉴저지 대법원에서 한 사건을 논쟁하는 도중에 그가 뇌졸중을 겪으면서 갑작스러운 종말을 맞았다. 이 지역은 십수 년 전에 벤저민이 노예 소유주들에게 피를 흩뿌렸던 장소였고 아마도 킨제이도 거기에 있었을 것이다. 킨제이가 죽었을 때 그는 채권부서 피신탁인으로서 그가 돈을 유용해서 대부분 땅 투기에 자금을 대었다는 사실이 밝혀지기 전까지는 "흔들리지 않은 고결함"을 가진 위대한 인물로 칭송되었다. 이스라엘 펨버턴의 아들 이스라엘 주니어가 킨제이의 재산을 책임졌고 퀘이커교도들이 심히 부끄러운 행동이라 여겼던 그의 행실을 감싸기 위해 최선을 다했다. 특히, 킨제이 자신이 1746년의 권징조례에서 퀘이커교도들을 향해 "세속적인 연루"를 경고하고 "수수하고 절제하는 삶의 방식"을 권장하는 항목의 추가를 관장했기에 이러한 노력은 더욱 절실했다. 어찌해도 젊은 펨버턴은 부패를 숨길 수 없었고 결국 공적 추문이 이어졌다. 유용한 금액은 3,600파운드(2016년 달러 기준으로 728,000달러보다 약간 더 많았다)였고 이는 킨제이가 펜실베이니아 대법원 대법관과 의회 대변인으로 받는 연봉을 합한 금액의 15배에 해당했다. 일단 말이 퍼지자 리처드 피터스는 "그의 이야기가 모두의 입에 오르내렸고" 퀘이커교도들은 크게 경악했다고 기록했다.[29]

율법 폐기론자 벤저민이, 법무장관이자 뉴저지(1732)와 펜실베이니아(1741) 모두에서 법을 정리하고 성문화한 사람을 자신의 최대 적수로 삼은 것은 온전히 합당한 일이었다. 정신을 따르는 자는 법을 따르는 자와 충돌할 수밖에 없었다. 킨제이는 1730년대와 1740년대 동안 벤저민이 아메리카의 퀘이커 교리에서 그릇된 점이라고 여겼던 모든 일을 스스로 행했다. 그는 부와 재산 그리고 "세속의 관심"을 탐했고 허영과 오만 그리고 타락을 불러왔다. 벤저민이 킨제이의 불명예스러운 결말을 어떻게 생각했는지에 관한 기록은 남아있지 않다. 만약 그가 "아메리카의 모든 회중"이 결국 그의 적에게 새겨진 "짐승의 표식"을 보게 된 것에 만족했다면 그는 아마도 이와 같은 만족감을 죄악이 되는 오만의 표현이라 여기고 이를 억눌렀을 것이다.[30]

1750년과 1754년 킨제이와 펨버턴의 사망과 함께 퀘이커교도 사이에서 나타난 반노예제 쟁점에 관한 새로운 논의와 진전은 우연이 아니다. 아래로부터는 노예제에 대한 태도가 변화하고 있었음에도 〈필라델피아 월례회의〉와 〈연례회의〉의 원로이자 서기로서, 또한 1754년까지 노예제에 관한 출판을 상시로 금지했던 〈관리감독 위원회〉를 이끄는 구성원으로서 킨제이와 펨버턴은 친우회 안에서 막강한 권력을 휘둘렀다. 벤저민은 1738년에 오래된 지도자를 가리키며 "녹슬고 오래된 촛대"를 치워버릴 때가 되었으며 이들을 새 세대의 빛으로 대체해야 한다는 답을 내어놓았다. 이는 1750년대 초가 되어서야 실현되기 시작했다. 새로운 지도자 중에는 펨버턴가※의 사람들인 존과 제임스 그리고 이스라엘 주니어도 있었다. 이들은 후에 "퀘이커교도들의 왕"이라 불렸고 결국에는 폐지론을 지지했다. 벤저민은 1754년에 자신을 도와 에식스의 병든 친척에게 돈을 보내도록 해준 존과 친하게 지냈던 것으로 보인다. 존은 노예무역에 반대하는 사회운동을 일으켰고 제임스는 1790년에 〈펜실베이니아 노예제 폐지 협회〉의 대표가 되었다. 노예제 폐지에 관한 투쟁에서 벤저민은 그들 아버지와의 전쟁에서는 패했지만, 아들들과의 전쟁에서는 승리했다.[31]

영향

반노예제 운동의 발달에 미친 벤저민의 영향을 평가하기는 쉽지 않으며 그 이유로는 역사적 이유와 사료 편찬의 이유, 두 가지가 있다. 첫째, 그의 동시대 적들은 그의 실천을 억압하고 파괴적인 사상의 순환을 제한하고자 했다. "유명인들"은 그의 책이 허가를 받지 못한 채로 출판될 수밖에 없도록 강제력을 발휘했고 이후 책을 비난하며, 동시에 그를 필라델피아와 애빙턴의 월례회의에서 부당하게 쫓아냈다. 그들은 반노예제 "설교"로 대립하는 벤저민을 그냥 둘 수 없었다. 벤저민은 서서히 발전하는 논쟁에서 영향력을 발휘했지만, 퀘이커교 지도자들은 결코 이를 인정하지 않았고 퀘이커교 회의의 공식 문서에도 이를 반영하지 않았다.

이후의 폐지론자들조차도 벤저민이 이 투쟁에서 한 역할에 대한 합당한 공로를 인정하는 데 어려움을 겪었다. 벤저민이 죽고 25년이 지난 후 반노예제 사회운동에 헌신한 워너 미플린의 아내 앤 에믈렌은 여전히 벤저민의 선동적인 양극화 전략을 좋아하지 않았다. 그녀는 1785년에 쓴 편지에서 벤저민이 "불같고" "열정적인" 반노예제의 "나팔수"라고 썼다. 그는 "공식 예배 모임에서 꽤 시끄럽고 말이 많았고" 결국 "제풀에 쫓겨났다." (그녀는 피해자를 비난했다.) 그녀는 벤저민이 비록 "크게 보면 대부분 옳은 표현으로" "진실"을 이야기했다는 점을 많은 이들이 인정하고 있다고 하더라도, 그의 방식은 "어떻게 보아도

친우들에게 용납될 수 없었다"라고 결론 내렸다.[32]

두 번째 어려움은 역사가들이 퀘이커교 반노예제 사상을 기록한 방식에서 비롯된다. 여러 해 동안 그들은 샌디퍼드와 레이의 더 급진적인 목소리를 배격하고 다음 세대의 퀘이커 활동가들을 이끌었던 앤서니 베네제와 존 울먼을 특히 높이 샀다. 1754년이 되어, 바로 얼마 전에 교체된 〈관리감독 위원회〉는 울먼의 『흑인 소유에 관한 고찰』의 출판을 허가했고 〈필라델피아 연례회의〉는 베네제가 쓴 것으로 보이는 『노예 구매와 소유에 관한 주의와 권고의 서한』을 출판했다. 아래로부터의 움직임이 위로부터의 퀘이커교 노예제 폐지를 가능하게 했다. 베네제와 울먼은 단지 "유능한" 폐지론자로 그려졌을 뿐만 아니라 사실상 성인으로 묘사되었다. 동시에 벤저민은 지나치게 열정적이고 미혹하며 혼란한 자로서 반노예제 움직임의 발달에 크게 도움이 되지 않은 인물로 그려지며 뒷전으로 밀려났다.[33]

이러한 섣부른 해석은 1985년에 진 R. 쇠더룬드가 『퀘이커교와 노예제』에서 노예제에 대한 퀘이커교 평신도들의 태도가 변화한 중요한 시기가 역사가들이 오래 지지한 바와 같이 1750년대가 아니라 오히려 1730년대와 1740년대라고 강조하면서 변화하기 시작했다. 이 시기에는 〈필라델피아 월례회의〉와 〈필라델피아 연례회의〉 모두에서 노예 거래와 소유가 상당히 줄어들었다. 쇠더룬드는 반노예제 사상이 이 시기에 "실질적 지지"를 얻었다고 기록했다. 그녀가 쓴 "아래로부터"의 퀘이커교 반노예제 역사는 벤저민과 같은 초기 폐지론자들은 전에 알고 있기보다 훨씬 더 강력한 영향을 미쳤다고 주장했다.[34]

브라이칸 캐리는 『평화부터 자유까지』에서 1750년대의 획기적인 진전은 엄밀히 본다면 반노예제 활동가들이 1730년대와 1740년대의 논쟁에서 승리했기 때문에 발생했다는 점을 보여주며 같은 주장을 이어갔다. 캐리는 PYM 회의록을 상세하게 읽어보고 벤저민의 반노예제 항의가 정점에 달했던 1735년에서 1743년이 "필라델피아 퀘이커교도들이 수입된 노예를 사들이는 데 대한 태도를 크게 바꾼" 출발점이었다고 결론 내렸다. 이 시기에 퀘이커교도들은 반노예제 사상을 그들의 "질의"에 도입하여 집단 제식인 퀘이커 모임에 참가한 회중들 앞에서 큰 소리로 질문을 낭독하여 노예무역 사업을 계속하는 모든 구성원에게 효과적으로 압박과 부끄러움을 주기도 했다. 울먼이 『흑인 소유에 관한 고찰』을 출판한 1754년에 캐리는 승리를 가져온 날에 관해 다음과 같이 주장했다. "1730년대와 1740년대에 젊은 세대의 심정과 마음을 바꾼 사람은 두말할 나위 없이 랠프 샌디퍼드와 벤저민 레이, 그리고 그들보다는 덜 강경한 목소리로 항의했던 그들의 지지자들이었다."[35]

벤저민의 영향은 "유명인들"이 그를 회중에서 내쫓기 위해 모든 수단을 동원하던 바로 그 순간에도 확인할 수 있었다. 벤저민이 피주머니를 찔러 퀘이커교 노예 소유자들에게 흩뿌린 사건과 벤저민과 그의 책 모두에 대한 퀘이커교 최고 권위자들의 비난이 있고 난 후 1738년 9월 〈필라델피아 연례회의〉가 끝날 무렵에는 "이 회의에 속한 여러 친우들이 흑인들의 수입을 조장하는 데 따른 친우들 사이의 비난이 거의 사라졌다며 만족을 표했다." PYM의 공식 회의록은 노예무역에 연관된 퀘이커교도가 감소하고 있다고 기록했고 지난 6년간 이 쟁점에 관해 끝없는 동요를 일으킨 벤저민이 주된 원인이었다는 점에는 의심의 여지가 없다. 존 킨제이가 주재하는 PYM은 공식적으로 "이러한 상황이 이어지기를" 바랐다. 벤저민은 자신의 일부 적들에게조차 그 대

의의 정당성을 납득시키기 시작했다.[36]

의문은 여전히 남아있다. 어떻게 벤저민은 펜실베이니아 식민지에서 가장 큰 권력을 지닌 이들의 극단적인 반대에 직면하고도 영향력을 행사할 수 있었을까? 그는 네 가지 방식으로 자신의 진실을 전달했다. 그의 책 『모든 노예 소유자 … 배교자들』, 헨리 도킨스의 판화, 그의 사상을 자세히 다루는 이야기로 퍼져나갔던 그의 실천, 그가 어떻게 자신의 삶을 살아가고자 했는지에 관한 상징이 그것들이었다. 각각의 전달 방식은 단기 및 장기적으로 고유한 순환과 영향의 수단이 마련되어 있었다. 첫째와 셋째 그리고 넷째는 그가 특정한 효과를 바라며 스스로 의식하고 행한 실천이며 둘째는 그렇지 않다. 이를 차례로 평가해보도록 하자.

벤저민의 책은 사무엘 시웰의 『매매된 조지프 : 연대기』(1700), 존 헵번의 『아메리카의 황금률 항변』(1715), 『부정의 신비』(1730)로 개정되어 재출판된 랠프 샌디퍼드의 『이 시대의 관행에 관한 간략한 고찰』(1729)과 함께 북아메리카의 네 가지 주요 반노예제 출판이었다. 벤저민의 책은 네 가지 책 중에서 가장 길고 급진적이었다. 또한, 가장 읽기도 어려웠으며 그러한 이유로 이 책은 1969년까지 재출판되지 않았다. 벤저민은 "모두에게 도움이 되기 위한" 면도 있었지만, 더 구체적으로는 자신과 같은 세대보다는 젊은 세대의 퀘이커교도들을 위해 책을 썼다. 그는 자비를 들여 책을 출판했고 로버츠 보우가 설명했듯이, "지나가는 세대를 이어받으려는 이들에게" 무료로 배포했다. 그는 베네제와 울먼 그리고 그들의 지지자들에게 초점을 두었다. 보우가 면담한 원로 친우들은 이 책이 가진 가치와 영향에 관해 다음과 같이 증언했다. "그의 양심적인 노력은 당연한 주목을 받으며 책을 읽은 대부분의 사람에게 깊고 유용한 인상을 남겼다는 점에는 의심의 여지가 없다." 다음 세대인 벤저민 러쉬와 토머스 클락슨도 이 책을 읽었고 다른 폐지론자들 역시 마찬가지였을 것이다.[37]

1759년 벤저민이 사망한 직후 헨리 도킨스가 판화로 새긴 그림은 앞서 언급한 대로 18세기 후반 펜실베이니아의 폐지론 운동 봉기와 함께 몇 차례 재간행을 거쳤다. 1790년에 러쉬는 사람들이 자기 집에 이 인쇄물을 걸어두고 있으며, 스스로 반노예제 주장에 동의하는 사람들은 벤저민을 토대를 쌓은 창시자로 여겼다고 기록했다. 러쉬는 최초의 연방 의회가 노예제와 노예무역에 반대하는 폐지론자 조직의 청원을 격렬히 논쟁하고 있던 시기인 1790년 3월 1일에 벤저민을 흠모하는 전기를 출판함으로써 그림이 가진 힘을 증대했다. 판화는 벤저민 런디와 리디아 마리아 차일드가 그 그림을 각각 1830년과 1842년에 출판한 그들의 벤저민 전기에 담으면서, 그리고 1843년에는 『아메리카의 반노예제 연감』에 차일드가 쓴 내용이 다시 실리면서 폐지 운동에서 더 큰 의미가 있게 되었다. 인쇄물은 현재 미국 동부 해안 전역과 영국의 기록 보관소 및 도서관에서 찾아볼 수 있으며, 다시 강조하건대 이는 분명 폐지론자들 사이에서 이 그림이 널리 유통되었음을 시사한다.[38]

벤저민의 영향력은 아마도 사람들이 그에 대해 말을 전했던 끝없는 이야기를 통해 가장 강하게 다가왔을 것이다. 실제로 그의 생애 후반 20년 동안 알려진 대부분의 이야기는 개인적 회상을 통해 우리에게 전해졌다. 어떤 이야기는 신문을 통해 드러났고 다른 이야기는 러쉬, 보우 그리고 차일드와 같은 전기 작가들이 모았다. 러쉬는 벤저민이 살아가던 시기에도 그 이후에도 많은 이들에게 "탄복의 대상이었으며 모두의 입에 오르내렸다"라고 기록했다. 벤저민의 게릴라 연극은 끝없는 논쟁을 불러왔고 당연하게도 그는 이러한 결과를 염두에 두고 행동했다. 디오게네스와 마찬가지로 그는 공공연한 활동주의를 통해 철학에 접근했다. 그는 비록 퀘이커 계급 집단에서 승인을 받지는 않았지만, 자신을 설교자이자 교사로 보았다. 그는 "깊은 잠에 빠진" 이들을 일깨우고 뒤흔들며 심지어 당황하게 하기까지 하여 그들이 일어나 생각하고 행동하기를 바랐다. 비록 퀘이커교도로서 겸손하게 말하지는 못했겠지만, 벤저민은 스스로 진정 하나님의 사상이라고 믿었던 자신의 사상에 관한 공적 논쟁을 촉발하고자 했고 이에 성공했다. 러쉬가 기록했듯이 벤저민은 한때 펜실베이니아 식민지에서 가장 잘 알려진 인물이었다.[39]

또한, 벤저민의 삶이 보여준 상징은 젊은 활동가들에게 잠재적인 영향을 주었고 존 울먼과 앤서니 베네제와 같이 1776년에 퀘이커교의 완전한 노예제 폐지를 이끄는 데 도움을 주었던 이들에게 특히 큰 영향을 주었다. 두 사람은 모두 반노예제 투쟁에서 더 친절하고 부드러운 설득의 방법을 차용했고 이는 분명 벤저민의 열정과 격노가 얼마나 많은 반대에 부딪혔는지 보았기 때문일 것이다. 그러나 두 사람은 모두 완전히 새로운 삶의 방식을 위해 반드시 노예제 폐지가 필요하며 이는 새로운 세상의 한 부분일 뿐이라는 데 동의했다. 그들은 벤저민의 본보기를 따라 새로운 종류의 사회 질서에 관한 그들의 소망을 실현했다. 이것이 바로 벤저민이 견유 철학을 따라 "살기로" 한 결정의 요점이었다. 그는 저신장 장애인의 몸을 통해 진리의 예시를 보여주고자 했다.[40]

대개 레이는 1738년 이후의 반노예제 투쟁에서의 경험을 거의 기록하지 않은 데 반해 울먼은 자신의 기록 작업에서 벤저민을 결코 언급하지 않았기에 두 사람의 관계는 거의 알려진 바가 없다. 울먼은 벤저민과 알고 지냈거나 적어도 그에 관해 많은 점을 알고 있었을 것이다. 여러모로 보아 울먼은 마운트 홀리에 있는 자신의 집에서 멀지 않았던 뉴저지 벌링턴에서 1738년 9월에 일어난 피주머니의 장관을 직접 보았을 가능성이 높다. 19세기의 시인 존 그린리프 휘티어는 이 행위가 "섬세한 정신을 가진 그에게 깊은 인상을 주었을 것"으로 추측했다. 또한, 만약 울먼이 거기에 없었더라도 뉴저지의 여러 퀘이커 모임에 나갔던 그는 벤저민에 관한 이야기를 들었을 것이다. 역사가 제프리 플랭크가 지적했듯이 울먼은 공적으로 보이는 모습을 극도로 신경 썼고 논쟁의 여지가 있던 벤저민과 직접적으로 연관되면 그 모습이 손상되리라 생각했다. 그러나 연관은 분명히 있었고 벤저민은 어리고 온화한 형제에게 분명한 영향을 주었으며 이러한 영향은 노예제 쟁점에만 국한하지 않았다.[41]

"원시 퀘이커교도들", 특히 제임스 네일러의 정신을 따라 레이와 울먼은 모두 본인의 삶이, 울먼의 표현을 빌자면, "사람들의 길잡이"가 되기를 바랐다. 퀘이커교의 오랜 금언은 "살아가는 모습으로 말하라"였다. 이에 따라 울먼은 노예 노동으로 생산된 설탕과 담배와 같은 상품을 결코 소비하지 않았다. 그는 말을 착취하지 않도록 걸어 다녔던 것을 포함해서 동물에 대한 상냥한 관심을 표했다. 그는 단출하게 염색하지 않은 옷을 입었다. 쪽으로 물들인 파란 염색은 주로 노예가 생산했고 붉은 염색은 연지벌레로부터 얻었다. 그는 돈과 탐욕 그리고 물질주의의 파괴적인 힘을 비판했으며 성장하는 국제 자본주의 경제로부터 자신을 떼어놓으려고 노력했다. 많은 퀘이커교도는 울먼의 "특이성"을 비평했지만, 그의 실천은 결코 특이하지 않았다. 벤저민이 특이할 법한 행동 하나하나를 이미 개척해두었고 모두가 알다시피 울먼이 십 대인 시절부터 그러한 행동을 계속해왔다. 울먼은 새로운 반노예제 원칙과 더욱 철저한 윤리적인 삶의 방식을 형성하는 데에서 벤저민을 따랐다.[42]

베네제에 대한 벤저민의 영향도 비슷했고 이러한 영향은 우정을 바탕으로 성장했다. 두 사람 모두의 전기를 썼던 로버츠 보우는 1815년에 다음과 같이 기록했다. "〔레이와〕 진정 고결한 앤서니 베네제 사이에는 가장 충실한 애착이 존재했다." 베네제가 노예제에 반대하는 글을 쓰면서 항해 기록을 연구하도록 하는 빌미를 제공한 것이 선원 벤저민이었을 수도 있다. 모리스 잭슨에 따르면 이러한 연구는 베네제가 아프리카에 대한 새로운 선견을 구축하고 사악하고 인종적이며 자기 잇속만 챙기는 노예무역상들의 계산법에 이의를 제기할 수 있도록 했다. 베네제는 탐욕에 대한 벤저민의 비판을 이어가며 더 높은 수준으로 이끌었고 1760년대와 그 이후의 초기 아메리카 반노예제에서 "압제자들의 잇속"을 주요 주제로 형성했다. 울먼과 마찬가지로 베네제는 "보편적 사랑"의 율법 폐기론적 사상을 받아들였고 실제로 1754년에는 이를 노예제에 대항하는 PYM 최초의 주요 발의안의 핵심으로 삼았다. 아마도 가장 의미심장한 점은 베네제도 단출하게 살면서 염색하지 않은 옷을 입고 물질주의를 거부했으며 노예 생산 상품의 소비를 거절했고 채식주의자가 되었다는 사실이다. 그는 뒷마당에서 쥐에게 먹이를 주기도 했으며 한 번은 형제로부터 닭고기 정찬을 들도록 초대받았을 때는 "어찌, 당신은 저에게 제 이웃을 먹으라고 하십니까?"라고 물었다.[43]

초기 폐지론자들 사이의 관계를 재고할 때, 벤저민의 극단적인 전략이 베네제와 울먼의 이후 성공을 가능케 했을 수도 있다는 점을 기억하는 것이 중요하다. 이에 관해 벤저민 러쉬는 1790년에 벤저민에 관해 글을 쓰면서 다음과 같이 주장했다. 투쟁의 초기 국면에는 "아마도 무감한 인간의 마음을 일깨우기 위해서 거칠고 통렬히 몰아치는 그의 성미가 필요했을 것이다." 그는 "레이 씨께서 시작한 일을 완수한 앤서니 베네제의 온유와 온화는 어쩌면 레이 씨께서 행한 일을 하기에는 부족했을 수도 있다"라고 말을 이었다. 우레와 같이 소리치는 선지자와 부드러운 성인이 하나의 목적을 위해 손을 맞잡고 일했다.[44]

벤저민은 노예제에 대한 퀘이커교의 태도가 극적으로 변했던 바로 그 시기인 1733년에서 1753년 사이에 폐지론의 성스러운 불꽃지기였다. 그는 이 주제에 관한 연설자이자 연극인으로서 가장 유명했고 동시에 가장 악명이 높았다. 그는 자신이 존재하든 부재하든 상관없이 자신을 끝없는 논의의 중심에 서게 했다. 그는 이 주제에 관한 지칠 줄 모르는 교육자였다. 그의 가장 큰 힘이자 가장 뛰어난 재능은 선동자로서의 재능에 있었다. 그는 공적이나 사적인 모든 회의에 참석할 때마다 노예제 쟁점에 관한 선을 그었다. 그는 만나는 사람마다 다음과 같이 물었다. 당신은 어느 편입니까? 벤저민에게는 노예제에 중립이나 중간 지대는 없었다. 그의 금언 중에는 "나와 함께하지 않은 이는 나에게 맞서는 자"라는 말이 있었다. 확실히 벤저민의 끝없는 선동으로 수많은 퀘이커교도가 완전히 격앙되었다. 그는 과장 하나 보태지 않고 말해도 까다로운 사람이었다. 그러나 그는 퀘이커교도들이 "평소와 같은 모습"에 안주하지 않고 자기만족에서 벗어나도록 부단히 노력했다.[45]

탈주 노예였다가 19세기의 위대한 폐지론 투쟁가가 된 프레더릭 더글러스는 선동의 필요와 힘을 알고 있었다. 그는 1857년에 다음과 같이 설명했다.

자유를 사랑한다고 하면서도 선동을 경시하는 자들은 땅을 갈지도 않고 작물이 피어나기 바라는 사람이다. 그들은 천둥과 번개 없이 비가 내리길 바라고 많은 물을 담고도 포효하지 않는 대양을 바란다. 투쟁은 도덕적일 수도 있고 물리적일 수도 있으며, 아니면 둘 다 해당할 수도 있다. 그러나 여전히 투쟁이어야 한다. 요구하지 않으면 힘은 아무 의미가 없다. 전에도 그래왔고 앞으로도 계속.

벤저민은 온 세상에 쟁기질을 해대는 최고의 선동가였고, 천둥과 번개 그리고 포효하는 바다가 모두 그 안에 뭉쳐있었다. 그는 두려움 없이 권력에 맞서며 급진적인 요구를 했고 결국 승리를 끌어냈다. 그는 완고한 저항으로 조롱과 억압 그리고 자신이 사랑하는 신앙 공동체로부터의 추방이라는 큰 대가를 치렀다. 그는 외로운 자였다 할지라도 투쟁을 이끈 지도자로 기억될 자격이 있다. 그는 순수한 불꽃을 담은 횃불로 어둠의 길을 밝힌 선지자였다.[46]

:: 결론 : 커다란 오크나무

벤저민 레이는 최초의 혁명적 폐지론자였다. 그는 노예제의 종식을 요구했고 이에 따라 노예제가 중요한 자리를 차지하고 있던 모든 사회는 급진적인 변화를 겪어야 한다고 주장했다. 그는 "지상의 무해한 양식"을 바탕으로 하는 사람과 동물의 착취가 없는 새로운 삶의 방식으로 폐지론이 자리 잡게 했다. 벤저민 러쉬는 1790년에 출판된 벤저민 레이 전기에서 그를 처음으로 혁명가라고 칭했다. 1790년은 파리에서 벨파스트와 포르토프랭스로 10년간 이어진 대서양의 불꽃이 시작된 해였다. 러쉬는 벤저민이 "도덕과 상거래 그리고 정부에서 혁명을 이뤄낼 가능성을 가진 원칙의 씨앗을 심어 새로운 세상과 예전의 세상 모두에서 자라게 했다"라고 설명했다. 평민 벤저민은 씨앗을 심었다는 은유가 좋았을 테고 선원 벤저민은 대서양을 건넜다는 점이 좋았을 테다.[1]

벤저민은 어떻게 당시의 통념을 깨트렸을까? 거의 보편적으로 노예제가 받아들여지던 불모의 토양에 어떻게 그는 혁명적인 원칙의 씨앗을 심었을까? 어떻게 노예제를 지지하는 다수의 사람에게서 받는 압박과 조롱 그리고 억압에 저항했을까? 어떻게 더 나은 미래를 그릴 수 있었을까? 이러한 질문에 대한 답은 그의 경험과 성격 그리고 신념이 이뤄낸 창조적인 조합에 있었다.

작은 시골 마을의 퀘이커교 농민 가족에서 태어난 벤저민은 젊은 시절에 런던으로 이주해 바다로 떠났고 36세에 바베이도스에 정착했으며 50세에는 필라델피아로 이주했다. 그는 대략 1700년에서 1714년 사이에 대도시 교역에 참여하고 이후에 전 지구적인 항해 문화에 속으로 뛰어들었으며 1718년에서 1720년 사이에는 노예제를 직면하고 폐지론의 신념을 깃게 되었다. 1730년대부터 1750년대를 통틀어 새로운 유형의 공통화 commoning 급진주의에 자신을 바쳤다. 그는 퀘이커교 율법 폐기론의 토대에 항해 문화의 평등주의 및 세계주의와 아프리카계 아메리카인들의 생존 투쟁 그리고 환경친화적인 방식의 공통화와 채식주의를 추가했다. 그는 바베이도스에서 노예들과 대화하며 그들에게서 배웠다. 그는 굶주린 자를 먹이고 노예제의 종식을 설교하다가 주인 계급의 분노를 샀다. 그는 자신의 기준에 부합하지 않는 삶을 사는 퀘이커교와 다른 종파의 성직자들을 비난했다. 그는 노예를 거래하고 소유하는 자들을 망신시키고 그들에게 도전하며 권력자들에게 진실을 말했다. 그는 용기 있게 모든 생명체와의 윤리적 관계를 바탕으로 하는 새로운 방식의 삶을 살았다. 그는 자기 삶의 모든 측면에 서서히 발전하는 급진적 원칙을 적용하며 스스로 세상을 변화시키듯 자기 자신도 변화했다. 벤저민의 급진주의는 퀘이커 교리, 고대 철학, 항해 문화, 폐지론 그리고 공통주의와 결합했다. 그는 새로운 사회를 만들고자 하는 노력으로 다양한 세계 사회에서 스스로 최선이라 여길 수 있는 실천을 선택했다. 그는 18세기 "해방 신학"을 쓰고 그에 걸맞은 삶을 살았다.[2]

벤저민의 폭넓은 경험 말고도 그의 성격 역시 새로운 삶의 방식으로의 진전에 큰 영향을 주었다. 퀘이커교도들이 그를 묘사하면서 가장 빈번하게 사용한 단어는 "열정"이었다. 그는 항상 열중과 열의 또는 당시에 "열광"이라고 표현한 무언가로 가득 차 있었다고 일컬어졌다. 이러한 표현은 원기 왕성하고 잠재적으로 전복적인 정서를 가리키는 정치적으로 민감한 용어였다. 여러 선지자와 마찬가지로 벤저민은 자신의 사상에 홀려 있었고 자신의 정당성을 완전히 확신했다. 그는 유머와 매력을 발휘할 수도 있었지만, 강한 신념은 그를 적대적이며 까다롭고 완고한 사람으로 만들기도 했다. 더욱이 그는 종종 자기 통제를 넘어서는 불같은 성미를 가지고 있었다. 말에 능통하고 원칙을 확신하며 결코 물러서지 않았던 그는 토론과 논쟁에서 얕잡을 수 없는 적수였다.[3]

동시에 벤저민은 자신에게 동의한 사람들에게는 끝없는 사랑을 고했다. 그는 사랑을 경배했다. 사랑의 실천은 퀘이커교 신학의 중심이었으며 벤저민은 『모든 노예 소유자 … 배교자들』에서 이에 관해 1백 번이 넘게 기록했다. 그는 아내 사라와 동료 퀘이커교도, "동포" 그리고 마지막으로 자신의 관점에서는 하나이자 동일한 의미였던 "진실"과 하나님을 사랑했다. 그는 "나는 '진실'과 하나님의 영광을 향해 사랑과 열정을 품었다"라고 자랑스럽게 기록했다. 그에게는 "모든 이들에 대한 하나님의 보편적 사랑"이라는 오랜 율법 폐기론 사상이 특히 중요했다. 열정과 사랑 그리고 용기의 결합은 그가 하고자 하는 일과 그 시기 모두에 적절했다.[4]

벤저민의 저신장 장애를 가진 몸 역시 그의 급진주의를 조형했다. "4피트도 되지 않는" 키의 누군가에게 삶은 평등을 추구하는 투쟁이었으나 때로는 여러 상황에서 진지하게 받아들여지기 위해서도 고군분투해야 했다. 벤저민은 싸워야 했다. 그는 바다로 나가 자신을 증명해야 했다. 그는 퀘이커 공동체에 평등의 약속을 역설해야 했다. 그가 보기에 이 이상은 탐욕과 부의 타락으로 사방에서 몰려드는 공격을 받고 있었다. 그는 자유롭게 말하고 자족을 이루며 강인함을 길러야 했다. 그는 인생의 모든 날에 자비와 동정을 가지고 몸의 정치를 수행했다. 그는 바베이도스에서 노예제를 경험하고 다시 펜실베이니아에서도 이를 겪어보면서 크게 자극받았다. 그는 평생 가난한 자들에 대한 염려를 표현했다. 벤저민은 종교 급진주의자이자 폐지론자이며 저신장 장애인으로서 주류 사회의 삼중三重 외부인이었다. 소인으로서의 그 경험은 모든 이에 대한 보편적 사랑의 약속과 합쳐져 자비심을 적극적 연대로 바꿔놓았다. 이처럼 저신장 장애인으로서 벤저민의 삶은 그 급진주의의 또 다른 열쇠였고 노예와 다른 가난한 자들, 동물들, 그리고 모든 자연계에 대한 그 공감의 깊은 원천이었다.

벤저민은 그가 1640년대와 1650년대의 영국 혁명에서 수확한 씨앗을 다시 심었다. 그는 원래의 "원시 친우들"의 책과 문화에 몰두했다. 그는 "거꾸로 뒤집힌 세상"의 유산을 자유롭게 이어갔다. 그는 부분적으로는 수평파로서 "유명인"들의 권력을 억제할 수 있는 민주주의와 평등주의 원칙에 관심을 두었다. 그는 부분적으로는 구도파로서 윌리엄 델과 마찬가지로 순결한 교회를 추구했다. 그는 부분적으로 감리교도로서 "하나님으로부터 난 자는 죄를 짓지 아니하니 이는 하나님의 씨가 그의 속에 거함이요, 그도 죄를 범하지 못하는 것은 하나님으로부터 났음이라"고 믿었다. 그는 부분적으로는 개간파로서 제라드 윈스탠리가 "세상의 보고寶庫"라고 불렀던 공통장으로 되돌아가고자 했다. 또한, 그는 완전한 퀘이커교도였고 그중에서도 초기의 혁명적인 부류에 속했다.[5]

벤저민은 영국 혁명의 위대한 시인 존 밀턴을 가슴 한편에 중요하게 담아두었다. 그는 밀턴의 『교회에서 타산을 챙기는 자를 쫓아내기 위한 가장 유력한 수단에 관한 고찰』 사본을 조지 1세와 조지 2세 왕과 왕비 캐롤라인에게 주었다. 그는 펜실베이니아에서 일어나고 있는 일을 설명하기 위해 "종교가 부를 낳았고 그 딸이 어머니를 집어삼켰다"라는 밀턴의 말을 인용했다. 아마도 가장 중요한 표현으로서, 벤저민은 펜실베이니아의 퀘이커 낙원이 노예무역상과 소유자들에 의해 사라져버렸으며 이는 신앙 자체의 더 큰 상실이라는 점을 표현하기 위해 『실낙원』의 긴 구절을 선택하여 『모든 노예 소유자 … 배교자들』을 마무리하고자 했다. 선택된 구절은 그릇된 성직자와 설교자의 위험과 "잇속과 야망"의 타락한 힘이라는 벤저민 자신의 주된 주제와 공명한다. 또한, 벤저민은 법률과 정신 사이의 영원한 투쟁을 다루는 율법 폐기론적 구절도 포함했다.

세속의 힘에 따른 정신의 법률이 강제하니
모든 양심에 이 힘이 미치며,
양심이 없는 법만이 덩그러니 남았으나,
그 안의 영혼은 가슴에 새겨져 있으리라.
그러나 그들은 은총의 정신을 강요하니,
그토록 소중한 자유는 묶어버린다.

벤저민이 연구하고 존경했던 글을 썼던 에드워드 버로는 감리교에 영향을 받은 퀘이커교도로서 벤저민과 같이 "오래된 선한 대의"의 이상을 가진 누군가가 나타나리라 예견했다. 영국 혁명의 패배 시점에 버로는 1659년 〈재건 의회〉[6]에 곧 있을 대역죄인의 처형과 투쟁의 오랜 본성에 관해 다음과 같은 말을 전했다. 당신들이 "우리가 탄 배를 부술 수는 있으나… 결코 우리의 원칙을 소멸하지 못하리니, 그 원칙은 영원히 살아남아 다른 이들에게 흘러들어 살고 말하고 행동하게 할 것이다." 벤저민이 여기서 말한 다른 이였고 대서양의 배였다. 그는 초기 퀘이커교도와 심해 항해 선원, 고대 철학자, 강건한 평민[공통인] 그리고 아프리카인 노예들의 저항을 따라 흘러갔다. 그는 근대의 민주주의와 평등주의 원칙을 따라 살았다. 벤저민은 여러 면에서 영국 혁명의 마지막 급진주의자였다.[7]

벤저민은 타협하지 않는 율법 폐기론 정신과 반노예제 주장을 합침으로써 효과적으로 영국 혁명을 노예제와 자유에 대한 광범위한 투쟁에 연결하고 그 유산을 재발견 및 확장했다. 피터 라인보우와 내가 『히드라』에서 주장했듯이 영국 혁명의 급진 사상과 실천은 대서양을 건너 이주한 후 다시 유럽으로 돌아와 18세기 후반 "혁명 시대" 촉발을 도왔다. 벤저민은 이 과정에서 연결과 인과의 벡터였다.[8]

벤저민 러쉬가 이해한 바와 같이 벤저민이 심은 많은 씨앗은 결국 결실을 보았다. 그는 모든 아프리카인 노예들의 즉각적인 해방을 전투적으로 요구했다. 역사가들은 19세기의 폐지론에 관한 논쟁에서 "즉각주의"의 중요성을 강조했지만, 그러한 논쟁이 한 세기 전에 퀘이커교도 사이에서 진행되고 있었다는 점을 아는 이들은 많지 않다. 조지 폭스부터 모건 거드윈과 토머스 트라이온에 이르는 이전의 노예제 비평가들은 모두 노예 소유자들에게 노예를 더 잘 대우하라고 권고했다. 물론 벤저민은 항상 모든 존재에 대한 자비를 설교했지만, 그에게는 더 나은 권고가 있었다. 당장 모든 노예를 해방하라. 그는 점진적 해방을 주장하는 이들과의 타협을 확고부동하게 거부했다. 온건한 퀘이커교도들이 그에게 폐지는 "점진적 작업"이어야 한다고 설득하려고 했을 때, 그는 노예제가 "성결의 견지로 본다면 범죄"이며 따라서 아무리 짧은 기간이라도 결코 받아들일 수 없다고 답했다. 퀘이커교도들이 "자기 소유의 흑인들이 30세나 40세가 되었을 때 또는 자신이 죽고 난 후에 그들을 풀어주겠다"라고 정한 "유언을 남길 때" 벤저민은 분노했다. 그는 이와 같은 행위는 "너무나 깊고 곪아있는 상처를 치유하지 못한다"라고 선언했다. 더 중요한 점은 "하나님은 이러한 조롱에 넘어가지 않으시며, 현명한 자도 마찬가지일 것이다."[9]

또 다른 혁명적 씨앗은 해방 성취를 위한 직접 행동의 활용이었다. 벤저민은 언제나 그의 반노예제 사상을 공적인 행위로 구체화했다. 이 퀘이커교 평화주의자는 역설적인 방식으로 19세기의 위대한 급진 폐지론자 존 브라운의 직계 조상이었다. 벤저민은 군인처럼 옷을 입었고 칼을 휘둘렀으며 타협을 거부하고 노예제에 반대하는 폭력적인 투쟁 언어를 사용했다. 그의 율법 폐기론 정신은 하나님의 뜻과 통했다. 의로운 사람들은 바빌론을 무너뜨리고 "새 예루살렘"을 지을 수 있으며, 실로 그리해야 한다는 것이었다. 그의 비폭력 활동주의는 어느 모로나 후에 물리력을 요구한 사람들만큼이나 전투적이었다.[10]

또한, 벤저민은 노예가 된 아프리카 후손의 실제 일상 투쟁에 뿌리를 둔 최초의 실용 폐지론자였다. 그의 급진주의는 프랑스의 혁명가 자크 피에르 브리소 드 발빌이 1792년에 썼듯이, 노예제와 그에 따른 공포를 가깝게 개인적으로 경험하며 형성되었다. 드 발빌은 폐지론자들이 자주 "그들이 묘사하는 고난을 직접 보지 않는다"라고 언급하면서 급히 "이러한 질책이 벤저민 레이에게는 해당하지 않는다"고 덧붙였다. 벤저민이 "노예제의 끔찍한 테러로 일어난 공포"를 보고 노예가 된 사람들과 개인적 관계를 쌓았던 바베이도스의 그 경험은 그가 "노예제의 폐지를 위해 설교하고 글을 쓰도록 했다." 그는 "인류애를 향한 지칠 줄 모르는 열정"을 보여주며 "심오한 묵상"에 들어갔고 "얼룩지지 않은 삶"을 그렸다.[11]

벤저민이 필라델피아에서 노예가 된 사람들의 삶에 개인적으로 관여했는지 알아볼 수 있는 출처는 부족하다. 예를 들어 우리는 그가 국가적인 폐지론 연결망의 성장과 함께 발달한 〈지하철도조직〉[12]의 선구자 역할을 하며 농노 남녀가 자유를 찾아 도망칠 수 있도록 했는지 알 수는 없다. 이러한 행동은 벤저민이 믿고 설교했던 바와 일치한다고 할 수 있을 것이다. 우리가 아는 것은 그가 일부 사례에서는 자신이 알던 특정한 개인을 대신하여 끊임없이 해방을 옹호했다는 사실이다.[13]

그런 사람 중에는 이름을 명확히 남기지 못한 "흑인 소녀"가 있었다. 그녀는 애빙턴의 이웃 퀘이커교도 소유였다. 벤저민은 끊임없이 이 퀘이커교도 부부에게 노예 소유의 죄악을 주장하며 그녀를 풀어주어야 한다고 주장했지만, 소용이 없었다. 이 부부는 단지 노예를 소유하기만 하지 않고 그 관행을 정당화했다. 어느 날 벤저민은 그들에게 노예무역이 어떻게 부모에게서 아이들을 갈라놓는지 강조하며 이 관행의 "사악함"을 설명했다. 얼마 후 벤저민은 부부의 농장에서 멀지 않은 곳에서 그들의 6살 난 아들을 만났다. 벤저민은 아이를 수 마일 떨어진 동굴로 초대하여 온종일 눈에 띄지 않게 동굴 안에서 즐겁게 놀았다.

저녁이 되자 벤저민은 아이의 부모가 자신의 거처로 달려오는 모습을 보았다. 그는 "다감한 분위기로 '무슨 일 있는지?' 물으며" 나아가 그들을 맞이했다. 부모는 심히 괴로워하며 "오, 벤저민, 벤저민! 우리 아이가 사라졌어요, 온종일 보이지 않아요"라고 답했다. 벤저민은 동정하며 듣고는 잠시 말을 멈추었다가 "당신들의 아이는 내 집에 있다"라고 말했다. 그러고 난 후 그는 왜 아이가 거기에 있는지 설명했다. "이제 당신은 탐욕으로 인해 부모에게서 찢겨 나와 당신에게 노예로 잡혀 있는 흑인 소녀의 부모에게 가한 슬픔을 이해할 것이다." 다시한번 벤저민은 단순하고도 심오한 의미를 전했다. 남에게 대접받고자 하는 대로 너희도 남을 대하라. 이 경우에 남은 부당하게 속박된 특정인이었다.[14]

어떻게 이토록 중요하고도 인도적인 사상을 가진 사람이 오늘날 알려지지 않았을까? 왜 대부분 사람은 용감한 벤저민 레이를 들어보지 못했을까? 그 이유는 본질적으로 두 가지이다. 첫 번째 이유는 그가 노예제 폐지 운동의 역사에 관해서 현저하게 오래 남아 회자되는 "이야기"에 들어맞지 않는다는 점이다. 그는 "신사 성자"가 아니었다. 그는 적당한 교육이나 "계몽"도 받지 않았다. 그는 부적당한 계급 출신이었다. 그는 너무나 거칠고 너무나 대립적이었으며 고상함도 너무 부족했다. 벤저민에게 폐지론자의 지위와 대중의 기억을 되찾아준 로버츠 보우조차도 이러한 잘못된 가정을 일부 가지고 있었다.

그의 지적 능력은 건전하고 자유로운 학습 토대에 기반을 둔 교육으로 갖춰지지 않았고 그의 마음 역시 풍치 있는 문학의 윤색으로 다듬어지고 정제되지는 않았다. 인류에 대한 그의 지식은 광범위했지만, 세상의 점잖은 소양에는 그다지 관심이 없었다.

보우는 벤저민의 시대에 교육받은 자, 학식 있는 자 그리고 점잖은 소양이 있는 자들은 주로 노예제를 지지했고 때로는 토머스 제퍼슨과 같은 "계몽된" 이들도 실제로는 노예 주인이기도 했다는 점은 언급하지 않았다. 벤저민의 계급 배경과 독학 그리고 율법 폐기론적 자유사상은 사실상 그가 뿌리 깊은 찬노예제 합의를 뚫어내는 데 도움이 되었다.[15]

벤저민은 역사가들이 거의 살피지 않은 지점에 주목을 요구한다. 17세기와 18세기에 가장 먼저 책을 출판한 노예제 비평가들은 거의 모두 변변찮은 출신의 노동자들이었다. 조지 폭스는 신발 제작자의 도제였다. 토머스 트라이온은 양을 치고 모자를 만들었다. 윌리엄 에드먼드슨과 엘리후 콜먼은 목수였다. 존 헵번은 계약하인으로 뉴저지에 왔다. 윌리엄 사우스비는 배를 건조했다. 랠프 샌디퍼드는 대해를 항해했고 존 울먼은 천을 재단했다. 이들 중 일부는 독자적으로 농장을 운영하거나 상인이 되면서 생애에 신분의 상승을 경험했지만, 이들 모두는 결정적으로 평민의 고된 노동을 개인적으로 경험했고 이는 노예가 된 사람들에 대한 공감 어린 동일시의 기초가 되었다. 이는 폐지론이 단순한 중간계급 운동이 아니었음을 보여주는 또 다른 방식이다. 양치기이자 선원이며 장갑장으로서 벤저민은 초기 대서양 반노예제 계급 구성을 구현했다.[16]

벤저민이 알려지지 않은 두 번째 이유는 그가 오랫동안 몸과 마음 모두가 "뒤틀렸다"고 여겨졌기 때문이다. 소인에다가 좋게 보아도 괴짜로 보였으며 흔히는 미쳤거나 광인이라고 여겨지던 사람이었던 그는 생전에도 이후의 역사에서도 조롱과 외면을 받았다. 작가와 역사가들은 노예제에 맞선 투쟁에서 그의 기여를 마지못해 인정하면서도 그를 "땅딸보 꼽추" 또는 "성격 파탄자"로 보고 경시했다. 누구도 급진 퀘이커 교리와 영국 혁명의 장기적 맥락에 놓여있는 그의 행동에 구체적인 역사와 명확한 합리성이 있다는 점을 이해하지 못했다.[17]

벤저민이 다른 종류의 계몽을 경험하고 그 시대의 인습을 뛰어넘는 인물이 되었다는 점을 파악한 사람은 아무도 없었다. 그는 파리나 런던의 응접실이 아닌 함선의 갑판과 세계의 주된 노예 사회에 있는 부둣가에서 "계몽"되었고 여기에서 퀘이커교 "내면의 빛"이 대서양의 어두운 변두리 구역에 닿았다. 그의 계몽은 "아래로부터의 계몽"이었다. 그의 계몽은 그가 "모든 유색인과 민족" 가운데 "세계 곳곳"에서 일하는 동안 일어났다.[18]

1728년 후반 또는 1729년 초반에 위와 아래로부터의 계몽이 런던 그레이스처치 스트리트에 있는 퀘이커 예배당에서 실제로 만났을 수도 있다. 전통적 계몽의 체현이라고 할 수 있는 볼테르는 당시 런던에 망명 중이었고 퀘이커 교리에 관심을 가졌다. 그는 벤저민도 참석했다고 알려진 모임의 예배에 나갔다. 그들이 만났는지는 알려지지 않았지만, 분명 가까이에 있었다. 볼테르의 영어 교사인 퀘이커교도 존 쿠바이트는 벤저민의 결혼 증명서에도 서명을 남겼다. 볼테르는 자신이 만난 퀘이커교도들에 대한 존경을 키웠지만, 그들을 농담의 대상으로 삼는 일을 참을 수는 없었다. 그는 "사람들이 어리석은 빛에 드러난 덕을 존중할 수 있는지" 물어보았다. 두 "계몽인"을 만나게 했다면 분명 벤저민은 볼테르의 귀족적인 방식도 똑같이 어리석다고 생각했을 것이다. 그러나 그들은 노예제에 관한 관심이라는 공통점도 찾았을 것이다.[19]

벤저민의 혁명적 폐지론은 오랫동안 볼테르와 18세기 후반의 계몽운동과 같이 고위층과 연관되었던 반노예제 역사에서 새로운 반노예제 계보를 제시한다. 벤저민은 더 긴 궤적을 가진 "아래로부터"의 폐지론 역사에 속한다. 그에게는 양치기, 선원, 장갑장이, 소규모 상인, 평민으로서 보통 노동자의 사상과 실천이 있었다. 그는 오랫동안 윌리엄 윌버포스에서 루이스 태판까지 이어지는 중간과 고위 계급의 "성자" 폐지론자들을 강조하던 역사에 도전한다. 또한, 벤저민은 18세기 후반의 자유 계몽주의 구성원으로서 폐지론 운동의 기원을 영국 혁명의 급진적 사상으로 다시 가져왔다. 역사가 존 도너휴는 어떻게 영국 혁명의 급진주의가 "노예제"가 완전히 인종화되기 전 시기에 그들만의 노예제 비평을 발전시켰는지 강조했다. 벤저민은 그들의 사상을 18세기로 가져왔고 세계 최초의 근대 사회 운동으로 커나갈 율법 폐기론의 씨앗을 심었다.[20]

벤저민의 사상, 초상 그리고 예언은 한 세대가 넘게 지난 후의 또 다른 율법 폐기론 급진주의자인 윌리엄 블레이크(1757년~1827년)의 출현을 예견했다. E. P. 톰슨이 보여주었듯이 이 몽상 시인이자 화가는 영국 혁명의 종교 급진주의, 특히 1651년에 초기 감리교에서 갈라져 나온 머글턴파라고 불린 특정 집단으로부터 영감을 받았다. 또한, 레이와 블레이크는 요한계시록에 깊이 매혹되었다. 블레이크는 1805년에서 1810년 사이에 거대한 붉은 용을 생생하고 시적이며 심지어 환상적인 방식으로 그린 일련의 수채화를 통해 레이의 글에서도 찾을 수 있는 같은 자질의 공명을 보여주었다. 두 명의 율법 폐기론 선지자는 모두 "짐승에 맞서는 증언"을 했고 신세계 노예제에 열렬히 반대했다. 블레이크가 산업화한 영국의 "어두운 사탄 공장"에 관해 썼던 시기보다 한 세기 전에 벤저민은 카리브해 설탕 생산의 "지옥 같은 강철

화로"라는 필연적인 선행 사건을 발견했다.[21]

벤저민의 예언은 우리 시대에 대고 말한다. 그는 퀘이커교와 아메리카에 노예 소유가 길고 파괴적인 짐으로 남으리라 예견했다. 벤저민이 "틀리지 않았다면 이는 결국 용의 독약이자 독사의 잔인한 독물이 될 것이다." 공교롭게도 독약과 독물은 오래도록 살아남아 실로 우리가 사는 오늘날에도 편견, 빈곤, 뿌리 깊은 구조적 불평등 그리고 조기 사망과 같은 노예제의 결과를 남겼다. 말 그대로 벤저민은 독자들에게 "이득을 위해 세상에 독약을 푸는" 부유한 자들을 경계하라고 조언했다. 그의 예언이 있었음에도 벤저민의 시대 이후 세상은 더욱 병들었고 이제 그의 전언을 더 잘 들을 수 있게 되었다. 거기까지 두 세기 반이 넘게 걸렸지만, 세상은 마침내 보편적이지는 않지만 성장하고 있는 환경 의식을 통해 선지자의 급진적이고 큰 영향을 가져올 사상을 따라잡기 시작한 것으로 보인다.[22]

　요약하자면 벤저민 레이는 계급, 성, 인종, 환경 의식을 가진 채식주의 초超급진주의자였다. 이 책의 독자 대부분은 이러한 신념의 조합이 레이의 놀라운 삶이 끝나고 2세기가 완전히 지난 1960년대는 지나야지 가능하리라 생각할 것이다. 그는 오늘날 착취공장에 맞서는 세계적 운동을 움직이는 원칙을 따라 살았다. 이 착취 공장의 상표가 박힌 옷과 신발은 노동자들이 상품을 생산하는 끔찍한 환경을 가리고 있다. 노예 생산 상품을 불매한 최초의 인물로서 벤저민은 소비의 정치를 개척하고 19세기 노예제 폐지 성공의 중심이 될 전략을 개시했다. 벤저민은 아마 그 시대에 지구상에서 가장 급진적인 사람이었을 것이다. 그는 우리가 18세기의 절반 앞부분에는 무엇을 생각할 수 있고 정치적, 도덕적으로 무엇을 실현할 수 있는지, 그리고 현재는 무엇을 실현할 수 있는지 이해할 수 있도록 도왔다. 그것만으로도 우리의 상상 그 이상이었다.[23]

벤저민 철학의 혁명적 함의를 예견한 벤저민 러쉬에게 돌아가 보자. "혁명 시대" 동안 발생한 폐지론 운동을 따라 글을 쓰면서 러쉬는, 벤저민이 자신을 지지하고 받쳐주는 어떠한 지원도 없이 끝없는 박해와 조롱 그리고 억압에 고통받으며 40년 동안 홀로 노예제에 맞섰던 투사라는 점을 날카롭게 의식했다. 러쉬는 바로 그의 생존에서 보기 드문 용기, 신뢰, 확신 그리고 특색을 보았다. 그는 이러한 경험을 자기 시대 활동가들에게 교훈의 대상이 되도록 하는 길을 찾았다. 그는 "인류의 은인들"이 "살아가는 동안 그들이 베풀고 떠맡은 몫의 결실을 보지 못하여 절망해서는" 안 된다고 말을 이었다. "진실과 미덕의 씨앗"이 심어진 곳이라면 어느 곳이든 "씨앗에 담긴 삶의 원칙은 보존되고 확산될 것이다." 러쉬는 어떤 씨앗은 빠르게 열매를 맺을 수 있지만, "장엄한 오크나무처럼 가장 귀중한 씨앗은 자라는 데 여러 세기가 걸린다"라고 설명했다. 용감한 벤저민 레이처럼 이 거대한 오크나무들은 시들지 않는다. "그들은 영원히 존재하고 피어난다."[24]

나는 피터 라인보우와 함께 우리의 책 『히드라 : 선원, 노예, 평민 그리고 대서양 혁명의 숨겨진 역사』(보스턴, 비컨 프레스, 2000 [갈무리, 2008])를 연구하고 쓰면서 처음으로 벤저민 레이를 만났다. 우리는 아프리카인 노예들과 유럽인 계약하인들이 수십 건의 음모와 반란을 조직하여 대서양 서쪽의 노예사회에 도전했던 1730년대의 대서양 반란 순환 고리에 관심이 있었다. 벤저민의 책 『무고한 이를 속박해두는 모든 노예 소유자, 배교자들』(필라델피아, 1738)은 이러한 투쟁 물결의 결과물이었다. 나는 노예제에 맞선 그의 초기 대항과 용감한 게릴라 연극에 흥미를 느꼈다. 나는 그가 그 나름의 연구의 대상이 되어야 마땅하다는 생각을 마음속에 새겨두었다. 20년이 지난 후에 그는 마땅한 그것을 얻었다.

나는 여기에서 벤저민을 그가 받아 마땅한 존중으로 대하고자 한다. 나는 그가 동시대인들과 그의 사후 그에 관해 글을 쓴 이들이 그에게 주었던 모든 경멸과 반대 그리고 고립을 한 번에 완전히 드러내고 정복하기 바란다. 존경을 표하기 위해서 나는 그의 저신장 장애와 척주후만증 그리고 근거 없이 알려진 정신병을 어떻게 기록할지 해결해야 할 필요가 있었다. 여기에서는 벤저민을 모욕적 어구인 "땅딸보"midget로 바라보지 않는다. 〈미국 소인 협회〉(www.lpaonline.org)와 오늘날까지 몸의 크기에 따른 차별을 겪고 때로는 신체에 대한 규범적 모습의 폭정을 직면하는 많은 이들이 선호하는 표현을 따르면서 "저신장 장애인"dwarf과 "소인"little person이라는 용어를 대신 사용했다.[1]

이 책을 작업하면서 다양한 청중을 대상으로 벤저민과 그의 사상에 관한 강연을 할 수 있어서 매우 기뻤다. 이러한 강연 중 단연고 가장 의미 있었던 자리는 2016년 2월에 한때 벤저민도 소속되어 있었던 애빙턴(펜실베이니아) 친우 월례회의에서 강연하도록 초대받으면서 마련되었다. 벤저민의 유해가 묻힌 곳에서 단 몇 피트 떨어진 아름답고 오래된 돌과 오크나무로 지어진 예배당에서 강연하면서 나는 이 저명한 회중 구성원이었던 사람에 관해 내가 알게 된 바를 이야기했다. 강연이 끝날 무렵 나는 퀘이커 청중에게 벤저민을 복위하도록 권했다. 방 안의 모두는 벤저민이 노예제에 관해 옳았다는 점을 알았다. 벤저민은 동료 퀘이커교도들(적어도 노예를 소유하지 않은 사람들)을 소중히 여기며 사랑했고 내가 생각하기에 그도 모임에 다시 받아들여지기 바랐다는 점에는 의심의 여지가 없었다. 나는 이 문제에 관한 논의가 애빙턴에서 시작되었다는 점을 기쁘게 생각한다. 이 회의가 다시한번 부당하게 자격을 잃은 형제를 받아들일 수 있기를 간절히 바란다. 이는 과거 성찰적 정의의 실현일 것이다.

우리가 모두 거대한 아메리카 역사극에서 벤저민을 중요한 자리에 올려두는 것 역시 또 다른 정의의 실현일 것이다. 우리는 전통적인 역사 영웅들의 근간이 흔들리는 모습을 바라보는 시대에 살고 있다. 영국 제국주의자이자 백인 우월주의자 세실 로즈는 남아프리카공화국에서 그 지위가 흔들렸고 옥스퍼드에서도 도전을 받았다. 대부분 노예 소유주였던 아메리카 건국의 아버지들은 이제 우리가 가진 노예제에 대한 지각과 노예제가 현시대에 남긴 유산에 비춰보면 어색하게 비친다. 토머스 제퍼슨은 부정할 수 없을 정도로 훌륭한 사람이었지만, 동시에 아프리카인 후손들의 지적 능력에 관한 국제적 논쟁에서 가차 없는 주장을 했던 시대의 주요 인종주의자 중 한 명이었다. 이 책은 이러한 점에서 벤저민 레이가 더 높은 미국의 이상을 구현했으며 민주주의와 다양성 그리고 평등을 중요시하는 사회에 더 적합한 영웅임을 시사한다.

전기 작가가 자신이 연구하는 사람들과 형성하는 강한 상상의 유대는 오랜 기간에 걸쳐 입증된 진실이다. 나 역시 다르지 않다. 벤저민은 세기의 시간을 지나 나에게 말했다. 나는 그를 통해 많은 것을 배웠고 그가 선택한 삶의 방식에 큰 존경심을 가진다. 책을 쓰면서 나는 심지어 그가 준 조언에 따라 행동하려고 노력했다. 벤저민은 자기 동굴에 보관한 200권의 장서 중 한 권의 여백에 "친애하는 이들이여, 따뜻한 마음을 가져라"라고 적었다. 그는 따뜻한 마음을 가진 이들을 사랑했고 그 스스로 언제나 모든 생명체에 자비를 느낄 수 있도록 그러한 사람이 되고자 노력했다. 그가 누군가를 "따뜻한 마음"을 가졌다고 묘사할 때는 그가 자신의 가장 소중한 이상을 불러와 그 사람에게 하는 최고의 칭찬이었다. 여기에서 내가 전하고자 했던 이야기는 심히 완고하고 때로는 몹시 까다로웠던 사람의 "따뜻한 마음"을 전하는 역사이다.

:: 감사의 말

　　많은 연구기관 사람들의 도움으로 이 책을 만들 수 있었다. 나는 크리스 덴스모어와 팻 오도넬(친우회 역사 도서관, 스와드모어), 앤 업튼과 메리 크라우드럽(퀘이커교 기록관리실, 해버퍼드 도서관), 알렉산더 바틀렛(필라델피아 북서부 지역 역사 협회 도서관), 대니얼 M. 롤프(펜실베이니아 역사 협회), 리처드 뉴먼과 제임스 그린(필라델피아 도서관 단체), 캐시 루드윅(데이비드 아메리카 혁명 도서관), 케이트 르메이와 브랜던 포춘(국립 초상화 미술관), 켄 그로시(오벌린 대학 도서관)에게 감사를 전하고자 한다. 영국에서 나는 앨리슨 루이스(에식스 기록 관리소), 제니퍼 밀리건과 조세프 스테인(친우회 도서관, 런던), 나이절 코크란과 샌디 맥밀런(기록관리실, 에식스 대학교), 트레버 쿰스와 제니 가슈케(브리스틀 도시 박물관) 그리고 영국 국립 기록관리소 직원들의 도움도 받았다.

　　퀘이커교리에 관한 위대한 두 학자인 래리 그래그와 진 R. 쇠더룬드는 친절하게 바베이도스와 펜실베이니아 퀘이커 공동체에 관한 자신의 연구를 공유했다. 나는 훌륭한 퀘이커 계보학자인 제임스 E. 아자르와 두 명의 연구 보조원인 내 학생 알렉산드라 크롱겔과 필라델피아 지역 퀘이커 문서기록의 전문가인 앤 업튼의 도움을 받는 행운을 얻었다. 소피 화이트와 커크 새비지는 벤저민 레이의 초상화에 관한 전문적 조언을 주었다. 찰스 네이마이어와 웨인 보들은 내가 1778년 후반

영 제국 군인에 의해 몰수(되고 파괴)된 것으로 보이는 벤저민 레이의 자료를 찾고 있을 때 아메리카 혁명의 전투적 역사에 관해 가르쳐주었다. 조너선 새씨와 에이드리언 데이비스 그리고 A, 글렌 크로더스는 친절하게 나와 퀘이커교 역사에 관해 논의했다. 니콜 조니엑(도서관 단체), 수전 뉴턴(빈터투어 박물관), 팻 오도넬 그리고 앤 A. 버플랜크는 삽화의 조사를 도와주었다. 모두에게 따뜻한 감사를 전한다.

2015년 봄에 나와 함께 "반노예제 기원"을 연구하며 재능과 노력을 보여준 피츠버그 대학교의 다음 학생 집단에도 감사의 표시를 전하고자 한다. 스탠 에이브린, 제이컵 크레이그, 키란 페인스테인, 줄리아 지텔먼, 앤드루 그리스카비츠, 케인 칼스테터-맥카난, 맥스 케니, 브렛 모건 그리고 이언 세임스. 그들 중 한 사람이 벤저민 레이를 "쩔어주는 벤저민 레이"kick-ass Benjamin Lay라고 칭하며 함께 그에 관해 읽었을 때는 특히 열정이 넘쳤다.

줄스 로벨은 여러 번 긴 산책을 함께하며 나와 이 책을 논의했고 롭 럭은 여러 해 동안 십여 번이 넘게 내가 벤저민 레이의 삶이 갖는 의미를 생각해보도록 했다. 피터 라인보우와 스타우튼 린드는 내가 벤저민의 급진주의와 더 큰 율법 폐기론 전통을 이해하도록 도왔다. 또한, 나는 10년이 넘게 내 책을 관대하고도 열정적으로 읽어준 데이비드 S. 프리드랜드 박사에게도 감사를 전한다.

나는 대화와 유용한 논의를 조직해준 다음 사람들에게도 감사한다. 앤서니 보그스와 닐 사피어(브라운 대학교), 린다 콜리(프린스턴 대학교), 스티븐 핀커스(예일 대학교), 코스타스 더지나스와 오스카 과르디올라-리베라(버크벡 대학, 런던 대학교), 린 스퀼랜드와 로지 보스웰(애빙턴 친우회의), 프랑수아즈 버기스(글로벌 연구 대학/인간과

학재단, 파리), 존 도너휴(로욜라 대학교/뉴베리 도서관), 스타우튼과 앨리스 린드(트럼벌 교정 시설, 오하이오) 그리고 커크 새비지와 조너선 아락(피츠버그 대학교).

다시 한번 비컨 프레스의 편집자 가야트리 파트나크와 함께 일할 수 있어서 크나큰 기쁨이었다. 그녀의 지혜와 현명한 판단이 이 책에 녹아들었다. 톰 할록, 레이첼 마크스, 마시 반스, 밥 코스틸코, 수전 루메넬로와 비컨의 다른 모든 이들에게도 감사를 전한다. 나의 에이전트 샌디 다익스트라는 이 프로젝트를 믿고 완벽한 출판처를 찾도록 도와주었다.

전에 학생이었던 두 명을 포함한 다음의 친구 세 명이 전체 원고를 읽고 심오한 학습을 바탕으로 나에게 도움을 주었다. 퀘이커교 폐지론자 앤서니 베네제에 관해 글을 쓴 모리스 잭슨, 영국 혁명에서 폐지론의 기원을 발견한 존 도너휴, 반세기 넘게 퀘이커교와 아메리카 사회(와 그 밖의 내용)를 연구한 개리 B. 내쉬. 세 사람 모두 뚜렷한 도움과 함께 나에게 영감을 주었다. 개리의 따뜻한 성격과 뛰어난 학식은 수년간 나에게 많은 의미로 다가왔고 우리는 함께 퀘이커교 폐지론자의 전기를 썼기에 그와 함께 일하는 순간은 특히 즐거웠다. 또한, 영국 혁명에 관한 우뚝 솟은 업적을 세웠으며 오래전에 내가 역사가가 되도록 영감을 주었고 지금까지도 이 책에 영감을 주고 있는, 고인이 된 친구 크리스토퍼 힐을 기억하고자 한다.

마지막으로 나와 함께 책 쓰는 시간을 견뎌주며 먼 시대의 유별난 사람에 관한 끝없는 이야기를 듣고 친절한 환호를 보내준 내 가족에게 감사를 전한다. 웬디는 항상 나의 첫 독자였고 나에게 가장 큰 의욕과 도움을 주었다. 내 아이들 에바, 제크 그리고 그리어는 내가 책을 쓸 때

따뜻한 격려를 보내주었다. 제크는 처음으로 나에게 이 책을 쓰도록 권한 사람이었고 에바는 귀중한 방식으로 특수교육에 관한 지식을 나누어 주었다. 나는 사랑과 소망을 담아 이 책을 그들에게 바친다.

AMM	애빙턴 월례회의(Abington Monthly Meeting)
BL	영국 도서관(British Library), 런던
Child, *Memoir*	Lydia Maria Child, *Memoir of Benjamin Lay Compiled from Various Sources* [(다양한 출처를 바탕으로 한) 벤저민 레이 회고록] (New York : American Anti-Slavery Society, 1842)
CMM	콜체스터 월례회의(Colchester Monthly Meeting)
CPRW	필라델피아 유언 기록소 (City of Philadelphia Registry of Wills), 필라델피아
CTWM	콜체스터 격주회의(Colchester Two Weeks Meeting)
DHMM	데번셔 하우스 월례회의 (Devonshire House Monthly Meeting)
DMM	뎁퍼드 월례회의(Deptford Monthly Meeting)
EQM	에식스 분기회의(Essex Quarterly Meeting)
ERO	에식스 기록관리소(Essex Record Office), 첼름스퍼드, 영국
FHL-SCL	친우회 역사 도서관, 스와드모어 대학 도서관(Friends Historical Library, Swarthmore College Library)
Fitch, *Colchester Quakers*	Stanley Henry Glass Fitch, *Colchester Quakers* [콜체스터 퀘 이커교도들] (Colchester : Stanley G. Johnson, n.d.)
HSP	펜실베이니아 역사 협회 (Historical Society of Pennsylvania)
Hunt, "Notices of Lay"	John Hunt, "Notices of Benjamin Lay"[벤저민 레이의 공지들], *Friends' Miscellany, Being a Collection of Essays and Fragments, Biographical, Religious, Epistolary, Narrative and Historical*[친우회 문집, 전기, 종교, 서한, 설화 및 역사에 관한 수필과 단편 모음] (Philadelphia : J. Richards, 1833)

Kite, "Account"   Nathan Kite, "Account of the Life of Benjamin Lay, One of the Early Anti-Slavery Advocates"[초기 반노예제 주창자, 벤저민 레이의 삶에 관한 기록], *The Friend: A Religious, Literary and Miscellaneous Journal* [친우회 : 종교와 문학 그리고 잡기 일지] 29 (1856)

Lay, *All Slave Keepers*   Benjamin Lay, *All Slave-Keepers That Keep the Innocent in Bondage, Apostates* [무고한 이를 속박해두는 모든 노예 소유자, 배교자들] (Philadelphia), 1738

LSF   친우회 도서관(Library of the Society of Friends), 런던

LTWM   런던 격주회의(London Two Weeks Meeting)

LYM   런던 연례회의(London Yearly Meeting)

NA   영국 국립공문서관(The National Archives of the United Kingdom), 큐가든스

PMM   필라델피아 월례회의(Philadelphia Monthly Meeting)

PQM   필라델피아 분기회의(Philadelphia Quarterly Meeting)

PYM   필라델피아 연례회의(Philadelphia Yearly Meeting)

QC-HCL   퀘이커 소장품, 해버퍼드 대학 도서관 (Quaker Collection, Haverford College Library)

Rush, "Account"   Benjamin Rush, "An Account of Benjamin Lay" [벤저민 레이에 관한 기록], *The Universal Asylum, and Columbian Magazine* [유니버설 어사일럼 앤 콜럼비안 매거진], March 1790

SFC-UE   친우회 사회 소장품, 에식스 대학교 기록보관실(Society of Friends Collection, Special Collections, University of Essex), 콜체스터, 영국

Vaux, *Memoirs*   Roberts Vaux, *Memoirs of the Lives of Benjamin Lay and Ralph Sandiford, Two of the Earliest Public Advocates for the Emancipation of the Enslaved Africans* [아프리카인 노예의 해방에 관한 가장 초기의 민간 주창자 두 명인 벤저민 레이와 랠프 샌디퍼드의 생애에 관한 회고록] (Philadelphia : Solomon W. Conrad, 1815)

1752년 이전에 영 제국 사람들은 새해가 3월 25일에 시작하는 율리우스력(구력)을 사용했다. 그레고리력의 출현으로 새해가 1월 1일에 시작되었다. 퀘이커교는 "이교도적" 이름(Sunday, Monday, January, February 등)을 사용하기보다는 숫자와 로마자로 주와 달을 표현했다. 따라서 1752년 이전에 퀘이커교는 3월을 "첫째 달"로, 2월을 열두째 달로 생각했다. 일요일을 "첫째 날"로 두어 한 주를 시작하고 이어 갔다. 나는 퀘이커교 모임 날짜를 그들이 원래 출처에 나타낸 대로 제시하기로 했다. 일자는 숫자, 달은 로마자, 그리고 연도의 순서였다. (율리우스력에 따라) 1738년 9월 19일에 열린 모임은 19. vii. 1738로 표기되고 1753년 9월 19일은 19. ix. 1753으로 표기된다.

이 책은 17세기 후반과 18세기에 대서양을 오가며 살던 한 사람의 잊힌 이야기를 그리며 그의 존재를 부활하게 한다. 그는 모든 피조물이 하나님의 자녀이기에 노예를 소유하는 것 자체가 죄악이라는 메시지를 던지며, 부와 권력 그리고 노예제도에 당당히 맞서던 사람이었다.

마커스 레디커는 기존 저술에서 대부분 다중을 주인공의 자리에 두고 이야기를 이어나갔기에, 벤저민 레이라는 한 사람의 전기를 통해 같은 주제를 이어나간다는 점은 흥미로운 변주로 다가왔다. 저자가 전하는 벤저민 레이의 생생한 초상은 그의 독특한 성격과 조화를 이루며 우리가 이전에는 알지 못했던 사람의 용감한 생애를 전해주었다. 이 책을 읽기 전이든 읽고 난 후든, 우리는 그의 용기, 또는 파레시아에 관해 생각해 보아야 할 것이다. 그리고 그의 용기를 강조하기 위해 나는 독자들이 다음을 상상해 보기를 권한다. "초기 계몽주의 시대 영국에 살던, 척추후만증 저신장 장애인이자 양치기, 장갑 제작자, 선원으로 일했던 노동계급 인물이, 지역사회 퀘이커교 모임의 지배적 인물들이 이율배반적 행위를 이어가며 교리를 어기는 모습을 보고 공개적으로 권위에 맞서며 급진적인 변화를 요구하다가 반감을 얻고, 대서양을 횡단하는 삶을 살며 바베이도스, 필라델피아 등지에서 노예들의 처절한 삶을 경험한 후 반노예제 캠페인을 실천하며 대중 앞에서 게릴라 연극을 열며 극적인 메시지를 전하기도 하다가 헌신적인 독학을 통해 노예제도를 비난하는 소책자를 써서 벤저민 프랭클린의 도움으로 책을 출판하기도 하였으며, 물질주의를 멀리한 괴짜의 삶을 살면서 엄격한 채식주의를 이행하고 동물 학대, 사형제도, 부유층의 도덕적 해이와 같은 다양한 사회적 쟁점을 좌시하지 않았던 인물이 200권이 넘는 책을 소장한 동굴에서 자급자족하며 살아가던 이야기." 말도 안 되는 이 한 문장이 그의 삶을 묘사하고 있다. 우리가 이런 이야기를 소설이나 영화에서 접했다면 어느 만큼이 실제이고 어느 만큼이 허구인지 쉽게 확신할 수 있을까? 다시 한번 말하지만, 이 책은 벤저민 레이(1682년~1759년)의 실제 삶을 다룬 전기이다.

레이의 전기를 쓰고자 했던 저자의 노력은 매우 성공적이었다. 뛰어난 역사학자인 레디커는 많은 사람이 생소하게 여길 수 있는 18세기 초중반 대서양 주변에서 벤저민 레이가 거쳐 온 장소를 조사하였고 레이의 정체성에서 상당 부분을 차지하는 그의 종교적 열정을 따라가면서, 퀘이커교리의 특성과 당시 대서양 양쪽에서 일어나고 있던 퀘이커교의 변화를 세세하게 연구하였다. 이러한 배경 연구가 있었기 때문에 레이가 보여준 터무니없을 정도로 용감한 행동은 단순한 '미친 짓'으로 치부되지 않을 수 있었다.

120센티미터 정도의 작은 키의 그는 지역사회나 퀘이커교 내에서 큰 역할을 한 기록이 남아있지는 않았지만, 엄격한 채식주의, 동물 학대 반대, 사형에 대한 반대 등 당대로서는 상당히 특이했던 사상을 펼친 동시에 단호한 반노예제 운동과 노예제 폐지 요구로 역사에 자신의 흔적을 남겼다. 실제로 노예제 폐지 운동이 힘을 얻은 것은 그가 죽은 지 한 세기가 넘게 지난 후였고 그가 주장한 사상은 현대에 와서 그 의미가 충분히 공유되고 있기에 레이의 시대에 그가 낸 목소리는 진정 외로운 메아리로 울려 퍼졌을 것이다. 하지만 그가 보여준 비전은 세월을 초월한다. 그의 관심사는 오늘날 여전히 우리와 함께하고 있고 그 어느 때보다 유관성이 높아지고 있다. 지나친 소비주의와 환경과 인간의 건강에 대한 영향성, 부의 축적이 도덕성을 압도하는 문제, 그리고 특정 인간이나 성별, 민족, 생명을 평가절하하는 증오 범죄와 끊임없는 투쟁을 해야 하는 현대에, 레이의 삶은 자신의 가치와 신념에 따라 굳건하게 사는 방법의 모범을 제시한다.

　소설이나 영화로 쓰일 법한 다채로운 삶을 살았던 벤저민 레이의 삶을 화려한 문장과 과장으로 치장한다면 그를 대중의 새로운 영웅으로 부각하는 것도 가능할지 모르겠지만, 저자는 역사가로서의 태도를 버리지 않고 꼼꼼한 주석을 통해 그가 역사 기록에 확고하게 뿌리를 두고 벤저민 레이의 삶을 기록했음을 밝히고 있다. 확실한 점은 반노예제도 여론이 형성되기 훨씬 전에 급진적인 태도를 보이며 자신의 신념을 굽히지 않았던 흥미로운 인물의 인정받을 만한 가치를 복원한 이 책은 역사학자나 일반 독자를 가리지 않고 누구나 읽어볼 만한 책으로 추천할 수 있다는 점이다.

　항상 새로운 책이 번역되어 나올 때마다 자기 일처럼 기뻐해 주며 축하해주는 가족과 친구에게 언제나처럼 감사의 마음을 전한다. 그리고 이 책이 많은 이들의 마음에 영감과 함께 용기, 특히 진실을 말하는 용기인 파레시아를 전할 수 있기를 바라며 옮긴이 후기를 마친다.

2021년 12월 12일
경북 영천에서
박지순

서론 : 반노예제 선각자

1. * 필라델피아 인근의 퀘이커 회합의 핵심 조직.

2. * 1800년대 이후 퀘이커교 내에서 스스로 내세운 퀘이커교의 공식 명칭.

3. 이 단락과 다음 세 단락은 벌링턴 집회에서 레이의 행위를 다룬 네 가지 주요 출처를 바탕으로 한다. 1738년 9월 19일 John Kinsey가 기록한 PYM Minutes, 1681~1746, MRPh469, FHL-SCL ; Hunt, "Notices of Lay," 274~76에 수록된 1785년 John Forman과의 면담 ; Rush, "Account" ; 그리고 Vaux, Memoirs. 연례회의는 퀘이커 모임 중 가장 상위 위계였고, 예비모임에서 월례, 분기, 연례로 높아지며 그 구성원과 대표는 상위 회의에 소속된다. 대부분의 실무는 월례회의에서 이루어지며 보통은 남녀 각기 회의를 구성했다. 이러한 실무에는 징계 조치와 여행증명서 발급 그리고 혼인 제안 평가가 있었다. 명칭에서 알 수 있듯이 각각 일 년에 네 번 만나는 분기회의와 한 번 만나는 연례회의는 더 큰 정책 쟁점을 다루었다.

4. * 자리공과 식물로 붉은 열매를 식용하기도 한다.

5. * 신약성경 마태복음 7장 12절에 나오는 말로 "무엇이든지 남에게 대접을 받고자 하는 대로 너희도 남을 대접하라"는 예수의 가르침을 요약한 말.

6. Rush, "Account." Mario Caricchio는 영국 혁명 동안의 초기 감리교도 Abiezer Coppe 의 "장엄한 예언 행위"를 언급했다. Varieties of Seventeenth- and Early Eighteenth-Century Radicalism in Context, ed. Ariel Hessayon and David Finnegan (Farnham, Surrey, UK : Ashgate, 2011), 71에 포함된 그의 "News from the New Jerusalem : Giles Calvert and the Radical Experience"를 참조하라.

7. Lay, All Slave-Keepers. 이 책에 포함된 몇몇 기재사항이 1738년으로 적혀있음에도 왜 표제지에는 1737년을 출판년도로 기입했는지는 명확하지 않다. 또한, 레이는 1738년 8월 24일 American Weekly Mercury에 책의 최근 출판을 알리는 공지를 실었다.

8. Semi-Weekly Eagle, July 16, 1849 (Brattleboro, VT). Jean R. Soderlund는 1731년에서 1751년 사이에 관리감독 위원회의 3분의 2에 해당하는 구성원이 노예를 소유했다고 밝혔다. 그녀의 Quakers and Slavery : A Divided Spirit (Princeton, NJ : Princeton University Press, 1985), 34를 참조하라.

9. Rush, "Account" ; Vaux, Memoirs, 20~21. Rush는 Vaux보다 25년 이른 시기에 벤저민을 생전에 알던 사람들에게서 정보를 모았기 때문에 레이의 키에 관한 Rush의 추정치(4피트 정도)는 Vaux의 추정치("4피트 7인치")보다 더 나은 선택으로 보인다. 또한, 벤저민은 자신의 사상을 진전하기 위해 작은 키를 활용하기도 했다는 점을 언급할 필요

가 있다. Christopher Hill은 영국 혁명 동안 많은 급진주의자가 "이야기를 퍼뜨리기 위해 의도적으로 그들의 기이함을 과장했다"고 기록했다. 이는 초기 퀘이커교도에게 특히 해당하는 이야기였다. Christopher Hill, *The World Turned Upside Down: Radical Ideas in the English Revolution* (orig. publ. 1972; Harmondsworth, UK: Penguin, 1984), 16을 참조하라.

10. Lay, *All Slave-Keepers*, 38. 레이의 삶에 관한 이 연구는 장애 연구라고 알려진 상대적으로 새롭고 급속히 성장하는 역사 분야에 기여하고자 한다. 개관과 종합에 관해서는 Kim E. Nielsen, *A Disability History of the United States* (Boston: Beacon Press, 2014) [킴 닐슨, 『장애의 역사』, 김승섭 옮김, 동아시아, 2020]를 참조하라. 또한, Nathaniel Smith Kogan, "Aberrations in the Body and in the Body Politic: The Eighteenth-Century Life of Benjamin Lay, Disabled Abolitionist," *Disability Studies Quarterly* 36 (2016), http://dsq-sds.org/article/view/5135/4410를 참조하라.

11. 인용구: Vaux, *Memoirs*, 24; *Semi-Weekly Eagle*, July 16, 1849; David Brion Davis, *The Problem of Slavery in Western Culture* (Ithaca, NY: Cornell University Press, 1966), 324. 또한, Hunt, "Notices of Lay"; C. Brightwen Rountree, "Benjamin Lay (1681~1759)," *Journal of the Friends Historical Society* 33 (1936): 3~19; Thomas E. Drake, *Quakers and Slavery in America* (Gloucester, MA: Peter Smith, 1950), 44~48을 참조하라. 퀘이커교와 노예제에 관한 최고의 연구에는 Soderlund, *Quakers and Slavery*; Thomas P. Slaughter, *The Beautiful Soul of John Woolman*, Apostle of Abolition (New York: Hill and Wang, 2009); Maurice Jackson, *Let This Voice Be Heard: Anthony Benezet, Father of Atlantic Abolitionism* (Philadelphia: University of Pennsylvania Press, 2010); Geoffrey Plank, *John Woolman's Path to the Peaceable Kingdom: A Quaker in the British Empire* (Philadelphia: University of Pennsylvania Press, 2012); 그리고 Brycchan Carey, *From Peace to Freedom: Quaker Rhetoric and the Birth of American Anti-Slavery, 1657-1761* (New Haven, CT: Yale University Press, 2012)가 있다. 또한, 세 가지 중요한 소론 모음도 언급하고자 한다. Richard Newman and James Mueller, eds., *Antislavery and Abolition in Philadelphia: Emancipation and the Long Struggle for Racial Justice on the City of Brotherly Love* (Baton Rouge: Louisiana State University Press, 2011); Brycchan Carey and Geoffrey Plank, eds., *Quakers and Abolition* (Urbana: University of Illinois Press, 2014); 그리고 Maurice Jackson and Susan Kozel, eds., *Quakers and Their Allies in the Abolitionist Cause, 1754-1808* (London: Routledge, 2015).

12. J. P. Brissot de Warville, *New Travels in the United States of America, performed in 1788* (Dublin: W. Corbet, 1792), 267; Thomas Clarkson, *The History of the Rise, Progress, and Accomplishment of the Abolition of the African Slave-Trade, by the British Parliament* (London, 1808), 84~85; 〔Benjamin Lundy〕, "Biographical

Sketches: Benjamin Lay," *Genius of Universal Emancipation, A Monthly Periodical Work Containing Original Essays, Documents, and Facts Relative to the Subject of African Slavery* 1 (1830): 38~40; Child, *Memoir*. 개리슨(Garrison)에 관해서는, Henry Mayer, *All on Fire: William Lloyd Garrison and the Abolition of Slavery* (New York: W. W. Norton, 2008)를 참조하라. 영 제국과 아메리카의 폐지론 운동에 관한 세 가지 뛰어난 역사서에는 Adam Hochschild, *Bury the Chains: Prophets and Rebels in the Fight to Free an Empire's Slaves* (Boston: Houghton Mifflin, 2005); Christopher Leslie Brown, *Moral Capital: Foundations of British Abolitionism* (Chapel Hill: University of North Carolina Press, 2006); 그리고 Manisha Sinha, *The Slave's Cause: A History of Abolition* (New Haven, CT: Yale University Press, 2016)가 있다.

13. Lay, *All Slave-Keepers*, 151. "아래로부터의 전기"의 예시로는 Carlo Ginzburg, *The Cheese and the Worms: The Cosmos of a Sixteenth-Century Miller* (Baltimore: Johns Hopkins University Press, 1976); Natalie Zemon Davis, *Women on the Margins: Three Seventeenth-Century Lives* (Cambridge, MA: Harvard University Press, 1997) [내털리 데이비스, 『주변부의 여성들』, 김지혜·조한욱 옮김, 길, 2014]; Natalie Zemon Davis, *Trickster Travels: A Sixteenth-Century Muslim Between Worlds* (New York: Hill and Wang, 2007) [내털리 제이먼 데이비스, 『책략가의 여행』, 곽차섭 옮김, 푸른역사, 2010]; Alfred F. Young, *The Shoemaker and the Tea Party: Memory and the American Revolution* (Boston: Beacon Press, 2000); 그리고 Linda Colley, *The Ordeal of Elizabeth Marsh: A Woman in World History* (New York: Pantheon, 2007)가 있다.

14. * 퀘이커교 창시자.

15. Vaux는 평균 82세 연령의 10인을 면담했다. *Memoirs*, viii를 참조하라. 폭스의 개혁에 관해서는 우리 책의 1장을 참조하라.

16. * 종교적 율법의 의미를 잃은 믿음의 형태로 율법의 준수 여부와 상관없이 믿음에 따른 칭의만으로 구원을 얻을 수 있다는 신념의 형태이다.

17. Ephraim Pagitt, *Heresiography, or, A Description of the Hereticks and Sectaries of these latter Times* (London, 1647); Hill, *The World Turned Upside Down*; Christopher Hill, "Antinomianism in 17th-Century England," in his Collected Essays of Christopher Hill, vol. II, *Religion and Politics in 17th-Century England* (Amherst: University of Massachusetts Press, 1986), 179. Frederick B. Tolles는 1739년에는 율법 폐기론의 "흔적이 남지 않았다"라고 잘못 주장했다. 그의 "Quietism Versus Enthusiasm: The Philadelphia Quakers and the Great Awakening," *Pennsylvania Magazine of History and Biography* 69 (1945): 27을 참조하라.

18. *Pennsylvania Packet*, February 7, 1774; Ann Emlen이 John Pemberton에게 보낸 서

신, 15.1.1785, Pemberton Family Papers, vol. 42, 162, HSP. Emlen의 참고자료를 제공해준 개리 B. 내쉬에게 감사를 전한다.

19. Vaux, *Memoirs*, v, vi, 20, 22, 25.

20. * 정식 목사가 하는 설교가 아닌 생업을 가진 이들의 특별한 이야기를 듣는 설교.

21. 회의록, 24.iv.1737, PMM Minutes, 1715~1744, MRPh383, fo. 285~86, FHL-SCL. 여러 퀘이커 회의로부터 받은 벤저민의 자격 박탈 기록에 관해서는 우리 책의 2장과 3장을 참조하라.

22. Hunt, "Notices of Lay," 274.

23. Vaux(18)가 인용한 시의 라틴어 원전은 다음과 같다. Justum, et tenacem propositi virum, / Non civium ardor prava jubentium / Non vultus instantis tyranni / Mente quatit solida.

1장 초기 생애

1. David Ross, "Copford, St Michael and All Angels Church," *Britain Express*, http://www.britainexpress.com/counties/essex/churches/copford.htm, 2016년 4월 25일에 확인.

2. * 1662년에 가정의 아궁이나 벽난로의 수로 세금을 매긴 조세법.

3. Janet Cooper, ed., *A History of the County of Essex*, vol. X, *Lexden Hundred (Part) Including Dedham, Earls Colne and Wivenhoe* (London : Victoria County History, 2001), 139~43 ; Harold C. Greenwood, "Quaker Digest of Essex Births, Index, 1613~1837," 1997, SFC-UE ; Catherine Ferguson, Christopher Thornton, and Andrew Wareham, eds., *Essex Hearth Tax Returns : Michelmas 1670* (London : The British Record Society, 2012), based on Q/RTh 5, ERO.

4. Presentments by hundreds of Ongar, Harlow, and Waltham, 1667, Q/SR 412/40, ERO ; CMM Minutes, 1672~1718, 회의록, 5.ii.1672 (fo. 3) 그리고 7.iv.1672 (fo. 3), SFC-UE. 퀘이커 기록에 언급된 윌리엄 레이가 1672년에 고작 18세에 불과했던 벤저민의 아버지는 아니었던 것으로 보인다. CMM 회의에서 구성원이 살던 곳 사이의 거리는 John Heveningham, "Williamson Loyd," "Richard Freshfield," "Benjamin Dikes," John Layswell, James Catchpool, John Kendall, "Thomas Kendall"이 PMM에 보낸 서신, 27.vi.1732, ff. 84~85, SFC-UE를 참조하라.

5. CMM Minutes, 1672~1718, 회의록, 3.xi.1679 (fo. 38), 6.iii.1687 (fo. 74), 3.iv.1687 (fo. 75), 그리고 2.iii.1712 (fo. 258), SFC-UE.

6. William Lay의 유언, Husbandman of Copford, Essex, 30 October 1684, PROB 11/377/453, NA ; Fordham의 자작농 William Lay의 유언, 17 October 1722, D/ABW 84/2/75, ERO ; Copford의 자작농 William Lay의 유언, 24 August 1735, D/ABW 89/1/113, ERO. 중세에 임대 영지와 영구소유지는 다른 개념이었지만 17세기 후반과

18세기에는 모두 소유권의 개념으로 여겨졌다. 배경에 관해서는 A. W. B. Simpson, *An Introduction to the History of Land Law* (Oxford, UK : Oxford University Press, 1961), 135~62를 참조하라. 이 점에 관해서는 Janelle Greenberg에게 감사를 전한다.

7. J. H. Round, ed., *Register of the Scholars Admitted to Colchester School, 1637-1740* (Colchester, UK : Wiles and Son, 1897) ; Vaux, *Memoirs*, 13, 44.

8. Philip Morant, *The History and Antiquities of the County of Essex* (London, 1768), xxv ; Thomas Cromwell, *History and Description of the Ancient Town and Borough of Colchester, in Essex* (London : Robert Jennings, 1825), 83 ; "To be SOLD," *American Weekly Mercury*, October 12~19, 1732. 1731년 벤저민의 유언에 포함된 두 사람은 모직 제작자였고 직조공은 네 명이 더 있었다. "A Copy of Benjamin Lay's Will, Dated ye 9 : 1 month 1731," folder 56, SFC-UE를 참조하라. 벤저민의 방적업에 관해서는 Rush, "Account"를 참조하라.

9. John Walter, *Understanding Popular Violence in the English Revolution : The Colchester Plunderers* (Cambridge, UK : Cambridge University Press, 1999) ; Christopher Hill, "From Lollards to Levellers," in *Rebels and Their Causes : Essays in Honour of A. L. Morton*, ed. Maurice Cornforth (Atlantic Highlands, NJ : Humanities Press, 1978), 52~61.

10. Shannon McSheffrey, *Gender and Heresy : Women and Men in Lollard Communities, 1420-1530* (Philadelphia : University of Pennsylvania Press, 1995), 78~79. 또한, "롤라드파에서 가족파와 재침례론을 거쳐 17세기 중반의 수평파, 개간파, 초기감리교 그리고 퀘이커교로 이어지는 직접적인 사상의 연결"에 관한 논의는 Hill, "From Lollards to Levellers," 63을 참조하라.

11. Adrian Davies, *The Quakers in English Society, 1655-1725* (Oxford, UK : Clarendon Press, 2000), ch. 10 : "From Lollards to Quakers."

12. Pagitt, *Heresiography*. 17세기 초 그린들턴 추종자에서부터 영국 혁명의 발발까지, "율법 폐기론 지하조직"에 관한 포괄적인 최상의 연구에 관해서는 David R. Como, *Blown by the Spirit : Puritanism and the Emergence of an Antinomian Underground in Pre-Civil-War England* (Stanford, CA : Stanford University Press, 2004)를 참조하라.

13. * 1645년 크롬웰의 의회파가 조직한 국민군.

14. * 3차 영국 내전 중 주요 전투.

15. Rosemary Moore, *The Light in Their Consciences : The Early Quakers in Britain, 1646-1660* (University Park : Pennsylvania State University Press, 2000), 69 ; Barry Reay, *The Quakers and the English Revolution* (New York : St. Martin's Press, 1985), 14. 폭스와 네일러에 관해서는 H. Larry Ingle, *First Among Friends : George Fox and the Creation of Quakerism* (Oxford, UK : Oxford University Press,

1996) ; Leo Damrosch, *The Sorrows of the Quaker Jesus : James Nayler and the Puritan Crackdown on the Free Spirit* (Cambridge, MA : Harvard University Press, 1996) ; 그리고 David Neelon, *James Nayler : Revolutionary to Prophet* (Becket, MA : Leadings Press, 2009)를 참조하라. Christopher Hill은 *The World Turned Upside Down*, 232에서 "모든 초기 퀘이커 운동은 그 정신이 초기감리교와 가깝지만, 후에 그들의 지도자들은 그들의 정신을 초기감리교의 것과 그렇지 않은 것으로 구분하는 데 진저리나는 시간을 보내야 했다고 회상했다"라고 기록했다. 또한, Robert Barclay, *The Anarchy of the Ranters, and Other Libertines* (London, 1676)을 참조하라.

16. Davies, *Quakers in English Society*, 26 ; Parnell의 말은 Reay, *The Quakers and the English Revolution*, 36에서 재인용. Phyllis Mack은 *Visionary Women : Ecstatic Prophecy in Seventeenth-Century England* (Berkeley : University of California Press, 1992), 197~208에서 마사 시먼스에 관한 생생한 초상을 제시했다.

17. Reay, *The Quakers and the English Revolution*, 26, 44, 53 ; Davies, *Quakers in English Society*, 13, 27, 182 ; Hill, *The World Turned Upside Down*, 25 ; Damrosch, *The Sorrows of the Quaker Jesus*, 43. Melvin B. Endy Jr.는 "영성주의자" 기원과 퀘이커교 계보를 "반-성직자적 율법 폐기론"을 가진 구도파와 초기감리교도에서 찾았다. 그의 소론 "Puritanism, Spiritualism, and Quakerism : An Historiographical Essay," in *The World of William Penn*, ed. Richard S. Dunn and Mary Maples Dunn (Philadelphia : University of Pennsylvania Press, 1986), 281~301을 참조하라. 또한, Endy는 퀘이커 교리의 핵심에 놓인 율법 폐기론을 다음과 같이 요약한다. "성자는 모든 타락한 인간 권위로부터 자유롭고 그들 안에 머무르는 하나님의 증거에만 복종한다." 사도 바울(로마서 13장 1절)에 따르면, 지배자를 포함한 모든 이들은 하나님의 "더 높은 권세에 복종"하며 이는 인간이 만든 모든 법보다 더 높았다. 그의 *William Penn and Early Quakerism* (Princeton, NJ : Princeton University Press, 1973), 86~87을 참조하라.

18. Fitch, *Colchester Quakers*, 37~38 ; Kenneth L. Carroll, *John Perrot : Early Quaker Schismatic* (London : Friends Historical Society, 1971), vii ; Moore, *The Light in Their Consciences*, 193~203 ; Davies, *Quakers in English Society*, 67, 131.

19. Damrosch, *Sorrows of the Quaker Jesus*, 29, 244 ; Davies, *Quakers in English Society*, 17.

20. 시먼스의 말은 Patricia Crawford, *Women and Religion in England, 1500-1720* (London : Routledge, 1993), 170, 178 ; Kenneth L. Carroll, "Sackcloth and Ashes and Other Signs and Wonders," *Journal of Friends Historical Society* 63 (1975) : 314~25 ; Kenneth L. Carroll, "Early Quakers and 'Going Naked as a Sign,'" *Quaker History* 67 (1978) : 69~87 ; Damrosch, *Sorrows of the Quaker Jesus*, 5, 7 ; Moore, *The Light in Their Consciences*, ch. 3에서 인용.

21. Reay, *The Quakers and the English Revolution*, 111, 113~14; Moore, *The Light in Their Consciences*, 214~28; Davies, *Quakers in English Society*, 189; Hill, *The World Turned Upside Down*, 254~56; Clare J. L. Martin, "Tradition Versus Innovation: The Hat, Wilkinson-Story and Keithian Controversies," *Quaker Studies* 8 (2003), http://digitalcommons.georgefox.edu/quakerstudies/vol8/iss1/1에서 확인할 수 있다.

22. 레이는 1732년 필라델피아에 도착한 직후 매주 *American Weekly Mercury*에 판매할 책의 목록을 광고하면서 프로테스탄트 급진주의에 대한 헌신을 선언했다. 첫 번째 광고는 프로테스탄트가 기독교회의 손에 고난을 겪는 고전 기록인 John Foxe의 *Book of Martyrs* (1563)였다. "To be SOLD, by Benjamin Lay," *American Weekly Mercury*, October 12~19, 1732를 참조하라. 또한, 레이는 조지 폭스, 에드워드 버로, 리처드 허버쏜(Richard Hubberthorne), 윌리엄 듀스버리(William Dewsbury), 프랜시스 하우길, 그리고 조지 화이트헤드 같은 퀘이커교 창립 세대의 기록을 연구했다. 이들은 모두 "60인의 능란한 전사"[퀘이커교 초기 종교 친우회 지도자와 활동가 집단]에 속했다. 레이는 윌리엄 펜과 로버트 바클레이의 기록도 연구했다. 그는 William Sewel의 *The History of the Rise, Increase, and Progress of the Christian People Called Quakers* (1722)도 알고 있었다. 또한, 그는 17세기 보스턴에서 청교도가 행한 "퀘이커교 어린 양"에 대한 박해에 관해 광범위하게 읽었고 실제로 그들의 처형이 있었던 장소에 방문하기도 했다.

23. Lay, *All Slave-Keepers*, 131~33; "A Copy of Benjamin Lay's Will, Dated ye 9:1 month 1731," SFC-UE, folder 56.

24. 스웨덴의 자연주의자 Peter Kalm이 1748년 에식스를 포함한 동부 영국을 여행하며 기록한 바와 같이 양은 벤저민의 형제와 같은 농부들에게는 양모를, 도살자에게 팔렸을 때는 양고기를, 휴경지에 풀어두면 땅을 비옥하게 하는 똥거름을 내어주는 귀중한 존재였다. *Kalm's Account of his Visit to England in his Way to America in 1748* (London: Macmillan and Company, 1892), 301~2를 참조하라.

25. Lay, *All Slave-Keepers*, 28, 265.

26. James Nayler, *The Lamb's War* (London, 1657), James Nayler, *A Collection of Sundry Books, Epistles, and Papers written by James Nayler, some of which were never before Printed: with an Impartial Relation of the most Remarkable Transactions relating to his Life* (London, 1716). 폭스가 초기에 요한계시록을 급진적으로 활용한 점에 관한 뛰어난 분석을 알아보기 위해서는 David Loewenstein, "The War of the Lamb: George Fox and the Apocalyptic Discourse of Revolutionary Quakerism," in *The Emergence of Quaker Writing: Dissenting Literature in Seventeenth-Century England*, ed. Thomas N. Corns and David Loewenstein (London: Frank Cass, 1995), 25~41을 참조하라. "양들의 전쟁"에 관한 간결한 요약은 Meredith Baldwin

Weddle, *Walking in the Way of Peace: Quaker Pacifism in the Seventeenth Century* (Oxford, UK: Oxford University Press, 2001), 70~71을 참조하라.

27. 이 단락과 이어지는 두 단락은 R. Campbell, *The London Tradesman, being a Compendious View of All the Trades, Professions, Arts, both Liberal and Mechanic, now Practiced in the Cities of London and Westminster* (London: T. Gardner, 1747), 223; Inventory of the Estate late of Benjamin Lay decd, Exhbitd 12 March 1759, File A-55~1759, CPRW; Amelia Mott Gummere, *The Quaker: A Study in Costume* (Philadelphia: Ferris & Leech, 1901), 43~46을 바탕으로 한다.

28. Vaux, *Memoirs*, 14 (강조 추가). 이 부분은 Marcus Rediker, *Between the Devil and the Deep Blue Sea: Merchant Seamen, Pirates, and the Anglo-American Maritime World, 1700-1750* (New York: Cambridge University Press, 1987) [마커스 레디커, 『악마와 검푸른 바다 사이에서』, 박연 옮김, 까치, 2001]와 *Outlaws of the Atlantic: Sailors, Pirates, and Motley Crews in the Age of Sail* (Boston: Beacon Press, 2014) [마커스 레디커, 『대서양의 무법자』, 박지순 옮김, 갈무리, 2021]에 제시된 연구를 바탕으로 한다.

29. Daniel Defoe, *The Storm: or, a Collection of the most remarkable Casualties and Disasters which happen'd in the late dreadful Tempest, both by Sea and Land* (London, 1704).

30. Basil Lubbock, ed., *Barlow's Journal of His Life at Sea in King's Ships, East & West Indiamen, & Other Merchant Men from 1659 to 1703* (London, 1934), 553.

31. * 허풍은 세계주의적 해양 노동자인 선원들이 다소 과장된 형태로 멀리 떨어진 대양과 대륙의 정보를 교환하는 것을 말하며, "지식과 경험의 첫걸음"으로 표현되기도 한다. 더 자세한 내용은 마커스 레디커의 『대서양의 무법자』(갈무리, 2021)의 1장을 참조하라.

32. 벤저민은 아마도 항해 문화의 일부, 특히 불경한 언행과 럼주 음주를 경멸했을 것이다. 그가 자신의 키로 선원들의 물리적 힘으로 작동하는 기계식 톱니 장치인 캡스턴을 돌릴 수 있었을지 상상하기는 어렵다. 아마도 그는 다른 일을 했을 것이다.

33. "Curious Cave Dweller Once Made Home Here," *Philadelphia Inquirer*, April 1, 1901. 해먹에 관한 내용은 "Inventory of the goods & Chattals of Benjamin Lay of the Town of Abington in the County of Philadelphia Deceasd as appraised by us the Subscribers this twenty first and twenty third Days of the Second mo 1759," file A-55~1759, CPRW에 나타난다.

34. Lay, *All Slave-Keepers*, 145~46.

35. * 도덕적 결함을 가진, 일종의 악인이 이야기를 이끄는 소설 장르.

36. 같은 출처, 230~31. "프롤레타리아 악인"은 Peter Linebaugh, *The London Hanged: Crime and Civil Society in the Eighteenth Century* (London: Allen Lane, 1991), ch.

4에 나타난다.

37. Barnaby Slush, *The Navy Royal ; or, a Sea-Cook Turn'd Projector* (London, 1709) ; DHMM Minutes, vol. III, 1707~1727 ; London and Middlesex Quarterly Meeting Book, vol. III (1713~1724) ; London Two Week Meeting, Book of Certificates, A1716~67 ; London and Middlesex Quarterly Meeting, Digest Register of Marriages, vol. I (1657~1719) ; 모두 LSF에 보관됨. 1717년 10월 16일에 Cotton Mather는 "세상에 아무 이유 없이 자신을 모욕하는" "노질고 악독하며 원한에 사무친 자"에 관해 불평했다. 이 사람이 아마 당시 보스턴에 머물던 벤저민이었을 것이다. *The Diary of Cotton Mather, 1681-1724* (New York : Ungar, 1957), vol. II, 480을 참조하라. 이 참고문헌에 관해 Steven Pitt에게 감사를 전한다.

38. 회의록, 3.i.1732, CMM Minutes, 1718~1756, shelf 6, no. 2, SFC-UE.

39. Lay, *All Slave-Keepers*, 17.

40. 같은 출처, 161.

41. 같은 출처, 55~56.

42. * 22장 13절.

43. 같은 출처, 6 ; Philippe Rosenberg, "Thomas Tryon and the Seventeenth-Century Dimensions of Antislavery," *William and Mary Quarterly*, Third Series, 61 (2004) : 609~42 ; Rediker, *Between the Devil and the Deep Blue Sea*, ch. 4[레디커, 『악마와 검푸른 바다 사이에서』, 4장]. 레이가 기억을 바탕으로 인용한 것으로 보이는 성경 구절의 킹 제임스 역 번역은 다음과 같다. "Woe unto him that buildeth his house by unrighteousness, and his chambers by wrong ; that useth his neighbour's service without wages, and giveth him not for his work."

44. Frederick Engels, *The Condition of the Working Class in England* (London, 1845), 168, 184[프리드리히 엥겔스, 『영국 노동계급의 상황』, 이재만 옮김, 라티오, 2014]. 벤저민의 친구이자 동료 퀘이커교 활동가인 앤서니 베네제는 선원이 아니었지만, 해양지식, 특히 항해 여행 기록을 활용해서 노예제를 비판했다. 뛰어난 전기인 Jackson, *Let This Voice Be Heard*, 80~88을 참조하라.

45. www.slavevoyages.org의 〈대서양 노예무역 데이터베이스〉와 Marcus Rediker, "History from Below (the Water Line) : Sharks and the Atlantic Slave Trade," *Atlantic Studies* 5 (2008) : 285~97을 참조하라.

2장 "싸움꾼 투쟁가"

1. Benjamin Lay's Certificate, LTWM Minutes, Book of Certificates A (1716~1767), FHL-SCL. 벤저민은 1714년 이전에 퀘이커 회의에 참석했지만, 바다에서의 오랜 항해로 인해 아마도 출석이 일정하지는 않았을 것이다. 그의 성격과 율법 폐기론 믿음으로 볼 때 정기적으로 예배에 나가면서도 그것을 어떤 형태의 문서로 남기지는 않았다고

보기는 어렵다.

2. 같은 출처.

3. John Smith, "Lives of Ministers Among Friends," 미출판 원고, 975A, three volumes, QC-HCL; DMM Minutes, vol. I (1694~1726)에 수록된 "Sarah Lay"; London and Middlesex Quarterly Meeting, Digest Register of Marriages, vol. I (1657~1719), book 835, pg. 554, both in LSF. 또한, Andreas Mielke, " 'What's Here to Do?' An Inquiry Concerning Sarah and Benjamin Lay, Abolitionists," *Quaker History* 86 (1997) : 22~44에서 볼 수 있는 뛰어난 연구도 참조하라.

4. Miles Walker (DHMM)이 CTWM에 보낸 서신, 7.ix.1722, fo. 24, SFC-UE.

5. 회의록, 4.x.1717, fo. 247, DHMM Minutes, vol. III, 1707~1727, LSF; Lay, *All Slave-Keepers*, 255~56.

6. 회의록, 18.xi.1717, fo. 250, DHMM Minutes.

7. 회의록, 5.i.1718 그리고 9.ii.1718, ff. 253, 260, DHMM Minutes.

8. 회의록, 12.iii.1718 그리고 4.iv.1718, ff. 263, 265~266, DHMM Minutes; London and Middlesex Quarterly Meeting, Digest Register of Marriages, vol. I (1657~1719), book 835, pg. 554. 또한, 15.iv.1718과 7.vii.1718, DMM Minutes, vol. I (1694~1726), LSF의 회합 기록도 참조하라.

9. Larry Gragg, "The Making of an Abolitionist : Benjamin Lay on Barbados, 1718~1720," *Journal of the Barbados Museum and Historical Society* 47 (2001) : 166~84와 같은 저자의 *The Quaker Community on Barbados : Challenging the Culture of the Planter Class* (Columbia : University of Missouri Press, 2009)를 참조하라. 바베이도스의 광범위한 역사에 관해서는 Richard S. Dunn, *Sugar and Slaves : The Rise of the Planter Class in the English West Indies, 1624-1713* (Chapel Hill : University of North Carolina Press, 1972), 그리고 Hilary McD. Beckles, *White Servitude and Black Slavery in Barbados, 1627-1715* (Knoxville : University of Tennessee Press, 1989)를 참조하라.

10. 이 단락과 이어지는 두 단락은 Thomas Walduck가 James Petiver에게 보낸 바베이도스에 관한 서신 : 1710~1712, Sloane MS 2302, BL을 바탕으로 한다.

11. Lay, *All Slave-Keepers*, 40, 45. 모건 거드윈과 토머스 트라이온은 벤저민과 사라가 도착했던 시기의 바베이도스 노예 체제에 관한 비평을 기록했다. Godwyn, *The Negroes' and Indians' Advocate, suing for their Admission into the Church, or a Persuasive to the Instructing and Baptizing in the Negroes and Indians on our Plantations, with a brief Account of Religion in Virginia* (London, 1680), 그리고 Tryon, *Friendly Advice to the Gentlemen-Planters of the East and West Indies* (London, 1684).

12. Lay, *All Slave-Keepers*, 45.

13. 같은 출처, 44. 또한, Mielke, " 'What's Here to Do?'," 22~44를 참조하라.

14. Lay, *All Slave-Keepers*, 34.

15. 같은 출처, 36, 38, 39; Vaux, *Memoirs*, 19.

16. Lay, *All Slave-Keepers*, 44, 80.

17. 회의록, 2.ix.1720, ff. 306~307, DHMM Minutes.

18. 회의록, 4.xi.1720, ff. 311, DHMM Minutes.

19. 회의록, 1.i.1721 그리고 5.ii.1721, ff. 315, 316, DHMM Minutes; 회의록, 20.vi.1722, fo. 338, "Mens Meeting Book for ye frnds of Colchester Comencing ye 6th, 6 mo., 1705~1725," box 6, no. 6, SFC-UE.

20. * 윌리엄 1세가 왕권 강화를 위해 토지와 재산을 조사하여 기록한 장부.

21. Fitch, *Colchester Quakers*, 11, 59~60. Daniel Defoe는 1722년 콜체스터를 방문하는 동안, 이 점령이 남긴 영향을 기록했다. 그의 *A Tour Through the Whole Island of Great Britain* (orig. publ. in three volumes, 1724~1727; rpt. Harmondsworth, UK: Penguin, 1971), 57~58을 참조하라.

22. 회의록, 20.vi.1722 그리고 3.vii.1722, CTWM Minutes, 338, 339; Peter Jarvis Jr.이 런던 Meeting for Sufferings에 보낸 서신, 20.vi.1722, "Copys of Letters & Certificates & Papers of Condemnation," CMM, 1720, Item #1102, fo. 19. "도시의 자유인"이 아닌 채로 가게를 열었다며 레이에게 제기된 혐의에 관해서는 Essex Quarter Session Roll, Mich. 1723, D/B5 ST136, ERO를 참조하라. 영감받지 않은 설교는 벤저민 평생의 관심사였으며 그는 별것 없는 설교를 하는 사람뿐만 아니라 "그토록 더러운 일을" 묵인하는 "원로와 성직자"를 정죄했다. Lay, *All Slave-Keepers*, 131을 참조하라.

23. 회의록, 10.x.1722, 24.x.1722, 7.xi.1722, 그리고 12.xi.1722, CTWM Minutes, 348, 350, 351, 354.

24. Fitch, *Colchester Quakers*, 19; 회의록, 6.xi.1692, CMM Minutes, 1672~1718, ff. 93~94, SFC-UE. 퀘이커교의 구분된 여성 회합 형태에 관해서는 Phyllis Mack, *Visionary Women: Ecstatic Prophecy in Seventeenth-Century England* (Berkeley: University of California Press, 1992), 265~304를 참조하라.

25. Meeting 6.ix.1724, CMM Minutes, 1718~1756, shelf 6, no. 2, fo. 78; Fitch, *Colchester Quakers*, 17~18.

26. 회의록, 1.iii.1723, 5.iii.1723, 15.iii.1723, 27.iii.1723, 14.iv.1723, 그리고 17.iv.1723, CTWM Minutes, 363~68.

27. 회의록, 22.v.1723, CTWM Minutes, 373~74.

28. 회의록, 5.vi.1723, CTWM Minutes, 375. 존 로크는 〈신형군〉 군종 목사 존 솔트마쉬를 영국 혁명 동안 항의의 의미로 모자를 쓰고 있는 행위의 원조로 인정했다. 실제로 솔트마쉬는 1647년 12월에 임종을 맞이하려던 자리를 털고 일어나 런던으로 여행하여 코크부시 필드의 수평파 투옥 이후 올리버 크롬웰을 비난하며 모자 벗기를 거

부했다. Roger Pooley, "Saltmarsh, John (d. 1647)," *Oxford Dictionary of National Biography, Oxford University Press online*, 2004, http://www.oxforddnb.com.pitt. idm.oclc.org/view/article/24578(2016년 1월 30일 확인)을 참조하라.

29. 회의록, 29.ii.1724, CTWM Minutes, fo. 400.

30. 회의록, 13.iii.1724, CTWM Minutes, fo. 403.

31. 회의록, 24.iv.1724, CTWM Minutes, 409~10 ; Stanley Fitch는 1720년대 CTWM의 "비타협적 정신"에 주목했다. *Colchester Quakers*, 14를 참조하라.

32. 회의록, 26.viii.1724, 9.ix.1724, 23.ix.1724, 그리고 26.x.1724, CTWM Minutes, 423, 427~28, 431, 436~37 ; Benjamin Lay가 CTWM에 보낸 서신, 7 December 1724, Letters of Condemnation, fo. 35. 비평가 Francis Bugg는 *Quakerism Drooping* (1704) 에서 퀘이커교도들이 "벌거벗고 징조를 받아들이거나" 누구도 주인이라 부르지 않았던 적이 있지만, 18세기 초에 그들은 "옷을 입고 다녔고" "평등한 태도"도 포기했다고 기록했다. Davies, *The Quakers in English Society*, 220~21을 참조하라.

33. 회의록, 1.xii.1724, CTWM Minutes, ff. 439~40. 위원회의 일부 구성원들이 추신에 달린 바와 같은 벤저민의 "인정"을 기억하지 못한다고 말했으며, 최종 보고서는 위원회 구성원 간의 분열로 얼룩졌다. 회의록, 17.xii.1724, fo. 442를 참조하라.

34. Benjamin Lay가 DHMM에 보낸 서신, Letters of Condemnation, 3.i.1725/1726, ff. 38~39.

35. 같은 출처.

36. John Knight과 Phillip Gwillim이 CTWM에 보낸 서신, Letters of Condemnation, 9.xi.1725/1726, fo. 38 ; Benjamin Lay가 DHMM에 보낸 서신, Letters of Condemnation, 21.ix.1725, fo. 39.

37. Peter Jarvis Jr.가 DHMM에 보낸 서신, Letters of Condemnation, 11.ii.1726, ff. 40~41 ; CTWM이 벤저민에 관해 기록한 문서는 16.iv.1723, fo. 28을 참조하라.

38. Essex Court of Quarter Sessions, Easter 1715~Michaelmas 1723, 12 August 1723, D/B 5 Sb5/1, ERO. 벤저민의 이름이 이후 분기 재판 기록의 "투옥 사건표"에 나타나지 않는 점으로 보아 오래 감옥에 머무르지는 않았던 것으로 보인다. 이 사건 역시 이후의 기록에 다시 등장하지 않는다.

39. Benjamin Lay가 CTWM에 보낸 서신, Letters of Condemnation, 25.ii.1726, fo. 42 ; Benjamin Lay가 CTWM에 보낸 서신, Letters of Condemnation, 9.iii.1726, ff. 42~43.

40. 같은 출처.

41. 회의록, 23.iii.1726 그리고 26.iii.1726, 44, CTWM Minutes, fo. 43.

42. 회의록, 5.ix.1729, DHMM Minutes, vol. V, 1727~1747, fo. 34.

43. 회의록, 7.xi.1729, 4.xii.1729, 4.i.1729/30, 그리고 6.iii.1730, DHMM Minutes, ff. 36, 37, 40, 45.

44. 회의록, 3.ix.1731, DHMM Minutes, fo. 73.

45. 회의록, 9.i.1730 그리고 23.i.1730, ff. CTWM Minutes, 154, 155~56.

46. John Baker와 Phillip Gwillim이 CTWM에 보낸 서신, 30.x.1729, Letters of Condemnation, fo. 63 ; William Groom과 James Catchpool이 DHMM에 보낸 서신, 6.ii.1730, Letters of Condemnation, fo. 64.

47. "A Copy of Benjamin Lay's Will, Dated ye 9 : 1 month 1731," folder 56 ; "Abstract of Benj, Lay's Will," folder 59 ; both SFC-UE.

48. 회의록, 5.ix.1731 그리고 13.x.1731, 216, CMM Minutes, 214, 216 ; 회의록, 5.ix.1731, CTWM Minutes, fo. 214.

49. 회의록, 7.xi.1731 그리고 3.i.1731/2, CMM Minutes, fo. 133, 134 ; Kite, "Account," 220.

3장 필라델피아의 "유명인들"

1. * 퀘이커교도이자 펜실베이니아를 건립한 윌리엄 펜의 이상향 건설을 위한 노력의 일환으로 종교적 다양성을 인정하고 적극적으로 수용하는 식민지 헌장.

2. Lay, *All Slave-Keepers*, 140 ; Hunt "Notices of Lay." 필라델피아 상업신문인 *American Weekly Mercury*는 1732년 6월 8일에 "리브스 선장이 런던으로 떠났다가 버뮤다를 거치는 11주의 항해에서 돌아왔다"고 기록했다. 펜실베이니아 퀘이커교의 초기 역사에 관한 고전 기록은 Gary B. Nash, *Quakers and Politics : Pennsylvania, 1681-1726* (Princeton, NJ : Princeton University Press, 1968)을 참조하라.

3. Lay, *All Slave-Keepers*, 77.

4. 필라델피아 항구의 모습은 James Birket, *Some Cursory Remarks Made by James Birket in His Voyage to North America, 1750-1751* (New Haven, CT : Yale University Press, 1916), 67 (quotation) ; William Black, "The Journal of William Black, 1744," *Pennsylvania Magazine of History and Biography* 1 (877) : 405 ; Samuel Curwen, "Journal of a Journey from Salem to Philadelphia in 1755," *Essex Institute Historical Collections* 52 (1916) : 79 ; 그리고 Edward Porter Alexander, ed., *The Journal of John Fontaine : An Irish Huguenot Son in Spain and Virginia, 1710-1719* (Charlottesville : University Press of Virginia, 1972), 118~19를 바탕으로 한다. 계약하인 신분의 하녀와 "흑인 남자" 그리고 익사한 선원에 관해서는 *American Weekly Mercury*, June 8, 1732를 참조하라.

5. Alexander Hamilton, *Gentleman's Progress : The Itinerarium of Dr. Alexander Hamilton, 1744* (Chapel Hill : University of North Carolina Press, 2012), 66~67. 1736년 11월에 리브스 선장이 노예무역의 중심지 중 한 곳인 영국 브리스틀로부터 필라델피아에 돌아왔을 때 벤저민은 그를 만나 인간 상거래에 관해 논의했다. *American Weekly Mercury*, November 18~25, 1736을 참조하라. 벤저민은 *All Slave-Keepers*, 88에서 1738년 12월 30일의 날짜로 이 만남의 내용을 기록했다. 사무엘 하퍼드는 1759년 2월

벤저민 사후에 유언 집행 서한에 날인하기도 했다. Benjamin Lay의 유언, 1759, File A-55~1759, CPRW를 참조하라.

6. James T. Lemon, *The Best Poor Man's Country : Early Southeastern Pennsylvania* (Baltimore : Johns Hopkins University Press, 1972). "성스러운 실험"에 대한 레나페 족의 관점에 관해서는 Jean R. Soderlund, *Lenape Country : Delaware Society Before William Penn* (Philadelphia : University of Pennsylvania Press, 2015), ch. 7을 참조 하라. 퀘이커교의 대서양 유대에 관한 최근 뛰어난 연구에는 Jordan Landes, *London Quakers in the Trans-Atlantic World : The Creation of an Early Modern Community* (New York : Palgrave Macmillan, 2015)이 있다.

7. *American Weekly Mercury*, October 12~19, 1732.

8. Edwin B. Bronner, "Quaker Landmarks in Early Philadelphia," *Transactions of the American Philosophical Society* 43 (1953) : 210~16.

9. Craig W. Horle et al., eds., "Anthony Morris," *Lawmaking and Legislators in Pennsylvania : A Biographical Dictionary*, Vol. II (1710~1756) (Philadelphia : University of Pennsylvania Press, 1997), 727~36.

10. Smith, "Lives of Ministers Among Friends"에 수록된 "Robert Jordan" ; Frank S. Loescher, "Dictionary of Quaker Biography," 미출판 편집물, FHL-SCL에 수록된 "Robert Jordan, Jr." ; "Lately Imported and to be sold by Robert Jordan *in* Morris's Alley," *Pennsylvania Gazette*, November 27, 1735 ; *A Collection of Memorials concerning divers Deceased Ministers and Others of the People called Quakers : in Pennsylvania, New-Jersey, and Parts Adjacent, from nearly the First Settlement thereof to the Year 1787 ; with Some of the Last Expressions and Exhortations of Many of Them* (Philadelphia, 1787) ; Robert Jordan의 유언, 1742, file 291, CPRW. 버지니 아의 패럿(Perrot)에 관해서는 Jay Worrall Jr., *The Friendly Virginians : America's First Quakers* (Athens, GA : Iberian Publishing Company, 1994), 45~46. 또한, A. Glenn Crothers, *Quakers Living in the Lion's Mouth : The Society of Friends in Northern Virginia, 1730-1865* (Gainesville : University of Florida Press, 2012)를 참 조하라.

11. Horle et al., eds., "Israel Pemberton," *Lawmaking and Legislators in Pennsylvania*, vol. II, 824~36 ; Theodore Thayer, *Israel Pemberton : King of the Quakers* (Philadelphia : Historical Society of Pennsylvania, 1943), 14 ; Darold D. Wax, "Quaker Merchants and the Slave Trade in Colonial Pennsylvania," *Pennsylvania Magazine of History and Biography* 86 (1962) : 147~48.

12. Horle et al., eds., "John Kinsey," *Lawmaking and Legislators in Pennsylvania*, vol. II, 591.

13. John Kinsey가 Richard Partridge에게 보낸 서신, 2 November 1742, Port 27.94,

LSF;*American Weekly Mercury*, June 28, 1722;Robert Jordan의 유언, 1742, file 291, CPRW;Thayer, *Israel Pemberton*, 26, 32, 33;William Bucke Campbell, "Old Towns and Districts of Philadelphia," *Philadelphia History* 5 (1942):102.

14. Soderlund, *Quakers and Slavery*, 38에 따르면 킨제이의 아버지는 "부유한 노예 소유자"였다. 그 자신이 노예를 소유했다는 사실은 유언 서류에서도 드러나지만, 공교롭게도 CPRW의 Kinsey's file, #41/1750에는 그 내용이 빠져있다.

15. 이 단락과 이어지는 두 단락은 Peter Linebaugh and Marcus Rediker, *The Many-Headed Hydra*, 193~98 [피터 라인보우·마커스 레디커, 『히드라』, 정남영·손지태 옮김, 갈무리, 2008]의 주장을 요약한다. 또한, Barry Gaspar, *Bondsmen and Rebels:A Study of Master-Slave Relations in Antigua with Implications for Colonial British America* (Baltimore:Johns Hopkins University Press, 1985)를 참조하라.

16. *American Weekly Mercury*, February 26, 1734, November 25, 1736, 그리고 February 15, 1737;Hunt, "Notices of Lay," 275. Vincent Brown, *Slave Revolt in Jamaica, 1760-1761:A Cartographic Narrative*, http://revolt.axismaps.com을 참조하라.

17. Lay, *All Slave-Keepers*, 28, 31, 35, 82, 92;Gary B. Nash and Jean Soderlund, *Freedom by Degrees:Emancipation in Pennsylvania and Its Aftermath* (New York:Oxford University Press, 1991), 15. Soderlund는 1731년에서 1740년 사이에 필라델피아 월례회의 참석자의 53.8퍼센트가 노예를 소유했다고 밝혔다. 그녀의 *Quakers and Slavery*, 163을 참조하라.

18. Lay, *All Slave-Keepers*, 6;Ralph Sandiford, *A Brief Examination of the Practice of the Times* (Philadelphia, 1729), 그리고 *The Mystery of Iniquity;in a Brief Examination of the Practice of the Times, by the foregoing and the present Dispensation* (Philadelphia, 1730);Vaux, *Memoirs*, 64. Sandiford는 그가 최초의 원고를 제출했을 때 "관리감독자들에게 퇴짜 맞았고" "최고 결정권자인" 존 킨제이로부터 "위협을 받았다"라고 기록했다. *Mystery of Iniquity*, 90, 4를 참조하라. 1727년에 〈런던 연례회의〉는 〈필라델피아 연례회의〉에 퀘이커교도의 노예무역이 "좋은 일도 아니며 허용할 수도 없는 관행"이라고 권고했다. LYM은 Carey, *From Peace to Freedom*, 2에 인용되었다.

19. Sandiford, Brief Examination, 14, 30, 74, 94, 106;Sandiford, *Mystery of Iniquity*, 94~111;Vaux, *Memoirs*, 60. 레이와 마찬가지로 동물에 대한 샌디퍼드의 관점도 시간이 지나면서 변했다. 1727년에 그의 사업은 동물 도살과 깊은 연관이 있었고 "빗질한 좋은 가죽과 송아지 가죽, 구두창 가죽 그리고 무두질한 양가죽"의 판매를 광고했다. *American Weekly Mercury*, November 9, 1727. 1671년에 바베이도스를 방문한 후에 기록한 노예제에 관한 조지 폭스의 관점은 *Gospel Family-Order, being a Short Discourse concerning the Ordering of Families, Both of Whites, Blacks, and Indians* (n.p., 1676)을 참조하라.

20. Lay, *All Slave-Keepers*, 20~21.

21. 같은 출처, 18~20.

22. 같은 출처, 21~22.

23. 같은 출처, 21~23.

24. J. William Frost는 샌디퍼드와 레이가 노예 소유 퀘이커 성직자를 추적한 사실이 얼마나 전략적으로 중요한지 기록했다. 그의 "Quaker Anti-slavery from Dissidence to Sense of the Meeting," *Quaker History* 101 (2012)：26을 참조하라.

25. 부와 그 파괴적 권력에 대한 벤저민의 비판은 이후 "이욕"(love of Gain)을 노예무역과 소유의 원천으로 보았던 존 울먼과 앤서니 베네제에 의해 더 넓게 전달되있다. Slaughter, *The Beautiful Soul of John Woolman*, 137, 213~17；Plank, *John Woolman's Path to the Peaceable Kingdom*, 76, 84；그리고 Jackson, *Let This Voice Be Heard*, 63~66을 참조하라.

26. Lay, *All Slave-Keepers*, 194~95.

27. 같은 출처, 59. 벤저민만이 탐욕에 반대하는 목소리를 내지는 않았다. Frederick B. Tolles는 1730년대 후반 동안 〈필라델피아 연례회의〉에서 탐욕에 대한 비판이 늘었다고 기록했다. 그의 *Meeting House and Counting House : The Quaker Merchants of Colonial Philadelphia, 1682-1763* (orig. publ. 1948；New York：W. W. Norton, 1963), 81을 참조하라.

28. 담배 파이프에 관한 이야기는 원래 1785년 퀘이커교도 존 포먼이 전했고 후에 Hunt, "Notices of Lay," 274~78에서 출판되었다. 이 이야기는 Kite, "Account," 그리고 Child, *Memoir*, 23에도 수록되었다.

29. Vaux, *Memoirs*, 34~35. 이 일화는 *Village Record* (Westchester, PA), February 25, 1818에도 재차 실렸다.

30. 이 일화는 처음에 벤저민의 친구이거나, 아니라면 적어도 그를 알았던 "한 노인"이 벤저민 사후 15년 후에 전했다. *Pennsylvania Packet*, February 14, 1774. 다음으로는 Rush, "Account"에서 되풀이되었다. 세 번째 이야기는 Vaux, *Memoirs*에서 나타났고 네 번째는 Child, *Memoir*, 25였다.

31. Child, *Memoir*, 22.

32. *Federal Gazette*, May 18, 1790；Vaux, *Memoirs*, viii.

33. *Daily Advertiser*, May 20, 1790；*Political Observatory*, December 10, 1803.

34. 회의록, 10.xi.1731, 7.xii.1731, 21.xii.1731, 20.i.1732, 3.iii.1732, 24.v.1732, CTWM Minutes, ff. 221, 223~24, 225, 228, 232, 238；회의록, 12.iv.1732, "The Book of the Quarterly Meeting Minutes, Commencing 1711," EQM Minutes, 1711~1754, shelf 2, no. 1, ff. 148~49.

35. 회의록, 27.vi.1732 and 2.viii.1732, CTWM Minutes, ff. 241, 244.

36. Smith, "Lives of Ministers Among Friends"에 수록된 "Robert Jordan." 1742년에 조던이 죽고 난 후 그가 남긴 속세의 물건에는 무명의 "흑인 소년"이 있었고 가치는 25파

운드로 그의 가장 값비싼 물건이었다. Robert Jordan의 유언, 1742, File 291, CPRW를 참조하라. 또한, 레이는 "A——M——s" (Anthony Morris), "I——P——n" (Israel Pemberton), J——B——s (John Bringhurst) 그리고 S——P——l (Samuel Powell)을 노예 소유자로 정확히 알고 있었다. Lay, *All Slave-Keepers*, 273을 참조하라. Bringhurst과 Powell을 알게 도와준 진 R. 쇠더룬드에게 감사를 전한다.

37. 회의록, 29.i.1734, PMM Minutes, fo. 242; "The Journal of Susanna Morris," in *Wilt Thou Go On My Errand? Three 18th Century Journals of Quaker Women Ministers*, ed. Margaret Hope Bacon (Wallingford, PA : Pendle Hill Publications, 1994), 55, 72. 퀘이커교 여성 사역자의 사역에 관해서는 Rebecca Larson, *Daughters of Light : Quaker Women Preaching and Prophesying in the Colonies and Abroad, 1700-1775* (New York : Alfred A. Knopf, 1999)를 참조하라.

38. Horle et al., eds., "Joshua Morris," *Lawmaking and Legislators in Pennsylvania*, 742~50.

39. Mielke, " 'What's Here to Do?'," 22~44.

40. Smith, "Lives of Ministers Among Friends"에 수록된 "Sarah Lay" ; Vaux, *Memoirs*, 32.

41. Lay, *All Slave-Keepers*, 33, 38.

42. James T. Mitchell and Henry Flanders, comps., "An Act for the Better Regulating of Negroes in this Province," in *The Statutes at Large of Pennsylvania from 1682 to 1801* (Harrisburg, PA : William Stanley Ray, 1899), vol. IV (1724~1744), chap. ccxcii. 또한, "온전히 전개된 흑인 법령"에 관해서는 Gary B. Nash and Jean Soderlund, *Freedom by Degrees*, 13을 참조하라. 노예 해방 관행은 1750년대와 1760년대 초반 퀘이커교도 사이에서 흔히 나타났지만, 모리스는 완고하게 저항했다. 그는 1763년 사망한 시기에도 노예 해방을 거부했다. Horle et al., eds., "Anthony Morris," *Lawmaking and Legislators*, 735~36을 참조하라. 도망자 마이클에 관해서는 *Pennsylvania Gazette*, November 10~17, 1748을 참조하라. 나는 통제작자였다가 후에 상인이 된 John Bringhurst에 관한 정보를 준 진 R. 쇠더룬드에게 감사를 전한다.

43. 회의록, 27.ii.1734, PMM Minutes, 1715~1744, fo. 243, MRPh383, FHL-SCL.

44. Robert Jordan가 Thomas Story에게 보낸 서신, Philadelphia, 7.iv.1736, Gibson TS 730, LSF.

45. Lay, *All Slave-Keepers*, 223~24.

46. 회의록, 24.iv.1737, PMM Minutes, ff. 285~86.

47. 회의록, 24.iv.1737 그리고 26.vi.1737, PMM Minutes, ff. 285~88.

48. 회의록, 26.vi.1727, PMM Minutes, ff. 287~88; "Nicholas Austin," in Loescher, "Dictionary of Quaker Biography." 벤저민은 John Cadwallader에게 쓴 편지에서 자신이 맞닥뜨린 충돌을 묘사했고 이는 *All Slave-Keepers*, 262에 나타났다. 또한, "Abington

Monthly Meeting Book, Containing a Chronologie of the most Material Occurrences and Transactions that have been acted and done, in the said Meeting Since the first settlement thereof, transcribed from Sundry Manuscripts by George Boone, 1718," AMM Minutes, 1682~1765, RG2/Ph/A2, FHL-SCL；Nicholas Austin의 유언, 1770, File 338, CPRW；"To be SOLD," *Pennsylvania Gazette*, October 16, 1755를 참조하라.

49. 회의록, 30.xi.1727, AMM Minutes, 1682~1765, RG2/Ph/A2, Volume I : 1682~1746, fo. 212, FHL-SCL；Mielke, " 'What's Here to Do?'," 32. 자격을 박탈당한 사람들을 (예배를 제외하고) 실무와 규율에 관한 회의에서 제외하는 규칙에 관해서는 "A Collection of the Christian & Brotherly Advices given forth from time to time by the Yearly Meeting of Friends for Pennsylvania & New Jersey," Miscellaneous Files, AMM, RG2/Ph/A2, Volume 7.9, 216, FHL-SCL에 수록된 "Meetings for Discipline"을 참조하라.

4장 배교자가 된 노예 소유자들

1. Lay, *All Slave-Keepers*.

2. Carey, *From Peace to Freedom*, 143, 164.

3. Lay, *All Slave-Keepers*, 247~48；Gary B. Nash, "Franklin and Slavery," *Proceedings of the American Philosophical Society* 150 (2006) : 625.

4. Lay, *All Slave-Keepers*, 3~4.

5. Rush, "Account"；Lay, *All Slave-Keepers*, 271；Frost, "Quaker Antislavery from Dissidence to Sense of the Meeting," 22.

6. Lay, *All Slave-Keepers*, 18~19, 4.

7. 같은 출처, 4, 5, 195.

8. 같은 출처, 32.

9. 같은 출처, 45, 136；Vaux, *Memoirs*, 43~44.

10. Anonymous, *A New Commonplace Book ; being an Improvement on that recommended by Mr. Locke ; properly ruled throughout with a Complete Skeleton Index, and ample Directions for its Use ; Equally adapted to the Man of Letters and the Man of Observation, the Traveller & the Student, and forming an useful & agreeable Companion, on the Road ; and in the Closet* (London : J. Walker, 1799)；Carey, *From Peace to Freedom*, 169.

11. Lay, *All Slave-Keepers*, 11, 92.

12. 같은 출처, 33, 142, 105.

13. 같은 출처, 137, 230.

14. * 주로 상거래에 쓰이는 혼합 언어.

15. * 다른 나라에 와서 노동하며 사는 사람들.

16. 같은 출처, 45, 31. Ralph Sandiford도 성경의 희년을 강조했다. *The Mystery of Iniquity*, 6, 28, 54, 66, 97, 101~2를 참조하라. 노예제에 맞선 투쟁에서 희년에 관한 광범위한 역사는 Peter Linebaugh, "Jubilating ; Or, How the Atlantic Working Class Used the Biblical Jubilee Against Capitalism, with Some Success," *Radical History Review* 50 (1991) : 143~80을 참조하라.

17. 같은 출처, 131, 266.

18. 같은 출처, 23.

19. 같은 출처, 6~9, 130.

20. 같은 출처, 8~9.

21. 같은 출처, 80~94. 필라델피아의 퀘이커교도 노예 소유에 관해서는 Soderlund, *Quakers and Slavery*, 163을 참조하라.

22. 같은 출처, 85, 59. Soderlund는 "반노예제 사상이 1731년에서 1751년 사이에 점진적인 지지를 얻고 있다"고 기록했다. 또한, 그녀는 노예를 소유한 PYM 지도자의 비율이 58.6퍼센트(1706년~1730년)에서 34.2퍼센트(1731년~1751년)까지 떨어졌다고 주장했다. 이러한 변화는 폐지론자의 "약진"이 있기 전에 나타났다. 그녀의 *Quakers and Slavery*, 46, 43. 또한, Carey, *From Peace to Freedom*, 172~81을 참조하라.

23. Lay, *All Slave-Keepers*, 127~28, 133, 231. George Fox, *Gospel Family-Order, being a Short Discourse concerning the Ordering of Families, Both of Whites, Blacks, and Indians* (n.p., 1676)를 참조하라.

24. 같은 출처, 80.

25. 같은 출처, 84.

26. Moore, *The Light in Their Consciences*, 65. Brycchan Carey도 반노예제 사상은 출판 인가를 받아 나타나기 전에 널리 퍼졌다고 기록했다. *From Peace to Freedom*, 181을 참조하라. "A Collection of the Christian & Brotherly Advices given forth from time to time by the Yearly Meeting of Friends for Pennsylvania & New Jersey," Miscellaneous Files, AMM, RG2/Ph/A2, vol. 7.9, FHL-SCL에 수록된 "Books"의 내용을 참조하라. 1650년대 이후 퀘이커교는 세심하게 통제하는 방식으로 손을 대며 인쇄 출판을 활용했다. Kate Peters, *Print Culture and the Early Quakers* (Cambridge, UK : Cambridge University Press, 2005), 252~55를 참조하라.

27. Lay, *All Slave-Keepers*, 94 ; Robert Jordan이 Thomas Story에게 보낸 서신, Philadelphia, 7.iv.1736, Gibson TS 730, LSF.

28. Lay, *All Slave-Keepers*, 26~37. 또한, Frost, "Quaker Antislavery from Dissidence to Sense of the Meeting," 19, 22를 참조하라.

29. Lay, *All Slave-Keepers*, 89, 83~84, 93. 또한, Katharine Gerbner, "Antislavery in Print : The Germantown Protest, the 'Exhortation,' and the Seventeenth-Century

Quaker Debate on Slavery," *Early American Studies* 9 (2011) : 552~75를 참조하라.

30. Nicholas P. Wood and Jean R. Soderlund, " 'To Friends and All Whom it may Concerne' : William Southeby's Rediscovered 1696 Antislavery Protest," *Pennsylvania Magazine of History and Biography* (forthcoming) ; Drake, *Quakers and Slavery in America*, 30~32. 파머(Farmer)와 레이 사이에 어떤 개인적 연관이 있었던 것으로 보인다. 두 사람은 비록 시기는 달랐지만, 〈콜체스터 격주회의〉에 출석했다. 파머의 아내는 사라의 친구이자 벤저민에게도 친척뻘이었을 엘리자베스 켄달의 친구였고 벤저민은 1731년 유언에서 그녀를 피신탁인으로 임명했다. 수년 후 1754년에 에식스에 사는 그의 가난한 친척 한 명이 병이 들어 도움이 필요해지자 벤저민은 엘리자베스를 통해 고향에 돈을 보냈다. John Pemberton이 Elizabeth Kendall에게 보낸 서신, Philadelphia, 29.iv.1754, Pemberton Family Papers, vol. 10, page 4b, HSP. 또한, "The Testimony of Mary Bundock concerning Elizabeth Kendall," 1765, ff. 48~52, Commonplace Book of Elizabeth Kendall, Coggeshall Monthly Meeting, Item #1376, SFC-UE. Benjamin's niece, Sarah, daughter of his half-brother John, married Moses Kendall in 1725 : Marriage licence bond and allegation of Moses Kendall and Sarah Lay, 1725, D/ABL 1725/113, ERO를 참조하라. 또한, Lay, *All Slave-Keepers*, 10~11을 참조하라.

31. 같은 출처, 76.

32. 같은 출처, 63~64, 58, 136, 18, 75, 84, 85, 87, 27.

33. 같은 출처, 136 ; *American Weekly Mercury*, August 24, 1738.

34. Samuel Sewell, *The Selling of Joseph : A Memorial* (Boston, 1700). 또한, John Saffin, *A Brief and Candid Answer to a late Printed Sheet, Entitled, The Selling of Joseph* (Boston, 1701)을 참조하라. 이 논쟁의 광범위한 맥락에 관해서는 Lawrence Towner, "The Sewell-Saffin Dialogue on Slavery," *William and Mary Quarterly*, 3rd Series, 21 (1964) : 40~52를 참조하라.

35. Lay, *All Slave-Keepers*, 19, 63, 68.

36. 같은 출처, 63~64.

37. 같은 출처, 137, 34 ; John Kinsey의 주석, 19 September 1738, PYM, Miscellaneous Papers, 1731~1738 1250/D1.5 #22, PYM-SCL. 이러한 분노에 직면했을 때 벤저민은 "네가 믿음으로 굳건할 때 너는 세상의 소금이요, 하나님께서 방문하시는 날에 네가 행한 선한 일을 바라보며 영광을 얻으니 너는 하나님의 은총으로 모든 적의 분노를 다스리리라"라고 말하며 스스로 위안했다.

38. 같은 출처, 101~17. 개간파였다가 퀘이커교도가 된 제라드 윈스탠리는 영국 혁명에서 가장 위대한 급진 사상가였으며, 마찬가지로 압제를 설명하는 데 요한계시록을 활용했다. Ariel Hessayon, "Gerrard Winstanley, Radical Reformer," in Hessayon and Finnegan, *Varieties of Seventeenth- and Early Eighteenth-Century Radicalism in*

Context (London: Ashgate, 2011), 110~11을 참조하라. 요한계시록은 17세기 후반 영국에서 널리 인용되었지만, 벤저민은 노예제의 기원을 설명하는 데 이를 활용하며 두각을 나타냈다. Warren Johnston, *Revelation Restored: The Apocalypse in Later Seventeenth-Century England* (Woodbridge, Suffolk, UK: Boydell Press, 2011)을 참조하라. 비록 아메리카 혁명의 전 단계에서 성직자들이 계시록을 의미 있게 활용하기는 했지만, 이 기록이 초기 아메리카에서 특히 많이 알려진 글은 아니었다. Mark A. Noll, *In the Beginning Was the Word: The Bible in American Public Life, 1492-1783* (Oxford, UK: Oxford University Press, 2016), 287을 참조하라.

39. Herbert Marks, ed., *The English Bible, King James Version: The Old Testament*, vol. I, Norton Critical Editions (New York: W. W. Norton, 2012), 569~72 [『성경전서: 킹 제임스 흠정역』, 그리스도예수안에, 2021].

40. * 광야에 있는 자신의 은신처

41. 같은 출처, 101~2. 율법 폐기론자의 글인 요한 계시록은 조지 키스(George Keith), 존 헵번, 존 울먼 그리고 워너 미플린와 같은 퀘이커교 반노예제 활동가들의 사상에서 엄청나게 중요한 역할을 수행했다.

42. 같은 출처, 102, 104, 107, 110.

43. 같은 출처, 111, 112, 60, 114.

44. 같은 출처, 114, 116, 117.

45. 같은 출처, 51.

46. 같은 출처, 52.

47. 같은 출처, 51.

48. 같은 출처, 111; Alan Tully, *William Penn's Legacy: Politics and Social Structure in Provincial Pennsylvania, 1726-1755* (Baltimore: Johns Hopkins University Press, 1977), 97.

49. PYM Minutes, 16~20,vii.1738; *Pennsylvania Gazette*, October 26, 1738; November 2, 1738; November 16, 1738.

5장 책과 새로운 삶

1. Rush, "Account"; Frost, "Quaker Antislavery from Dissidence to Sense of the Meeting," 23. Franklin이 의뢰한 초상화에 관해서는 6장을 참조하라. 프랭클린의 신문 구독기금에 관해서는 David Waldstreicher, *Runaway America: Benjamin Franklin, Slavery, and the American Revolution* (New York: Hill and Wang, 2005), 82를 참조하라.

2. *American Weekly Mercury*, October 12~19, 1732.

3. 이 책의 첫 소유자는 사무엘 어나우(Samuel Ernow)였고 그의 이름 아래에 "이제 벤지 레이의 책"이라고 적혀있었다. 이후의 소유자는 조지 던컨(George Duncan), 존 컨로이

(John Conroy)를 거쳐 마지막으로 폴크 씨(Mr. Foulke)가 1916년에 이 책을 〈필라델피아 북서부 지역 유적 유물 협회〉에 기증했고 이곳이 후에 〈필라델피아 북서부 지역 역사협회〉가 된다. 1750년 필라델피아 북서부 지역에서 크리스토퍼 소어(Christopher Sauer)가 출판한 프랑스 가톨릭 대주교 François Fénelon의 *The Archbishop of Cambray's Dissertation on Pure Love*는 비록 여백에 기록된 내용은 없지만, 마찬가지로 벤저민이 소유했던 책으로 보인다.

4. Dell은 Hill, *The World Turned Upside Down*, 42를 인용했다.

5. Roger Pooley, "Dell, William (d. 1669)," *Oxford Dictionary of National Biography*, http://www.oxforddnb.com.pitt.idm.oclc.org/view/article/7461, 2016년 7월 1일 확인 ; Christopher Hill, "The Radical Critics of Oxford and Cambridge in the 1650s," in his *Change and Continuity in Seventeenth-Century England* (Cambridge, MA : Harvard University Press, 1975), 127~48 ; Eric C. Walker, *William Dell : Master Puritan* (Cambridge, UK : Heffer, 1970), ch. 4.

6. William Dell, "The Right Reformation of Learning, Schools, and Universities, according to the State of the Gospel, and the True Light that Shines Therein," in his *Several Sermons and Discourses of William Dell, Minister of the Gospel* (London : J. Sowle, 1709), 642~48.

7. 벤저민은 필라델피아에서 종교 서적만 판매하지 않았으며 "산술, 수학, 천문학, 삼각법, 휘스턴 유클리드와 기타 서적"을 팔았다. "To be SOLD," *American Weekly Mercury*, October 12~19, 1732를 참조하라.

8. 벤저민은 자신이 "펜실베이니아를 목격하기 거의 20[년]전부터" 그릇된 성직자들에 반대하기 시작했다고 기록했다. 이는 대략 1714년으로 그가 런던의 〈데번셔 하우스 월례 회의〉에서 "공인 성직자"에 맞서며 처음으로 불만을 입 밖에 내기 바로 얼마 전이었다. 그는 아마도 이 시기 즈음에 델(Dell)의 글을 읽었을 것이다. Lay, *All Slave-Keepers*, 123~24를 참조하라.

9. Tai Liu, "Simpson, Sidrach (c.1600~1655)," *Oxford Dictionary of National Biography*, http://www.oxforddnb.com.pitt.idm.oclc.org/view/article/25592, 2016년 2월 28일 확인.

10. "비틀대는 갈대"는 Isaiah 42 : 3 and Matthew 12 : 20에 나타난다.

11. William Dell, *The Tryal of Spirits* (London, 1653 ; rpt. 1699), iv, 24.

12. 같은 출처, viii, 38, 192 ; Lay, *All Slave-Keepers*, 53.

13. *Pennsylvania Gazette*, March 25, 1742 ; John Smith, *Hannah Logan's Courtship, A True Narrative ; The Wooing Of The Daughter Of James Logan, Colonial Governor Of Pennsylvania, And Divers Other Matters, As Related In The Diary Of Her Lover, The Honorable John Smith, Assemblyman Of Pennsylvania And King's Councillor of New Jersey, 1736-1752* (Philadelphia : Ferris and Leach, 1904), entry for 8.xi.1746, 81.

14. * 디오게네스와 마찬가지로 전에 노예 출신인 고대 그리스 철학자.

15. * 루키우스 안나이우스 세네카를 가리킨다.

16. 우리는 레이가 *All Slave-Keepers*에서 피타고라스를 논하면서 스탠리(Stanley)의 책을 출처 표기 없이 꼭 같이 인용했기에 그가 이 책을 읽었다는 점을 알 수 있다. 또한, 레이는〔Diogenes Laërtius,〕*The Lives of the Ancient Philosophers, containing an Account of their Several Sects, Doctrines, Actions, and Remarkable Sayings* (London : John Nicholson, 1702)도 읽었던 것으로 보인다. 벤저민은 영국의 구도파이자 율법 폐기론자 John Everard(1584?년~1641년)가 *The Divine Pymander of Hermes Mercurius Trismegistus* (London : Robert White, 1650)에 영어로 번역한 고대 이집트 철학자 Hermes Trismegistus에게도 흥미를 가졌다. Lay, *All Slave-Keepers*, 166~69를 참조하라.

17. * 이 말에서 다소 수수께끼 같은 표현인 통화(Currency)라는 말은 당시 통용되는 주화를 의미하기보다는 통용되는 모든 것을 뜻했다.

18. William Desmond, *Cynics* (Berkeley : University of California Press, 2008), 28, 82, 201~2.

19. Thomas Stanley, *History of Philosophy : Containing the Lives, Opinions, Actions and Discourses of the Philosophers of Every Sect* (London, 1701), 285.

20. Desmond, *Cynics*, 견유학파가 노모스(권위)에 맞선 전쟁을 어떻게 벌였는지에 관해서는 : 3, 7, 84, 85, 186, 187, 189, 206, 208을 참조하라. Michel Foucault는 1984년 사망하기 전 자신의 마지막 강연과 마지막 책에서 디오게네스와 파레시아를 동시대 급진 사상가들의 본보기로 추앙했다. 그의 *Fearless Speech*, ed. Joseph Pearson (New York : Semiotext(e), 2001)을 참조하라.

21. Lay, *All Slave-Keepers*, 147, 151 ; Vaux, *Memoirs*, 47~49. 단식은 창립 세대 급진 퀘이커교도 사이에서 흔한 일이었다. Moore, *The Light in Their Consciences*, 127을 참조하라.

22. Vaux, *Memoirs*, 46 ; Desmond, *Cynics*, 98, 213 ; "Benjamin Lay," *Biographical Catalogue, Being an Account of the Lives of Friends* (London : Friends' Institute, 1888), 418~22. Robert Dobbin이 디오게네스에 관해 말한 내용은 레이에게도 적용된다. "전기적 전승은 우리에게 수많은 일화(크레이아[아주 짧고 간결한 일화])를 전해주며 이들은 종종 매우 흥미롭고 일관된 일련의 습관과 신념을 내비치며 전체적으로 볼 때 그들이 최소한 인간의 정신과 그 철학에 충실한 사람이라는 신뢰를 고무한다." 그의 *The Cynic Philosophers : From Diogenes to Julian* (New York : Penguin, 2013), xxiv를 참조하라.

23. Vaux, *Memoirs*, 35 ; Desmond, *Cynics*, 24~5, 78~79, 85, 97, 187. 레이도 "글로 전해진 것보다 직접 만났을 때 더한 인상을" 남겼다. Dobbin, *The Cynic Philosophers*, xxvii.

24. Rush, "Account" ; Vaux, *Memoirs*, 35~36.

25. *Pennsylvania Gazette*, March 25, 1742 ; Kite, "Account," 220. 차 마시기에 대한 벤저민의 항의는 *Pennsylvania Gazette*의 기사가 *London Evening Post*, July 6~8, 1742 ; *Champion and Evening Advertiser*, July 8, 1742 ; 그리고 *Universal Spectator and Weekly Journal*, July 10, 1742에 재출판되면서 런던 언론을 순회했다.

26. John Milton, *Considerations touching the likeliest Means to Remove Hirelings out of the Church, Wherein is also Discours'd of Tythes, Church-fees, Church-revenues ; and whether any Maintenance of Ministers can be settl'd by Law* (London : S. Baker, 1717)을 참조하라. 유럽의 귀족 및 왕족 저신장 장애인 전통에 관해서는 Betty M. Adelson, *The Lives of Dwarfs : Their Journey from Public Curiosity Toward Social Liberation* (New Brunswick, NJ : Rutgers University Press, 2005), 그리고 Deborah Needleman Armintor, *The Little Everyman : Stature and Masculinity in Eighteenth-Century British Literature* (Seattle : University of Washington Press, 2011)를 참조하라. David Brion Davis는 *The Problem of Slavery in Western Culture*, 323에서 벤저민을 "퀘이커교 디오게네스"라고 불렀다.

27. Vaux, *Memoirs*, 26.

28. 원본 기사는 *Pennsylvania Gazette*, March 30, 1738에 실렸다. 한 주 후 같은 신문에 반응이 실렸다. 서명이 담기지 않은 레이의 답변은 1738년 4월 13일에 간행되었다.

29. * 에티오피아인 노예가 검은 것이 씻지 않은 것으로 여겨 그를 씻어 하얗게 만들려 했다는 이솝 우화의 이야기를 차용하였다.

30. * 성공회의 복음주의에 입각한 개신교 성격의 신학조류.

31. Rush, "Account" ; Philotheos Physiologus 〔Thomas Tryon〕, *The Way to Health, Long Life and Happiness, or, A Discourse of Temperance and the Particular Nature of all Things Requisit for the Life of Man* (London : Andrew Sowle, 1683).

32. 노예제에 관한 트라이온의 관점을 훌륭하게 요약해놓은 내용에 관해서는 Rosenberg, "Thomas Tryon," 609~42를 참조하라. 레이와 다른 퀘이커교 폐지론자 그리고 Benjamin Franklin에게 미친 트라이온의 영향은 David Waldstreicher, "The Origins of Antislavery in Pennsylvania : Early Abolitionists and Benjamin Franklin's Road Not Taken," in *Antislavery and Abolition in Philadelphia : Emancipation and the Long Struggle for Racial Justice on the City of Brotherly Love*, ed. Richard Newman and James Mueller (Baton Rouge : Louisiana State University Press, 2011), 45~65에 기록되었다. 레이는 잠언 12장 10절을 언급했다. "의인은 자기의 가축의 생명을 돌보나니."

33. Jacob Bauthumley, *The light and dark sides of God or a plain and brief discourse, of the light side God, heaven and earth, the dark side Devill, sin, and hell* (London, 1650), 4. 트라이온은 Tristram Stuart, *The Bloodless Revolution : A Cultural History of Vegetarianism from 1600 to Modern Times* (New York : W. W. Norton, 2006),

61, 73, 72 ; Tryon, *Way to Health*, 509~10을 인용했다. 또한, Thomas Tryon, *The Country Man's Companion, or, a New Method of Ordering Horses & Sheep* (London, 1684), ch. 5를 참조하라.

34. Tryon, *Way to Health*, 514.

35. 레이는 *All Slave-Keepers*, 252에서 피타고라스를 언급했다.

36. Stuart, *Bloodless Revolution*, xx, chs. 2~5.

37. 같은 출처, chs. 2, 3, 4 ; Roger Crab, *The English Hermite, or, Wonder of this Age : Being a Relation of the Life of Roger Crab, living neer Uxbridg, taken from his own Mouth* (London, 1655).

38. Tryon, *Way to Health*, v, 53, 136, 143, 343 ; Lay, *All Slave-Keepers*, 144~45. 물에 관한 벤저민의 관심이 넓어지면서 그는 1744년에 John Smith, *The Curiosities of Common Water : or the Advantages thereof in Preventing and Curing many Distempers* (London, 1723)의 새로운 판형을 재출판하기 위한 기금을 모았다. 이 책은 양질의 물에 관한 의사들의 의견을 모은 개론으로 물을 "보편적인 치료제"로 보았다. 구독 기금을 위한 벤저민의 광고는 *Pennsylvania Journal*, April 26, 1744에 실렸다.

39. Helen L. Shaffer, *A Tour of Old Abington* (n.p., 1960 ; rpt. 1976), 애빙턴 거주지역에 관한 내용은 웹사이트 http://www.abington.org/about-us/abington-s-history, 그리고 Edward W. Hocker, *A History of the Township of Abington* (Abington, 1956) ; Andrew Newman, "Treaty of Shackamaxon," *Encyclopedia of Great Philadelphia*, http://philadelphiaencyclopedia.org/archive/treaty-of-shackamaxon-2/ (2016년 7월 9일에 확인)에서 살펴볼 수 있다.

40. Smith, "Lives of Ministers Among Friends"에 수록된 "Ann Phipps." 다른 평민들과 마찬가지로 벤저민은 자본주의 시장 바깥에서 자신의 생계를 꾸렸지만, 다른 이들과는 다르게 집단으로 경작하지 않고 사라가 죽은 1735년 전에는 아내와 함께, 그 이후에는 혼자서 경작했다.

41. Vaux, *Memoirs*, 23, 43~44 ; Hunt, "Notices of Lay," 274~78 ; 서명이 불분명한 기사, "Lay, Benjamin, 1677~1759," File PG7, FHL-SCL. 또한, "Trips Awheel : Where to go and How to get there," *Philadelphia Inquirer*, May 23, 1897 ; "When Philadelphians Were Cave Dwellers Along the Delaware," *Philadelphia Inquirer*, November 20, 1898 ; "Curious Cave Dweller Once Made Home Here," *Philadelphia Inquirer*, April 1, 1901 ; "Lay Denounced Slavery from Cave near Abington," *Philadelphia Inquirer*, January 12, 1903을 참조하라. 18세기 영국의 일반적인 관행에 관해서는 J. M. Neeson, *Commoners : Common Right, Enclosure and Social Change in England, 1700-1820* (Cambridge, UK : Cambridge University Press, 1996), 그리고 Peter Linebaugh, *Stop Thief! The Commons, Enclosures, and Resistance* (Oakland, CA : PM Press, 2014)[피터 라인보우, 『도둑이야』, 서창현 옮김, 갈무리, 2021]를 참조

하라.

42. Julie L. Holcomb, *Moral Commerce: Quakers and the Transatlantic Boycott of the Slave Labor Economy* (Ithaca, NY: Cornell University Press, 2016), 4. 레이는 우유를 마시고 꿀을 먹었으며 이는 현대의 비건 식습관에 반하는 유일한 관행이었다.

43. Vaux, *Memoirs*, 32; Rush, "Account"; Hunt, "Notices of Lay," 275~76.

44. Child, *Memoir*, 14.

45. "When Philadelphians Were Cave Dwellers Along the Delaware," *Philadelphia Inquirer*, November 20, 1898. 켈피우스와 다른 이들에 관해서는 Douglas H. Shantz, *An Introduction to German Pietism: Protestant Renewal at the Dawn of Modern Europe* (Baltimore: Johns Hopkins University Press, 2013), 172~77을 참조하라.

46. * 이스라엘 사람들이 광야를 헤맬 때 신이 내려준 음식.

47. Lay, *All Slave-Keepers*, 218~19, 235, 169.

6장 죽음, 기억, 영향

1. Vaux, *Memoirs*, 49.

2. * 스파르타의 초기 입법자이자 지도자로 공동식사제도, 아고게 훈련, 토지 개혁 등의 제도를 실시했다.

3. 같은 출처, 50.

4. 같은 출처, 50~51; Jack D. Marietta, *The Reformation of American Quakerism, 1748-1783* (Philadelphia: University of Pennsylvania Press, 1984); Nash and Soderlund, *Freedom by Degrees*, 53~54.

5. Benjamin Lay의 유언, 1759, File A-55~1759, CPRW.

6. Burials at Abington from 1758, Births and Deaths, 1670~1812, AMM, RG2/Ph/A2, vol. 3.8, FHL-SCL.

7. "A Copy of Benjamin Lay's Will, Dated ye 9:1 month 1731," folder 5, SFC-UE. 유언에 명시된 금액은 1759년 레이가 죽은 후 에식스 북부 할스티드의 직조공인 새무얼 쿡(Samuel Cook)이 고인이 된 사라 레이 대신 집행하여 지급했다. 콜체스터의 장갑공 Benjamin Lay의 유언, Essex, 2 July 1760, PROB 11/857/252, NA를 참조하라. 또한, Davies, *The Quakers in English Society*, 148을 참조하라.

8. "가난한 자들을 위한 우선 사항"은, 특히 라틴아메리카에서 강세를 보인 국제적인 기독교의 급진적 움직임인 해방 신학의 핵심 개념이었다. Gustavo Gutiérrez, *A Theology of Liberation: History, Politics, and Salvation* (orig. publ.1971; Maryknoll, NY: Orbis Books, 2015) [구스타보 구티에레즈, 『해방신학』, 성염 옮김, 분도출판사, 1977]를 참조하라.

9. Max Weber, *The Protestant Ethic and the Spirit of Capitalism* (orig. publ.1905; New York: Penguin, 2002)[막스 베버, 『프로테스탄트 윤리와 자본주의 정신』, 박문재 옮김,

현대지성, 2018].

10. *Votes and Proceedings of the House of Representatives of the Province of Pennsylvania, Beginning the Fourteenth Day of October, 1758* (Philadelphia : Henry Miller, 1775), vol. V, 35 ; Vaux, *Memoirs*, 43.

11. Amelia Mott Gummere, *The Quaker : A Study in Costume* (Philadelphia : Ferris & Leech, 1901)에 따르면 벤저민의 책은 1759년에 그의 재산 처리 경매에 목록으로 올라왔다. 그녀는 목록을 각주에 달아놓지 않았고 그 이후 모습을 감췄나.

12. Benjamin Franklin이 Deborah Franklin에게 보낸 서신, June 10, 1758, London, 원본은 American Philosophical Society에서 보관 중, American Philosophical Society와 Yale University가 후원한 온라인판 *The Papers of Benjamin Franklin*을 참조하였다. 디지털판은 Packard Humanities Institute, http://franklinpapers.org/franklin//(2016년 5월 31일)에서 확인. 또한, David H. Dickason, "Benjamin West on William Williams : A Previously Unpublished Letter," *Winterthur Portfolio* 6 (1970) : 133 ; Susan Rather, "Benjamin West's Professional Endgame and the Historical Conundrum of William Williams," *William and Mary Quarterly*, 3rd Series, 59 (October 2002) : 821~64 ; Susan Rather, *The American School : Artists and Status in the Late Colonial and Early National Era* (New Haven, CT : Yale University Press, 2016), ch. 2를 참조하라.

13. Benjamin Franklin이 Lord Kames에게 보낸 서신, January 3, 1760, London, 원본은 Scottish Record Office에서 보관 중, *The Papers of Benjamin Franklin*, http://franklinpapers.org/franklin//, 2016년 5월 31일에 확인.

14. "A Collection of the Christian & Brotherly Advices given forth from time to time by the Yearly Meeting of Friends for Pennsylvania & New Jersey," Miscellaneous Files, fo. 292, AMM, RG2/Ph/A2, vol. 7.9, FHL-SCL. 또한, Dianne C. Johnson, "Living in the Light : Quakerism and Colonial Portraiture," in Emma Jones Lapsansky and Anne A. Verplanck, eds., *Quaker Aesthetics : Reflections on a Quaker Ethic in American Design and Consumption, 1720-1920* (Philadelphia : University of Pennsylvania Press, 2002), 122~46 ; Anna Cox Brinton, *Quaker Profiles : Pictorial and Biographical, 1750-1850* (Lebanon, PA : Pendle Hill Publications, 1964), 1 을 참조하라.

15. William Dillwyn이 Roberts Vaux에게 보낸 서신, June 12, 1816, Vaux Family Papers, Collection 684, Roberts Vaux Correspondence, 1795~1818, box 1, HSP.

16. William Dillwyn가 Roberts Vaux에게 보낸 서신, April 12, 1816, Vaux Papers.

17. Lita Solis-Cohen, "He Paid $4 for a Treasure of Americana," *Philadelphia Inquirer*, December 4, 1977.

18. David Howard Dickason, *William Williams : Novelist and Painter of Colonial*

America (Bloomington : Indiana University Press, 1970), ch. 1.

19. Vaux, *Memoirs*, 20~21.

20. * 남성용 목도리로 일종의 넥타이와 같다.

21. Rush, "Account" ; Hunt, "Notices of Lay," 275. 선지자 이사야(20장 3절)는 이집트와 에티오피아에서 징조와 기적을 찾아 3년간 "맨몸에 맨발로" 다녔다.

22. Waldstreicher, *Runaway America*, 79~82. 프랭클린은 (1789년 11월 4일에) 존 라이트에게 다음과 같은 편지를 썼다. "1728년 또는 29년 무렵 나는 직접 이 도시에 있는 당신의 또 다른 친구 랠프 샌디퍼드를 위해 노예제로 흑인을 소유하는 데 반대하는 책을 인쇄했다. 그리고 1736년경에 나는 마찬가지로 당신의 친우 중 한 명이라고 말하는 벤저민 레이를 위해 같은 주제의 책을 인쇄했다. 그는 주로 친우회 사람들에게 책을 나눠주었다. 이 모습을 보니 당신이 언급한 것보다 훨씬 이른 시기에 당신의 신앙인들의 좋은 터에 씨앗을 뿌린 것으로 보인다." 이 편지는 *The Papers of Benjamin Franklin*(http://franklinpapers.org, 2016년 5월 31일 확인)에서 확인할 수 있다.

23. Wilford F. Cole, "Henry Dawkins and the Quaker Comet," *Winterthur Portfolio* 4 (1968), 33~46. 콜(Cole)은 첫 번째 그림이 "아마도 1760년"에 인쇄되었다고 주장했고 이는 정확한 것으로 보인다. 판화의 날짜 추측에 관한 근거 중에는 판화와 인쇄에 사용된 종이의 종류가 있다. 남아있는 사본의 대부분은 1750년대 후반 영국의 제지 기술 기계화 이전에 한 번에 한 장씩 만들던 골지로 만든 "겹지"였다. 그 이후의 판화는 아마 겹줄이 없고 거칠고 튼튼한 "누빔지"에 찍었을 것이다. "누빔지"는 1795년에 북아메리카에서 사용되기 시작했으며 1810년에 그 사용 빈도가 증가했기 때문에 겹지에 찍힌 레이의 판화는 18세기보다 이른 시기였던 것으로 볼 수 있다. 베네제의 참여 가능성에 관해서는 Gary B. Nash, "Franklin and Slavery," *Proceedings of the American Philosophical Society* 150 (2006) : 628을 참조하라.

24. Cole, "Henry Dawkins and the Quaker Comet," 33~46.

25. Thomas Pole이 Roberts Vaux에게 보낸 서신들, 날짜는 January 8, 1818 ; January 19, 1819 ; April 25, 1819 ; 그리고 November 9, 1819, in the Vaux Family Papers, Collection 684, Roberts Vaux Correspondence, 1795~1818, box 1 : 1795~1818, box 2 : 1819~1826을 참조하라. 폴(Pole)이 어떻게 이 그림을 입수했는지는 명확히 알려지지 않았다. 윌리엄스가 프랭클린에게 다시 그림을 받았거나 스스로 사본을 제작했을 가능성이 가장 높다. 어느 쪽이든 그가 1781년 런던에 도착하면서 당시 유명한 벤저민 웨스트를 만나 함께 일했다는 사실은 확실히 증명한다. 웨스트는 전에 자신을 가르쳤던 윌리엄스를 위해 앉은 모습의 그림을 그릴 수 있도록 대상이 되어주는 것과 같은 도움을 주었다. 웨스트가 어떤 도움을 주었던 충분하지는 않았다. 1784년에 가난해진 윌리엄스는 브리스틀로 돌아왔고 웨스트와 함께 그림을 그렸을 것이다. 윌리엄스는 한 가난한 선원의 집에 갔다가 거기에서 마침내 토머스 이글스라는 이름의 브리스틀 신사를 만났다. 1791년에 사망하면서 그는 자신의 모든 원고와 그림을 이글스에

게 상속했고 아마도 레이의 초상화도 포함되었을 것이다. 몇 년 후 이글스가 죽고 그림이 토머스 폴의 손에 들어간 것으로 보인다. 공교롭게도 폴이 소유한 레이의 초상화는 그 자체로 화려한 역사를 가졌다. 1819년과 1853년 사이의 어느 시기에 그림은 그림의 주인공이 벤저민 레이라는 사실을 전혀 모르는 새 주인의 손에 들어갔다. 이 소유자는 보통 그림을 가진 사람들이 흔히 하던 일을 따라서, 그(또는 그녀)가 초상화 주인공의 정체를 꾸며냈을 것이다. 흥미롭게도 그림의 소유자는 전혀 확실한 관계가 없음에도 1853년에 그림 뒤에 종이 한 장을 붙여 이 그림의 주인공이 1790년대에 잘 알려진 종교 신비주의자 "조안나 사우스코트를 추종한 인물 중 한 명인 … 피치 씨"라고 주장했다. 피치 씨(Mr. Fitch)는 "25년 또는 30년 전에 사망했다"고 덧붙여져 있었다. 폴의 초상화와 기록에 관해서는 "British or American School, Portrait of Benjamin Lay, K2978," Bristol City Museum and Art Gallery, Bristol, England를 참조하라.

26. Lay, *All Slave-Keepers*, 58~59.

27. Horle et al., "Anthony Morris" and "Israel Pemberton," *Lawmaking and Legislators in Pennsylvania*, 727~36, 824~36 ; *Pennsylvania Gazette*, January 4, 1738 ; Gary B. Nash, "The Early Merchants of Philadelphia : The Formation and Disintegration of a Founding Elite," in Richard S. Dunn and Mary Maples Dunn, eds., *The World of William Penn* (Philadelphia : University of Pennsylvania Press, 1986), 337~62.

28. Horle et al., "John Kinsey," *Lawmaking and Legislators in Pennsylvania*, 591~607. 킨제이의 딸은 1742년에 죽었고 이어 그의 아내가 1744년에, 아들은 1745년에 죽었으며 또 다른 아들은 실수로 자신을 쏴서 1748년에 죽었다. 또한, Joseph S. Walton, *John Kinsey : Speaker of the Pennsylvania Assembly and Justice of the Supreme Court of the Province* (Philadelphia : Friends' Book Association, 1900) ; Isaac Sharpless, "John Kinsey : 1693~1750," *Bulletin of the Friends Historical Society of Philadelphia* 8 (1917) : 2~10, 46~53 ; 그리고 가장 중요한 자료로는 Edwin B. Bronner, "The Disgrace of John Kinsey, Quaker Politician, 1739~1750," *Pennsylvania Magazine of History and Biography* 75 (1951) : 400~415를 참조하라.

29. 킨제이를 극찬하는 추도문은 *Pennsylvania Journal*, May 17, 1750과 *New-York Gazette*, May 21, 1750에서 찾을 수 있다.

30. Lay, *All Slave-Keepers*, 111. 킨제이와 법 성문화에 관해서는 Susan A. Hoffman, "Kinsey, John (1693~1750)," Oxford Dictionary of National Biography, http://www.oxforddnb.com.pitt.idm.oclc.org/view/article/68175, 2015년 9월 5일 확인 ; Horle et al., "John Kinsey," *Lawmaking and Legislators in Pennsylvania*, 595를 참조하라.

31. Lay, *All Slave-Keepers*, 59 ; Nash and Soderlund, *Freedom by Degrees*, 49~50.

32. Ann Emlen이 John Pemberton에게 보낸 서신, 15.1.1785, Pemberton Family Papers, vol. 42, 162, HSP.

33. Thomas E. Drake는 레이와 다른 초기 폐지론자들에 관해 "Voices Crying in the

Wilderness," *Quakers and Slavery in America*, 34~47에서 논하였다. J. William Frost는 자신의 문서 모음 편집작 *The Quaker Origins of Antislavery* (Norwood, PA: Norwood Editions, 1980)에서 베네제와 울먼뿐만 아니라 폐지론 운동의 시작점에서 다소 중요성이 낮은 많은 인물을 포함했지만, 레이는 언급하지 않았다. 또한, Davis, *The Problem of Slavery in Western Culture*, 330, 483~93; Sydney V. James, *A People Among Peoples: Quaker Benevolence in Eighteenth-Century America* (Cambridge, MA: Harvard University Press, 1963), 125~26, 131~34; Marietta, *The Reformation of American Quakerism*, 108~9, 112~16; 그리고 David S. Lovejoy, *Religious Enthusiasm in the New World: Heresy to Revolution* (Cambridge, MA: Harvard University Press, 1985), 151~53을 참조하라.

34. Soderlund, *Quakers and Slavery*, 46, 163.

35. Carey, *From Peace to Freedom*, 175~76, 181, 190.

36. PYM Minutes, 1681~1746, MRPh469, fo. 412, FHL-SCL. 1738년 퀘이커교도들이 노예무역에 덜 관여하고 있다는 점에 대한 PYM의 만족은 "A Collection of the Christian & Brotherly Advices given forth from time to time by the Yearly Meeting of Friends for Pennsylvania & New Jersey," Miscellaneous Files, Abington Monthly Meeting, RG2/Ph/ A2, vol. 7.9, FHL-SCL에서 후대에 기록되었다. 벤저민의 영향에 관한 또 다른 가능한 징후는 PYM이 노예를 두는 행위가 합법성이 의심되는 위법 행위라고 선언했던 1776년에 〈애빙턴 월례회의〉가 가장 처음 움직임을 보였다는 점이다. 1778년까지 회의 구성원이 소유한 아프리카인 노예 다섯 중 넷이 해방되었다. Soderlund, *Quakers and Slavery*, 96, 106을 참조하라.

37. Vaux, *Memoirs*, 31.

38. Child, *Memoir*. 의회 논쟁이 한창이던 시기에 전기를 출판했던 벤저민 러쉬의 시기적절한 의미를 지적해준 개리 B. 내쉬에게 감사를 전한다. 이 논쟁에서 워너 미플린의 중요한 역할에 관해서는 *Warner Mifflin: Unflinching Quaker Abolitionist* (Philadelphia: University of Pennsylvania Press, forthcoming)을 참조하라.

39. Rush, "Account"; Lay, *All Slave-Keepers*, 246.

40. Louise Shea는 진실이 추상성의 범주가 아닌 견유 철학자의 몸으로 표현된다고 주장했다. 그녀의 *The Cynic Enlightenment: Diogenes in the Salon* (Baltimore: Johns Hopkins University Press, 2010), 180을 참조하라.

41. John G. Whittier, ed., *The Journal of John Woolman* (Boston: Houghton, Osgood, 1879), 15. 울먼은 레이만큼 철저한 율법 폐기론자는 아니었지만, 스스로 "법과 관행은 보편적 정의를 토대로 하는 우리의 의사결정 과정에서 더는 기준이 되지 않는다"라고 설명하며 전복적인 접근을 채택했다는 점을 언급해둘 필요가 있다. 노예제에 비추어 본다면 올곧은 사람들은 아마도 "고위법"에 따라 인간이 만든 법을 깨뜨려야 했을 것이다. Plank, *John Woolman's Path to the Peaceable Kingdom*, 131. Thomas

P. Slaughter는 울먼의 "급진적인 정신"을 강조한다. 그의 *The Beautiful Soul of John Woolman*, 389를 참조하라.

42. Carole Dale Spencer, "The Man Who 'Set Himself as a Sign' : James Nayler's Incarnational Theology," in *Early Quakers and Their Theological Thought, 1647-1723*, ed. Stephen W. Angell and Pink Dandelion (New York : Cambridge University Press, 2015), 64~82. 레이는 노예 생산 상품, 동물, 옷 그리고 탐욕에 관해 유사한 태도를 지녔던 랠프 샌디퍼드에 비해 베네제와 울먼에게 훨씬 큰 영향을 미쳤다. 베네제는 샌디퍼드가 죽기 단 2년 전인 1731년 필라델피아에 도착했고 울먼은 당시 단지 13세에 불과한 어린 나이였다. 두 사람은 벤저민과 대서양 퀘이커교의 작은 세상 가운데서 30년을 살았다.

43. 베네제는 Jackson, *Let This Voice Be Heard*, 19, 50을 인용했다. 관용을 평등화하여 받아들이는 "보편적 사랑"은 초기감리교도 아비에저 컵(Abiezer Coppe)과 개간파 제라드 윈스탠리 그리고 제임스 네일러 및 그의 지지자들, 특히 로버트 리치로 돌아가고자 했다. Hill, *The World Turned Upside Down*, 138, 210, 332, 338을 참조하라. 또한, 벤저민은 채식주의를 받아들이고 염색하지 않은 옷을 입으며 자본주의 경제의 가치와 관행을 반대했던 폐지론자인 뉴저지 퀘이커교 성직자 조슈아 에번스(1731년~1798년)에게도 영향을 미친 것으로 보인다. M. Ellen Ross, " 'Liberation Is Coming Soon' : The Radical Reformation of Joshua Evans," in Carey and Plank, *Quakers and Abolition*, 15~28을 참조하라.

44. Rush, "Account."

45. 벤저민의 선동은 1739년 10월에 순회 목사 조지 화이트필드가 도착한 직후의 아메리카 식민지를 휩쓴 종교적 열광의 광풍인 "위대한 일깨움"(Great Awakening)에 영향을 미쳤을 수도 있다. 1732년 초에 벤저민은 필라델피아 지역의 모든 교파의 보수적 성직자들에게 맞서면서 깨달은 자들의 종교 개혁 전언을 예상했다. 눈멀고 냉담하며 탐욕적인 이러한 성직자들은 사람들을 지옥으로 이끄는 설교를 했다. 그들은 젊은이들에게 불화를 퍼뜨렸고 "새로운 탄생"을 통한 영적 신생을 막았으며 교회를 황폐화했다. 뉴저지에 기반을 두고 필라델피아에서 자주 설교했던 순회 설교자 길버트 테넌트는 거의 유사한 비판의 말을 전했다. Lay, *All Slave-Keepers*, 85~86, 106, 134~35, 233~35, 그리고 Milton J. Coalter, *Gilbert Tennent, Son of Thunder : A Case Study of Continental Pietism's Impact on the First Great Awakening in the Middle Colonies* (New York : Greenwood Press, 1986)를 참조하라.

46. Frederick Douglass, "West India Emancipation" (1857), available in Frederick Douglass, *The Heroic Slave : A Cultural and Critical Edition*, ed. Robert S. Levine, John Stauffer, and John R. Kaufman-McKivigan (New Haven, CT : Yale University Press, 2015), 133~34.

결론 : 커다란 오크나무

1. Rush, "Account"; *Pennsylvania Gazette*, April 13~20, 1738. 1805년에 출판된 이후 기록에서는 레이를 존 울먼, 앤서니 베네제 그리고 워너 미플린과 함께 혁명적인 사람으로 언급했다. "그들의 노력은 아마도 결국에는, 압제의 멍에를 깨뜨리고 기꺼이 노예를 해방하도록 하며 사상 유례없는 혁명을 일으킬 것이다." *Independent Chronicle*, August 26, 1805를 참조하라.

2. 해방신학의 뛰어난 두 연구로는 Gutiérrez, *A Theology of Liberation*와 James H. Cone, *A Black Theology of Liberation* (orig. publ. 1986 ; Maryknoll, NY : Orbis Books, 2015)가 있다.

3. David R. Como는 율법 폐기론자는 "그 정신이 그들 안에서 그들을 통해 말하기" 때문에 "굉장한 자신감"을 가지고 말할 수 있다고 주장했다. 그는 "율법 폐기론에는 정신의 힘을 고양하고 확대하며 강조하는 경향"으로 "신분이 낮은 여성과 남성 모두에게 독특한 자기주장을 장려하고 촉진하는 수평화 효과"가 있다고 주장했다. 그의 *Blown by the Spirit*, 52를 참조하라.

4. 앤서니 베네제와 존 울먼은 인종, 계급, 민족 그리고 성별의 경계를 허무는 관용과 광범위한 연대를 암시하며 "보편적 사랑"을 이행했다. Jackson, *Let This Voice Be Heard*, 53을 참조하라.

5. Lay, *All Slave-Keepers*, 81.

6. * 왕정복고 이후 주로 기사당으로 이루어진 왕당파 의회.

7. 버로의 말은 Hill, *The World Turned Upside Down*, 386에서 인용

8. Linebaugh and Rediker, *The Many-Headed Hydra*[라인보우·레디커, 『히드라』]. Brycchan Carey도 마찬가지로 아메리카 "바깥 둘레"를 대서양 반노예제의 추진력으로 강조했다. 그의 *From Peace to Freedom*, 5를 참조하라.

9. Vaux, *Memoirs*, 25 ; Lay, *All Slave-Keepers*, 87.

10. Lay, *All Slave-Keepers*, 130 ; W. E. B. Du Bois, *John Brown* (orig. publ. 1909 ; New York : International Publishers, 2014).

11. Brissot de Warville, *New Travels in the United States of America*, 267. 브리소는 레이의 삶에 관한 세부 사항에서 그가 바베이도스에서 농부였다고 말하기도 하면서 몇 가지 오류를 남겼다.

12. * 19세기 초 미국에서 흑인 노예의 탈출을 도왔던 비밀조직으로 주로 남부에서 탈주한 노예를 북부로 보내주었다.

13. 이 중요한 쟁점을 강조해준 Graham Hodges에게 감사를 전한다.

14. Rush, "Account"; Vaux, *Memoirs*, 28~29 ; Child, *Memoir*, 17~18 ; Kite, "Account," 229~30. 이 미간행 퀘이커교 노예제 비평가들은 개리 B. 내쉬와 진 쇠더룬드가 기록한 대로 "적당한 지위를 가진 인물들"이었다.

15. Vaux, *Memoirs*, 54.

16. 옥스퍼드에서 교육을 받은 국교회 성직자 모건 거드윈은 초기 반노예제 저자 집단에 서 독특한 사람이었다. 그의 *The Negroes' and Indians' Advocate, suing for their Admission into the Church, or a Persuasive to the Instructing and Baptizing the Negroes and Indians on our Plantations, with a brief Account of Religion in Virginia* (London, 1680)을 참조하라.

17. Davis, *The Problem of Slavery in Western Culture*, 320~26. 또한, 데이비스는 샌디퍼 드와 레이 모두 "계몽 시대를 살아가는 최소한의 인식을 저버리지 않았다"라는 잘못된 기록을 남겼다(320).

18. Lay, *All Slave-Keepers*, title page.

19. 회의록, 13.iii.1717, LTWM Minutes, Book of Certificates A (1716~1767), FHL-SCL; Ian Davidson, *Voltaire: A Life* (New York: Pegasus Books, 2010), 69.

20. John Donoghue, " 'Out of the Land of Bondage': The English Revolution and the Atlantic Origins of Abolition," *American Historical Review* 115 (2010): 942~74; John Donoghue, *Fire Under the Ashes: An Atlantic History of the English Revolution* (Chicago: University of Chicago Press, 2014). 1759년 벤저민이 사망하던 시기에 프랑스와 독일의 철학자 달랑베르, 루소, 사드, 빌란트 그리고 프리드리히 대왕은 디오게네스와 견유철학을 부흥시키며 전통적 계몽을 실현했다. Shea, *The Cynic Enlightenment*를 참조하라.

21. 톰슨은 레이의 율법 폐기론과 마찬가지로 블레이크의 사상 역시 그를 시대의 "상식"을 깨고 나올 수 있도록 돕는 급진적이고 전복적이며 반헤게모니적인 사상이라고 주장했 다. 그의 *Witness Against the Beast: William Blake and the Moral Law* (Cambridge, UK: Cambridge University Press, 1993), 20을 참조하라.

22. Lay, *All Slave-Keepers*, 51, 169; Peter Linebaugh, "All the Atlantic Mountains Shook," *Labour/Le Travail* 10 (1982): 87~121.

23. 레이와 함께 시작한 불매운동의 유용한 역사에 관해서는 Holcomb, *Moral Commerce*를 참조하라.

24. Rush, "Account."

지은이의 말

1. * 레디커의 표현 의도를 번역에 반영하기 위해, 이 책에서도 dwarf의 번역어로 난쟁이, 땅딸보 같은 비하 표현을 사용하지 않았고 〈한국저신장장애인연합회〉의 단체명에 사용된 '저신장 장애인'을 번역어로 사용했으며 little person의 번역어의 경우에는 『부모와 다른 아이들』(열린책들, 2015)을 참조하여 '소인'으로 번역했다. 용어를 검토하는 과정에서 유용한 조언을 전해준 박서연 님께 감사의 인사를 전한다.

:: 도판 출처

화보

7~8쪽:초상화와 그 세부, William Williams, *Portrait of Benjamin Lay*, 1750~1758 (National Portrait Gallery, Smithsonian Institution, Washington, DC. 제공)

9쪽:Thomas Clarkson, *The History of the Rise, Progress, and Accomplishment of the Abolition of the African Slave-Trade by the British Parliament* (London, 1808) (Beneicke Rare Book & Manuscript Library, Yale University, New Haven, Connecticut 제공).

10쪽:Isaac Sailmaker, *Ships in the Thames Estuary near Sheerness*, 1707~1708 (Yale Center for British Art, Paul Mellon Collection, New Haven, Connecticut 제공).

10쪽:John Cleveley the Elder, *The Royal George at Deptford Showing the Launch of The Cambridge* (1757), (National Maritime Museum, Greenwich, England 제공).

11쪽:세부, Peter Cooper, *The Southeast Prospect of the City of Philadelphia*, c. 1720 (Library Company of Philadelphia 제공).

11쪽:G. Wood, *The Prospect of Philadelphia from Wickacove*, 1735, Philadelphia (Winterthur Museum, Winterthur, Delaware 제공).

12쪽:작자 미상, *Quaker Meeting*, late 18th/early 19th century (Museum of Fine Arts, Boston 제공).

13쪽:작자 미상, *Friends' Meeting House, High Street, Burlington*, New Jersey, 연도 미상 (Friends Historical Library, Swarthmore College, Swarthmore, Pennsylvania 제공).

13쪽:William Dell, *The Tryal of Spirits, Both in Teachers and Hearers, Wherein is held forth the clear Discovery and Downfal of the Carnal and Anti-Christian Clergy of these Nations, testified from the Word of God to the University Congregations in Cambridge* (London: T. Sowle, 1699, orig. publ. 1653) (Germantown Historical Society, Germantown, Pennsylvania 제공).

14쪽:Mason Chamberlin, *Portrait of Benjamin Franklin*, 1762 (Philadelphia Museum of Art 제공).

15쪽:Charles Willson Peale, *Portrait of Dr. Benjamin Rush*, 1783~1786, Philadelphia (Winterthur Museum, Winterthur, Delaware 제공).

16쪽:William Williams, *Self Portrait*, 1788~1790 (Winterthur Museum, Winterthur, Delaware 제공).

16쪽:Benjamin West, *Self-Portrait*, 1770~1776 (Baltimore Museum of Art 제공).

17쪽:William Blake, *The Great Red Dragon and the Beast from the Sea*, c. 1805 (National

Gallery of Art, Washington, DC 제공).

18쪽: Henry Dawkins, *Benjamin Lay*, 판화, c. 1760 (저자의 소장품).

서론

35쪽: Albert Newsam가 그린 Roberts Vaux의 초상화, lithograph, 연도 미상 (Library Company of Philadelphia 제공).

1장

49쪽: "Above ordinances", *The Quakers Dream: or, the Devil's Pilgrimage in England* (London, 1655)에 수록된 도판의 세부 (Haverford College Library, Haverford, Pennsylvania 제공).

4장

131쪽: Benjamin Lay, *All Slave-Keepers That Keep the Innocent in Bondage, Apostates* (Philadelphia, 1738) (Library Company of Philadelphia 제공).

5장

176쪽: 디오게네스, 출처는 Thomas Stanley, *History of Philosophy: Containing the Lives, Opinions, Actions and Discourses of the Philosophers of Every Sect* (London, 1655~1661), 3 vols. (Huntington Library, San Marino, California 제공).

192쪽: 로저 크랩, 출처는 *The English Hermite, or, Wonder of this Age: Being a Relation of the Life of Roger Crab, living neer Uxbridg, taken from his own Mouth* (London, 1655) (Huntington Library, San Marino, California 제공).

6장

216쪽: William Kneass가 제작한 Benjamin Lay 판화, 출처는 Roberts Vaux, *Memoirs of the Loves of Benjamin Lay and Ralph Sandiford, Two of the Earliest Public Advocates for the Emancipation of the Enslaved Africans* (Philadelphia: Solomon W. Conrad, 1815) (저자의 소장품).